LE DIVORCE

F. AUREAU. — IMPRIMERIE DE LAGNY

ALFRED NAQUET

LE DIVORCE

DEUXIÈME ÉDITION, REVUE ET TRÈS AUGMENTÉE

PARIS

E. DENTU, ÉDITEUR

LIBRAIRE DE LA SOCIÉTÉ DES GENS DE LETTRES

PALAIS-ROYAL, 15-17-19, GALERIE D'ORLÉANS

1881

Tous droits réservés.

LE DIVORCE

CHAPITRE PREMIER

LE CHEMIN PARCOURU

Lorsque, en 1876, je montai à la tribune de la Chambre des députés pour y proposer le rétablissement du divorce, je fus accueilli par des éclats de rire, et nul doute que, si le 16 mai n'était venu s'opposer à la discussion de ma proposition, celle-ci n'eût été écartée par un refus de prise en considération, c'est-à-dire par une espèce de question préalable.

Cette attitude de la Chambre n'était que l'expression d'un préjugé général que, la même année, en publiant mon premier livre sur la matière, je reconnaissais en ces termes :

« Nous savons que peu de réformes soulèvent, en France, une opposition aussi vive, que peu d'idées rencontrent des préventions à la fois aussi nombreuses et aussi peu justifiées. Mais nous croyons l'heure venue de faire taire ces préventions injustes et de désarmer, par la pratique même du divorce, l'opposition que le divorce rencontre.

» Ce ne sera pas la première fois que l'idée fausse que l'on se faisait d'une institution se sera dissipée à la lumière de l'expérience.

» Le suffrage universel soulevait aussi une opposition violente à l'époque où M. Guizot soutenait que son jour ne viendrait jamais. Son jour est venu et nul ne songe, à cette heure, à en contester l'opportunité et la justice.

» La République était l'objet, il y a six ans à peine, des préventions les moins fondées, et, cependant, par la pratique de la République, ces préventions s'éteignent et disparaissent de jour en jour.

» Il en sera bien vite ainsi du divorce, lorsqu'on se sera enfin décidé à le rétablir dans notre code. »

Ce préjugé, d'ailleurs, j'avais eu une occasion, alors récente, d'en reconnaître l'étendue : un mois avant mon élection, j'avais nettement déclaré dans ma profession de foi ce que je voulais faire, et cela avait suffi pour m'aliéner mes amis les plus chers qui avaient failli me refuser leurs suffrages. J'avais dû reconquérir leur sympathie en allant de commune en commune faire connaître la législation dont je croyais devoir proposer le rétablissement, et que, pendant soixante ans, les cléricaux avaient cherché à rendre odieuse en en dénaturant l'esprit.

Il y a cinq années seulement d'écoulées depuis cette époque et nul n'aurait pu croire qu'à un si court intervalle, après un vote de prise en considération, et sur le rapport favorable d'un homme appartenant à l'un des groupes les plus modérés du parti républicain, la Chambre des députés accorderait à ma proposition

216 voix contre 247 et ne la repousserait momentanément que par des raisons d'opportunité politique tirée de la proximité des élections législatives.

Il est vrai de dire que j'ai fait plus de cent conférences sur le divorce, que je suis allé exposer mes idées dans toutes les villes importantes de France, de Nice à Brest, de Bordeaux à Lille. Il est vrai de dire que la presse, sans distinction de nuance ni de lieu — aussi bien la presse monarchique, que la presse républicaine — aussi bien la presse départementale que la presse de Paris, — m'a prêté un précieux concours. Mais ni mes conférences, ni le concours de la presse n'auraient suffi à transformer à ce point l'état de l'opinion si nous n'avions pas eu la vérité pour nous.

Le revirement qui s'est produit n'est point dû en effet au talent que j'aurais déployé ou qu'ont pu déployer mes coadjuteurs dans la défense de la grande cause sociale que je me suis imposé la tâche de faire triompher. Il est dû à la force de la vérité qui s'impose. Je n'ai eu qu'un mérite : la persistance, la ténacité. Mon action s'est bornée à ceci : tenir le public en éveil, obliger mes concitoyens à porter leur attention sur un problème qui ne les avait pas préoccupés jusque-là. J'étais certain que dès qu'ils y réfléchiraient, la vérité leur apparaîtrait et je puis dire que jusqu'ici le succès a couronné mes espérances. C'est un argument que je veux invoquer en faveur de ma thèse. La réflexion ne profite qu'aux idées justes ; les idées fausses ne supportent pas l'examen et ne peuvent vivre qu'autant qu'on ne les discute pas. L'opinion publique mise en éveil se décide rarement dans le sens de l'erreur, et c'est là un excellent critère qui permet pour ainsi dire à priori de distinguer ce qui est vrai de ce qui ne l'est pas.

Le bon sens public est la grande pierre de touche à laquelle on peut essayer les systèmes. C'est un crible qui rejette impitoyablement toutes les utopies et qui ne retient que les idées saines : à cette heure il s'est prononcé en faveur du divorce, et toutes les mauvaises raisons qu'ont entassées, malgré leur talent, MM. Henri Brisson et Louis Legrand, ne prévaudront pas contre lui.

En même temps que le sentiment général, en se modifiant, venait donner un nouvel étai à mes idées, il réduisait à néant deux fins de non-recevoir, élevées par les partisans de l'indissolubilité du mariage.

Désireux d'éluder la discussion sur le fond, on traitait la question du divorce de « thème à conférences » de « dissertation académique » indigne d'occuper les instants d'une assemblée politique. On prétendait qu'une loi qui a régi notre pays depuis le 20 septembre 1792, jusqu'au 8 mai 1816, c'est-à-dire pendant 23 ans et 7 mois, et cela à des époques très troublées, sans cependant produire le moindre désordre, qu'une loi qui existe dans presque tous les pays civilisés, ne mérite pas d'être même examinée à fond. Et pourquoi ? parce que cela n'intéresse pas un assez grand nombre de personnes, parce que cette réforme n'est pas réclamée et que l'on ne doit s'engager dans la voie des réformes qu'autant qu'on y est poussé par l'opinion.

A cette heure, cette fin de non-recevoir aurait perdu

toute valeur si tant est qu'elle en eût jamais eu. Partout où pénètre la pensée, partout où l'on a pu lire ou entendre les débats contradictoires auxquels depuis deux ans surtout le projet de rétablissement du divorce a donné lieu, l'opinion s'est émue. Les époux malheureux, brisés dans leur vie par la séparation de corps, se sont sentis renaître à l'espérance, et de tous les points de la France sont arrivés à l'initiateur de cette loi de délivrance non seulement des adhésions et des félicitations innombrables, mais encore des récriminations contre les lenteurs qu'il ne lui a point été possible d'éviter et dont on le rendait responsable.

Que valaient d'ailleurs ces arguments, même avant le mouvement d'opinion qui s'est manifesté ? Ce que valent les moyens dilatoires mis en œuvre pour retarder une lutte dont on voit très bien que, si elle s'engage, l'issue ne sera pas douteuse.

Peut-on dire que le divorce n'intéresse point assez de monde ? Mais la moyenne annuelle des séparations de corps et de biens que prononcent les tribunaux, dépasse 2,500. Soit 5,000 époux séparés chaque année, sans compter ceux qui se séparent à l'amiable. Et ces derniers sont naturellement de beaucoup les plus nombreux, dans un pays où, la solution judiciaire n'apportant pas aux malheureux qui y recourent la faculté de se remarier, on préfère — à moins qu'il ne soit ndispensable d'agir autrement — ne pas prendre le public à témoin des discordes intestines dont on a eu à souffrir.

A ne parler, d'ailleurs, que des séparations judiciaires — puisque nous n'avons aucun moyen de dénombrer les autres, — 5,000 époux séparés chaque année, cela fait, en ajoutant ceux d'une année à ceux des années précédentes, un total permanent de 40,000 à 50,000 époux séparés vivants ; et ce ne serait pas là un chiffre suffisamment respectable ! Est-ce donc si souvent que l'on vote des lois s'appliquant à un aussi grand nombre d'individus.

Du reste, quand même il serait prouvé que la loi du divorce n'intéresse que très peu de personnes, qu'une seule personne même, ce ne serait point une raison suffisante pour ne pas la décréter. Ainsi que je le disais à la Chambre, le 27 mai 1879, une question de justice ne dépend pas du plus ou moins grand nombre des individus qui souffrent de l'injustice qu'il s'agit de faire cesser.

Au dix-huitième siècle, il y a eu une grande et puissante agitation contre les traitements inhumains que l'on faisait alors subir aux aliénés. Qui cela intéressait-il ? quelques malheureux privés de leur raison.

Aujourd'hui encore, lorsqu'il s'agit des réformes pénitentiaires, toutes les assemblées se passionnent; et cependant qui ces réformes intéressent-elles? quelques misérables criminels, le rebut de la société.

Et l'on voudrait refuser aux victimes des mauvais mariages le même intérêt que le dix-huitième siècle portait aux fous, et que nous portons, nous, aux criminels qui peuplent nos prisons et nos bagnes, ou que la société envoie porter leur tête sur l'échafaud !

Non seulement ce serait illogique, mais ce serait funeste : si l'on en arrive jamais à prendre pour mesure de la grandeur d'une cause le nombre de ceux que cette cause touche directement, on aura rapetissé, rabaissé le sens moral de l'humanité.

D'ailleurs, j'espère démontrer dans les pages qui vont suivre, comme je crois l'avoir fait dans tout ce que j'ai écrit jusqu'ici, que le divorce est une loi moralisatrice. Or — bien ou mal marié, — tout le monde doit s'attacher à faire prévaloir une mesure de moralisation publique.

Et puis, a-t-on le droit de prétendre que la loi qui régit les unions conjugales ne touche que ceux qui sont mal mariés? n'est-il pas plus exact de dire qu'elle touche quiconque se marie? le mariage est un grand aléa et l'on ne pourrait pas prouver que jamais cette loi de l'indissolubilité, qui lui donne l'irrévocabilité du destin, n'ait arrêté sur le seuil de la mairie ceux qui s'apprêtaient à s'engager dans ses liens?

Quant à cette objection que le divorce ne répond pas suffisamment aux aspirations du pays, elle a toujours été contestable dans son principe. Les hommes qui ont l'honneur de diriger l'opinion ont bien souvent, et cela à leur gloire, réalisé des progrès auxquels les intéressés ne songeaient guère. Pour ne citer qu'un exemple de cet ordre, je rappellerai la guerre de la Sécession en Amérique et l'émancipation des esclaves. Certainement ce n'étaient pas les nègres qui avaient préparé le mouvement émancipateur.

D'ailleurs, qui donc, aujourd'hui surtout, pourrait autoriser nos adversaires à prétendre que le divorce n'est pas réclamé? Et quoi! voilà une thèse assez populaire pour que presque tous les organes de la presse lui soient favorables sans distinction d'opinion politique, pour que, transportée au théâtre, elle assure toujours au directeur salle comble ; voilà une idée qui, défendue dans des conférences, ne manque jamais d'y amener d'innombrables auditeurs presque tous sympathiques; voilà un projet de réforme qui fait pleuvoir sur le bureau de son promoteur des monceaux de lettres d'adhésion...; et l'on vient dire que cette thèse n'est point mûre, que cette idée n'est pas sortie du domaine spéculatif, que cette réforme n'est pas demandée !

Ce qui est vrai, peut-être, c'est qu'on est moins unanimement passionnné pour le divorce que pour une diminution d'impôts ou pour une réduction de la durée du service militaire. Mais cela est bien naturel, puisque les contributions publiques et le service militaire, frappant tout le monde, intéressent directement tout le monde, tandis que l'indissolubilité du mariage n'étant lourde qu'aux mauvais ménages, la question que j'ai soulevée ne passionne que ces derniers. Une réforme qui ne touche directement qu'une catégorie limitée de citoyens est suffisamment demandée, elle répond à un besoin assez impérieux, elle dénote un courant d'opinion suffisant pour qu'il soit juste d'y faire droit, lorsqu'elle est énergiquement voulue par la grande majorité de ceux à qui elle est destinée. Il en est ainsi de la loi que je défends.

Il y a plus. Il existe des cas où il importe d'autant plus d'agir que l'opinion le demande moins. Celui-ci en est un.

Supposons un moment — ce qui n'est pas — que l'on s'accommode en France de notre législation draconienne sur le mariage. Qu'est-ce que cela prouverait ?

Que nous devons sans plus attendre rétablir le divorce.

Si personne chez nous ne protestait plus contre la législation de 1816, c'est que les gens bien mariés seraient assez égoïstes pour ne point songer aux autres; et que les autres eux-mêmes auraient trouvé le moyen de rendre leur situation tolérable.

Or, à moins que la France ne soit devenue le pays du rigorisme, de la rigidité des mœurs par excellence — ce que je ne crois pas que l'on puisse dire d'aucun pays — si les gens mal mariés trouvaient leur situation tolérable, c'est qu'ils auraient pu faire illégalement sans le divorce ce que, le divorce existant, il leur aurait été permis de faire légalement.

En fait, le divorce existe quelle que soit la loi officielle du pays. Le tout est de savoir — et c'est la seule chose à examiner — s'il vaut mieux illégal que légal, ou légal qu'illégal.

Il est même à noter que le divorce de fait existe si bien, quoi qu'il en soit de l'autre, que l'institution du divorce légal n'est jamais réclamée que par les personnes honorables, à qui l'illégalité répugne, et qui ne veulent ni briser leur existence ni vivre dans une situation irrégulière. Les autres, celles qui composent facilement avec le vice, n'en ont nul besoin et nul souci.

Si donc personne en France ne se levait pour demander le divorce, alors que les tribunaux français séparent chaque année 5,000 époux sans compter les séparés amiables, alors que la plupart de ces séparés refusent de se plier à l'obligation de célibat qu'on prétend leur

1.

imposer, que devrait-on en conclure? Que les époux séparés s'inquiètent assez peu de la loi et des mœurs publiques, et que ceux qui les entourent, pour ne pas songer à remédier à cet état de choses, ne s'en inquiètent guère plus qu'eux.

Ce serait une raison pour que le législateur rétablît immédiatement le divorce et portât de la sorte un fer rouge sur la plaie.

Lorsque les époux séparés peuvent encore aspirer aux honneurs du mariage, ils se préservent avec plus de soin des écarts qui risquent de leur rendre un nouvel établissement difficile.

D'autre part, la société est tolérante, pourvu qu'ils évitent le scandale, à ceux qui, sous le régime de l'indissolubilité, s'engagent dans des liens qu'ils ne peuvent éviter qu'en violentant les sentiments les plus impérieux et les plus élevés de leur nature. Elle serait implacable pour qui violerait la loi pouvant faire autrement, et la corruption, rencontrant enfin des obstacles, ne s'étendrait plus insensiblement, véritable phylloxera moral, à toutes les classes de la nation.

Le divorce est-il réclamé, qu'on le rétablisse donc et qu'on n'argue plus contre lui de ce qu'il ne l'est pas. Ne l'est-il pas, que l'on se hâte plus encore, car alors il n'est que temps; hâtez-vous, car demain peut-être le mal serait si profond que cette réforme ne l'arrêterait plus; hâtez-vous, car le concubinage clandestin est plus facile, nécessite moins de courage civique qu'un procès courageusement et publiquement soutenu; hâtez-vous, car si l'on en venait à préférer l'oreiller moelleux de l'immoralité aux efforts de l'action légale, le divorce rétabli demeurerait impuissant et stérile, arriverait trop tard.

Certes, le pouvoir législatif n'a pas le droit, dans un pays de suffrage universel, de voter des lois que l'opinion repousse. Mais son rôle n'est pas non plus d'enregistrer simplement les échos du dehors. Formé des hommes que le corps électoral a jugés dignes de le représenter, de le guider, le Parlement doit savoir prendre toutes les initiatives salutaires, à seule charge par lui d'en démontre la nécessité au pays, et son initiative n'a jamais de meilleure occasion de s'exercer que lorsqu'il s'agit de la moralité générale.

On dit encore quelquefois que le divorce n'est pas compris dans les campagnes, que la République pourrait être compromise par son rétablissement.

Cet argument ne me touche guère. Les campagnes ont le sens droit comme les villes. Elles peuvent manifester des répugnances contre une réforme qu'on leur a présentée sous un faux jour. Mais — il m'a été donné d'en faire l'expérience lors des élections générales de 1876 — rien n'est facile comme de les ramener en leur expliquant le but qu'on poursuit. C'est ce que j'ai fait pour ma part sans difficulté dans les cinquante communes dont l'arrondissement d'Apt se compose. Je me trouvais cependant en 1876 dans les conditions les plus défavorables puisque j'étais combattu à la fois et par les monarchistes et par une fraction du parti républicain qui, les uns et les autres, se faisaient une arme contre moi des préjugés des électeurs ruraux. Quelques paroles simples, quelques exemples probants me suffisaient pour ramener les plus hostiles.

Il en sera toujours de même pour qui, serviteur éclairé du suffrage universel, ne se bornera pas à répercuter les idées qu'il en reçoit, mais voudra en élever le niveau moral, faisant pénétrer dans les couches profondes les idées qu'ont fait naître en lui le travail et l'étude des problèmes économiques et sociaux.

D'ailleurs le divorce est défendu par des journaux intransigeants ou socialistes, par des journaux opportunistes plus ou moins avancés comme *le Rappel, la République française, le Siècle, le Voltaire, le XIX*e *siècle*, par des journaux réactionnaires comme *le Soleil, le Figaro* et l'*Estafette*. Comment, trouvant ainsi des adhérents dans tous les partis politiques, pourrait-il être considéré comme l'apanage d'un seul parti, et être exploité contre ce parti ?

C'est une de ces lois que tout le monde peut revendiquer. Le parti républicain le peut, car la Suisse et les Etats-Unis qui sont des républiques possèdent le divorce ; car les républicains de 1792 ont été les premiers à l'établir chez nous. Les impérialistes le peuvent aussi, car la Russie et l'Allemagne qui sont des empires jouissent de la loi du divorce ; car le premier empire français l'a conservé ; car l'empereur s'en est même servi ; car alors que, détenu à Ham, il n'était point encore le prisonnier moral de toutes les réactions coalisées et pouvait exprimer une pensée qui lui fût propre, celui qui devait être plus tard Napoléon III écrivait en s'adressant au gouvernement de Louis-Philippe : « Qu'avez-vous fait ? Vous n'avez même pas rétabli le divorce qui était le palladium de l'honneur des familles ! »

Et ce ne sont pas seulement les républicains et les impérialistes qui peuvent revendiquer cette loi du divorce, ce sont aussi les orléanistes, puisque la première Chambre des députés de la monarchie de Juillet en a voté quatre fois le rétablissement de 1830 à 1834; ce sont même, je le démontrerai plus loin, tous les catholiques qui ont sincèrement pris leur parti du mariage civil et qui ne veulent pas remonter au delà de 1789. Aussi personne ne pourra-t-il tourner contre la République le vote du divorce. A ceux qui le tenteraient la réponse serait trop facile.

Ce n'est point en réalisant des réformes utiles que la République se nuira jamais. Ce serait plutôt en mentant à son principe et en laissant subsister toutes les mauvaises institutions du passé.

Qu'elle rétablisse donc le divorce sans hésiter. Il ne lui en reviendra qu'honneur et profit.

Elle ne saurait d'ailleurs reculer après la lutte qu'elle a engagée contre l'esprit clérical.

La loi abolitive du divorce du 8 mai 1816 n'a été dictée que par l'esprit clérical. On n'a point argué en sa faveur, devant les Chambres de la Restauration, des désordres que le divorce aurait produits — il n'en avait produit aucun, — mais de son incompatibilité avec le dogme catholique. C'était un premier coup porté au mariage civil, une première brèche faite par le passé à l'édifice de la révolution française. Cette brèche, on espérait bien l'agrandir et y faire passer le mariage civil lui-même, car c'est le mariage civil qui est le vrai principe en opposition avec les prétentions de la cour romaine, et non le divorce *civil* qui n'en est qu'une conséquence. La révolution de 1830 vint arrêter ce mouvement rétrograde ; mais, au point de vue du mariage, si l'on n'a rien perdu depuis, du moins n'a-t-on pas encore reconquis le terrain que nos ennemis nous ont arraché en 1816.

Tous les militaires professent — et cela est vrai en politique comme à la guerre — qu'avant toute conquête nouvelle, il faut reprendre à l'ennemi ce que l'ennemi vous a pris.

La première entreprise de l'esprit clérical sur l'esprit démocratique moderne a été l'abrogation du divorce ; la première revanche de l'esprit démocratique sur l'esprit clérical doit être le rétablissement du divorce. C'est là que la logique inflexible pousse le parlement et le pays. Les quatre années qui viennent de s'écouler ont d'ailleurs suffisamment muri le problème, et, après les élections générales, le parlement n'aura plus aucune raison d'hésiter. Il en aura d'autant moins que la question se sera sûrement posée devant la nation réunie dans ses comices et que le verdict de la nation aura été favorable. Et que l'on ne croie pas que nous faisons ici une hypothèse gratuite. A Paris et dans les grandes villes, on veut le divorce avec passion. Dans les campagnes on l'exige peut-être moins impérieusement parce qu'on en a moins besoin, les séparations y étant de beaucoup plus rares, mais on en comprend la nécessité, on l'accepte, on le veut aussi, et l'on peut dire qu'aucune réforme à cette heure n'est plus urgente et plus opportune.

L'effort accompli dans le sens de ce progrès depuis 1876 témoigne, nous l'avons dit, de la justesse de nos arguments, mais il témoigne aussi d'une autre chose sur laquelle nous voulons insister en passant, c'est de la supériorité du régime républicain sur tous les autres régimes.

M. Alexandre Dumas qui, par une singulière contradiction, est homme de progrès tout en étant hostile aux institutions démocratiques, me vantait un jour la monarchie au point de vue de la facilité avec laquelle il lui était donné de réaliser des progrès.

« Le monarque, me disait-il, est le goulot de cette grande bouteille qu'on appelle le pays. Quand vous versez un liquide dans le goulot vous emplissez la bouteille. Quand vous inculquez une vérité dans l'esprit du monarque, le pays est conquis à cette vérité. Avec le suffrage universel, au contraire, il faut convaincre tout le monde ; il faut remplir la bouteille par le bas. Quel travail surhumain ! »

M. Alexandre Dumas n'est pas le premier qui ait été séduit par ce mirage d'une dictature progressive. Le malheur est que, dans les faits, ce mirage reste un simple mirage, que l'on ne convainc pas le monarque, et que, privé de la liberté de convaincre le pays, on n'arrive absolument à rien.

Supposons une minute que, en 1876, le gouvernement eût été autoritaire. Croit-on qu'il se serait heurté au préjugé qui existait alors contre le divorce? Il faudrait ne pas connaître les gouvernements pour le croire. La dernière intervention officielle du ministère dans cette question serait une réponse péremptoire à qui conserverait cette illusion.

Si donc, n'ayant pas l'initiative gouvernementale,

nous n'avions pas eu non plus l'initiative individuelle, et les moyens de l'exercer, le préjugé serait, à cette heure, ce qu'il était il y a quatre ans et l'indissolubilité du mariage, tempérée par le concubinage et l'adultère, serait plus forte que jamais.

Grâce au régime républicain, grâce à la liberté républicaine, le travail s'est accompli dans les masses et le jour est prochain où la législation cléricale et oppressive de 1816 aura vécu.

CHAPITRE II

LE DIVORCE EST CONFORME AUX PRINCIPES GÉNÉRAUX DE NOTRE DROIT PUBLIC

Chaque science repose à la fois sur l'observation et sur le raisonnement : l'observation est à la base, et sur cette base, le raisonnement, par la voie des déductions, bâtit l'édifice. Mais dans chaque science, les méthodes d'observation varient. On pourrait presque dire que c'est la nature même de ces méthodes qui distingue les sciences les unes des autres et caractérise chacune d'elles en particulier.

En mathématiques, on part de certains faits peu nombreux, observés, reconnus depuis assez longtemps pour que l'intelligence s'en soit fait une habitude héréditaire, et que la métaphysique, a pu, partant de là, ériger en vérités d'un ordre primordial sous le nom *d'axiomes*.

En astronomie, c'est à l'aide du télescope qu'on observe le mouvement des astres pour arriver ensuite à en déterminer les lois.

En physique, en chimie, en biologie, l'observation prend la forme de l'expérience ; on fait naître soi-même les phénomènes que l'on se propose d'étudier.

En sociologie, l'observation historique vient se joindre à l'observation actuelle et à l'expérimentation directe, et c'est sur cette large base que l'on s'appuie pour découvrir des vérités nouvelles, pour en faire la démonstration. Lorsqu'il s'agit de savoir si une institution est à créer ou à détruire, il faut voir d'une part si cette institution est ou n'est pas en rapport avec l'ensemble des institutions du moment, si elle est de celles que l'évolution naturelle de l'humanité amène ou de celles que cette évolution emporte. Dans le premier cas, il y a de grandes présomptions pour qu'elle soit à créer ou à conserver ; dans le second cas, il y a de grandes probabilités pour qu'il soit utile de la détruire.

A ces considérations d'ordre philosophique et historique se joignent ensuite les considérations relatives aux faits actuels, les discussions théoriques, rationnelles, de ces faits et de leurs conséquences naturelles. C'est lorsqu'on arrive ainsi aux mêmes conclusions par ces deux voies différentes qu'il est permis d'employer l'expérimentation directe, dont le domaine est plus restreint en sociologie que dans les sciences physiques, à cause du danger que des expériences entreprises à la légère pourraient présenter pour la société.

C'est par cette méthode *en partie double* que nous procéderons pour démontrer que l'indissolubilité du mariage a fait son temps et que le divorce doit être introduit dans la législation française, comme il l'est dans la plupart des législations étrangères, comme il l'avait été chez nous par la Révolution et par les fondateurs du Code civil, jusqu'au jour où, le 8 mai 1816, il fut aboli par la réaction légitimiste et cléricale.

Le divorce est une institution conforme aux principes généraux qui forment la base de notre droit public; l'indissolubilité du mariage en est la négation.

Depuis 1789, le mariage ne peut plus être considéré que comme un contrat résultant de la libre volonté des contractants. Or, il est de la nature de tous les contrats de pouvoir être résiliés, soit d'un commun accord, lorsque les deux parties contractantes y consentent, soit par la volonté d'une seule des parties, si l'autre n'a pas rempli les conditions du contrat.

La légitimité du divorce se déduit si naturellement de ces prémisses, qu'en 1792, lorsque, pour la première fois, Aubert Dubayet proposa d'en décréter le principe, Guadet s'y opposa, alléguant que ce décret était inutile, parce que, disait-il, le divorce existait par le seul fait que le mariage était considéré comme un contrat civil, analogue, par conséquent, par tous ses effets, à tous les autres contrats.

Cette idée que le mariage est un contrat a été combattue à la fois par les partisans de l'union libre, et par les partisans du mariage indissoluble. M. Acollas s'élève avec énergie contre cette conception qu'il trouve vicieuse. A ses yeux le mariage est une « association fondée sur le sentiment moral de l'amour, et soumise à la double loi de la liberté et de l'égalité ».

J'avoue ne pas très bien comprendre l'objection. Une association qui implique des devoirs pour les associés, ne me paraît pouvoir résulter que d'un contrat. Mais peu importe, en somme, que M. Acollas accepte ou non mon système puisque, philosophiquement, il arrive comme moi à une conclusion de liberté. C'est donc contre l'argument de M. Louis Legrand que je me heurte, — argument que m'avaient opposé avant lui M. Constans d'abord, M. Albert Millet ensuite. Ces messieurs n'admettent pas que le mariage soit un contrat par cette raison qu'on ne peut y introduire ni conditions de modalité, ni conditions de durée. Suivant eux, si le mariage est un contrat, celui-ci est tout au moins d'une nature telle qu'on ne saurait considérer comme lui étant applicables les règles qui s'appliquent à tous les autres.

Eh bien ! n'en déplaise à mes contradicteurs, je maintiens que le mariage est un contrat et j'ajoute que si ce contrat est *spécial*, ce que j'accepte, sa nature est telle que, d'après les règles de notre droit public, au lieu d'être plus difficile que celle des contrats ordinaires, sa dissolution devrait être plus facile.

L'article 18 de *la Déclaration des droits* du 24 juin 1793 porte :

« Tout homme peut engager ses services, son
» temps ; mais il ne peut se vendre ni être vendu, sa
» personne n'est pas une propriété aliénable. La loi ne
» connaît pas de domesticité ; il ne peut exister qu'un
» engagement de soins et de reconnaissance entre
» l'homme qui travaille et celui qui l'emploie. »

L'article 352 de la constitution de l'an III est ainsi conçu :

« La loi ne reconnaît ni vœux religieux, ni aucun en-
» gagement contraire aux droits naturels de l'homme. »

De ces dispositions, toujours en vigueur, il résulte — et cela est sanctionné par la jurisprudence — qu'en aucun cas on ne peut contraindre quelqu'un à « faire une action ». Ces sortes d'engagements qui obligent corporellement la personne des contractants, et que M. de Flotte a justement appelés des *contrats personnels*, sont nuls d'après notre droit moderne, ou, tout au moins, ne peuvent être résolus que sous la forme de dommages-intérêts. Un homme loue ses services pour dix ans et s'en va au bout de 48 heures : on est en droit de lui intenter une action en dommages-intérêts ; on peut l'obliger — s'il en a les moyens — à réparer pécuniairement les dommages qu'il a causés en se dérobant aux stipulations consenties ; mais on ne peut pas le contraindre à rester et à rendre en personne les services qu'il s'est engagé à rendre.

Or le mariage est un contrat personnel. La conséquence de sa nature particulière serait donc qu'il doit pouvoir se résoudre non seulement par consentement mutuel, non seulement pour causes déterminées, mais encore — sauf recours pécuniaire — par la volonté persistante d'un seul des conjoints. C'est là ce que la loi du 20 septembre 1792 avait consacré par son article 3 :

« L'un des époux peut faire prononcer le divorce sur
» la simple allégation d'incompatibilité d'humeur ou de
» caractère. »

C'est également là ce que reconnaît — moins explicitement il est vrai — la loi prussienne en admettant au nombre des causes du divorce « l'aversion profonde et invincible de l'un des époux pour l'autre... » C'est là enfin ce qui poussait Napoléon 1er dont, en cette circonstance, l'opinion ne prévalut pas au conseil d'Etat, à demander le maintien dans le code de l'article 3 de la loi de 1792 cité plus haut.

Nous n'allons aujourd'hui ni aussi loin que la Législative et la Convention, ni aussi loin que Napoléon Ier ni aussi loin que la loi prussienne et que la loi suisse. *Mais à ceux qui invoquent contre le divorce la nature particulière du contrat que le divorce vise, il y a lieu d'opposer ces principes universellement admis, et qui exigeraient non seulement que le divorce fût rétabli, mais qu'il le fût sur une base encore plus large que nous ne le demandons.* L'indissolubilité du mariage est donc doublement en opposition avec les règles de notre législation, et, *pour avoir le droit d'enfreindre ces règles ainsi, il ne faudrait pas se borner à invoquer la nature particulière du contrat, il faudrait encore indiquer en quoi cette particularité autorise une telle dérogation.*

Un de mes contradicteurs, M. Millet, attaque ces conclusions : « Mais est-ce à dire, pour cela, écrit-il, que l'Etat n'a pas le droit, dans certains cas déterminés, et au nom de l'utilité générale de sacrifier la liberté individuelle? assurément non! Nul ne saurait le soutenir. M. Naquet lui-même reconnaît que, en vue de l'intérêt public, la loi est obligée d'admettre des contrats personnels, et d'accepter des situations où la liberté individuelle est forcément immolée sur l'autel de la patrie. Témoins le service militaire. Qui oserait dissoudre l'armée nationale, au nom de la liberté? Personne apparemment. Eh bien! il nous semble que les gens mariés, les pères de famille, forment dans l'Etat une immense armée, destinée, non pas à exterminer l'espèce humaine, mais tout au contraire à la perpétuer légitimement, — ce qui, entre parenthèses, doit revêtir, à tous les yeux, un caractère d'utilité sociale, au moins aussi respectable que le tir en rase campagne... »

Fort bien ! Je n'ai jamais dit que les principes sur lesquels notre législation repose soient absolus, et qu'en aucun cas il ne puisse être permis d'y déroger. Je dis seulement que quand une institution est en opposition avec les principes généraux qui servent de base à la société, c'est à ceux qui la défendent qu'il incombe d'établir la nécessité d'une pareille dérogation, tandis que, lorsqu'elle est en parfait accord avec ces mêmes principes, ce sont ceux qui la repoussent qui sont tenus de démontrer la nécessité de l'exception qu'ils réclament. Or il ne me paraît pas possible d'entamer le raisonnement que j'ai fait plus haut. Le mariage est un contrat personnel au premier chef, parce que les obligations « corporelles » qu'il entraîne engagent non seulement la personne matérielle, mais la personne morale, et deviennent, lorsqu'elles cessent d'être volontairement consenties, les plus monstrueusement tyranniques. Si donc on persiste à prétendre que le mariage doit être indissoluble malgré ce caractère et que, sur ce point, une infraction doive être faite aux règles posées par l'article 18 de la *Déclaration des droits* de 1793 et par l'article 352 de la constitution de l'an III, ce sont ceux qui se prévalent de cette exception qui doivent en prouver la nécessité. Je n'ai jamais dit autre chose.

D'ailleurs, pour quiconque ne va pas jusqu'à la législation de 1792, pour quiconque s'en tient au titre VI du code civil, il importe peu que le mariage soit un contrat ou que, comme l'affirmait à la Chambre des députés M. le garde des sceaux Jules Cazot, ce soit un *état;* ces définitions, en effet, conduisent toutes les deux à l'admission du divorce, comme conforme aux règles générales de notre droit public.

M. Léon Renault pense, lui aussi, comme M. Cazot, que le mariage est un *état;* et cependant il conclut au divorce.

« La première raison de préférer le divorce à la séparation de corps, dit-il dans son admirable rapport, c'est que celle-ci ne repose que sur une fiction. Elle suppose le maintien du lien conjugal. Eh bien ! n'est-ce pas une allégation vaine ? En quoi consiste, aux termes mêmes de nos lois, ce lien puissant et sacré ? Demandons-le au chapitre vi du titre V du Code civil intitulé « des Droits et des Devoirs respectifs des époux. »

» Art. 212

» Les époux se doivent mutuellement fidélité, secours,
» assistance.

» Art. 213.

» Le mari doit protection à sa femme, la femme
» obéissance à son mari.

» Art. 214

» La femme est obligée d'habiter avec son mari et de
» le suivre partout où il juge à propos de résider. Le
» mari est obligé de la recevoir, de lui fournir tout ce
» qui est nécessaire pour les besoins de la vie, suivant
» ses facultés et son état. »

« Ces trois articles sont la définition même du mariage dans notre législation. Elle y a imprimé le caractère éminemment spiritualiste par lequel elle se distingue du droit canonique. Pour elle le mariage est avant tout une union fondée sur l'accord des intelligences, des cœurs et des consciences. A la différence de l'Église catholique, qui sanctifie le contrat naturel de mariage par le sacrement, mais confond la double conception naturaliste et religieuse de l'union conjugale au point d'admettre l'impuissance et le défaut de consommation comme des causes de nullité, notre société civile ne surbordonne la validité des mariages qu'à la sincérité des engagements échangés : elle ne donne, comme matières à ces engagements, que des obligations morales.

» Si tels sont bien, dans notre code, le caractère et l'objet du mariage, qu'en reste-t-il dans les cas où la conduite de l'un des époux ou de tous deux a rendu la séparation de corps nécessaire : c'est-à-dire, lorsqu'il y a eu adultère de la femme; entretien par le mari d'une concubine dans le domicile conjugal; excès, sévices ou injures graves d'un époux envers l'autre, poussés au point que les magistrats ont reconnu l'impossibilité de maintenir la vie commune; condamnation de l'un des conjoints à une peine infamante?

» Les promesses réciproques de fidélité, de secours, d'assistance, qui formaient l'essence même du contrat, ont été méconnues par l'un des époux ou par tous deux. La femme, au lieu de la protection stipulée, n'a rencontré que l'outrage et l'abandon; le mari, qui avait droit à l'obéissance, s'est trouvé en face de la révolte; la fidélité a été désertée par le mari ou par la femme; le respect et l'affection, qui donnent à l'état de mariage sa dignité, son charme et sa force, se sont éteints dans les cœurs des époux; le mépris et la haine trop justifiés les ont remplacés ; les choses ont été poussées à ce point qu'il a fallu permettre au mari et à la femme de faire cesser cette communauté de la table et du lit, qui était le signe extérieur de l'union étroite de leurs cœurs, de leurs esprits, de leurs volontés. Que subsiste-t-il donc de cette union conjugale dont les articles 212, 213, 214 du code Napoléon ont donné une si haute formule et une si noble définition ?

» Le temple s'est écroulé ! Les ruines seules en demeurent éparses sur le sol, encombrant la route. Au nom de quel intérêt social, de quel principe moral, les déclare-t-on sacrées ? Pourquoi laisser au mari et à la femme des débris de pouvoir, des restes de droits qui, suivant une juste expression, « deviennent dans » leurs mains égarées comme des tronçons d'arme avec » lesquels ils se meurtrissent et s'assassinent » ? Pourquoi les condamner tous deux, le coupable et l'innocent, le bourreau et la victime, ou à une viduité contraire à la nature humaine, ou à la formation d'unions illégitimes, clandestines ou publiques, qui ne se font trop souvent qu'au détriment de l'honneur et de la sainteté d'autres mariages ; que la loi tolère ou punit, suivant que c'est le mari ou la femme qui s'y engagent; en face desquelles la conscience publique se trouble, ne pouvant absoudre et n'osant condamner, et qui, volontairement stériles ou irrégulièrement fécondes, empêchent le nombre des citoyens de croître, ou multiplient dans la maison le nombre des enfants adultérins ?

» Pourquoi maintenir cette communauté du nom qui fait rejaillir sur l'un des époux l'infamie dont l'autre peut se couvrir ? Pourquoi vouloir que des femmes contre lesquelles la séparation a été prononcée pour adultère, et qui depuis ont glissé dans le désordre et dans la vénalité, continuent à flétrir, en le conservant, un nom jusque-là respecté, tandis que d'autres auxquelles la séparation a été accordée à la suite d'une condamnation infamante de leurs maris, ne peuvent rejeter loin d'elles un nom déshonoré ?

» Quelle morale est satisfaite par la conservation de cette autorité mutilée et dégradée à la fois que la séparation de corps laisse au mari vis-à-vis de sa femme, innocente ou coupable des faits qui ont amené la rupture du mariage ? La femme séparée a le droit de vivre comme elle veut, d'aller et de résider où il lui plaît ; elle est seule maîtresse de ses actions, de ses relations, de sa considération. Eh bien ! cette même femme ne peut ni donner, ni recevoir, ni acquérir, ni aliéner, sans une autorisation de ce mari auquel il est interdit de la hanter et de la fréquenter. Dans l'ordre moral elle est émancipée; dans l'ordre matériel elle demeure asservie. Que gagne l'idée nécessaire du pouvoir dans la famille à cette contradiction ?

« Que devient-elle quand on assiste à ce spectacle trop fréquent d'un mari qui, n'ayant plus le droit d'être le gardien, le conseiller de sa femme, peut encore être son espion; qui, ne pouvant plus légalement entrer comme époux dans le domicile de sa femme, peut y pénétrer accompagné d'un commissaire de police sur un soupçon juste ou injuste; qui, libre d'étaler le scandale de l'entretien d'une concubine dans la maison d'où ses désordres et sa brutalité ont peut-être forcé sa femme à sortir, demeure le maître d'élever une accusation d'adultère contre celle qui a d'abord été sa victime?

» Ne sont-ce pas là des conséquences, sinon inévitables, du moins habituelles, de la séparation de corps? Institution sans sincérité, elle est par cela même un remède inefficace et dangereux : car du faux le mal seul peut sortir.

» La vérité, elle est dans l'aveu que le mariage n'existe plus quand ses caractères essentiels sont détruits. La logique, elle consiste à rendre aux deux conjoints le droit de disposer d'eux-mêmes, quand les liens qui les unissaient ont dû être brisés de fait. L'intérêt social, il défend d'enlever aux époux séparés le droit de vivre légitimement, dans les conditions que la nature humaine implique et impose; il commande de leur rendre la faculté de réparer, dans une certaine mesure, le mal que le trouble de leur première union a causé à l'État. La justification du divorce, c'est qu'il éteint ou détruit les passions qui l'ont rendu inévitable; qu'il libère l'époux innocent, auquel il est cruel et injuste d'interdire les sentiments les plus doux et les plus légitimes ; qu'il n'inflige pas à l'époux coupable une punition qui, à raison même de son objet, ne peut que tourner au détriment de la société et de la morale; qu'il supprime ce dilemme odieux qui se pose aux époux séparés de corps : fouler aux pieds la décence publique ou immoler en eux tous les instincts de l'humanité; enfin qu'il ne réduit plus les meilleurs, parmi ceux dont l'union conjugale a dû être dissoute, à devenir homicides, sinon de fait, au moins de désir ou d'intention. »

Ainsi, soit qu'avec les hommes de la Révolution, auxquels je me rallie, on voie dans le mariage un contrat civil; soit que, avec M. Émile Acollas on n'y voie qu'une simple association; soit que, avec M. Cazot et M. Léon Renault, on le considère comme un état défini par les articles 212, 213 et 214 de notre Code civil, le divorce se déduit naturellement et logiquement des principes généraux du droit moderne, comme il se déduit des simples règles du bon sens.

Il faudrait donc démontrer rigoureusement pour l'écarter que, dans l'espèce, des intérêts de premier ordre, rendent une exception nécessaire.

Nos adversaires l'essayent. Ils invoquent contre nous l'intérêt des mœurs, l'intérêt de la femme et l'intérêt des enfants. Ils font de plus objection de la prétendue opposition qui existerait entre le divorce et le dogme catholique.

A ces objections diverses, nous répondrons, nous en avons la conviction profonde, de manière à n'en rien laisser debout. Mais, dès à présent, il reste établi que nous avons possession d'état, que nos prétentions sont conformes aux lois fondamentales de la société et que, si même nous n'en montrions pas les résultats éminemment utiles — ce qui sera d'ailleurs facile, — nous aurions suffisamment démontré la nécessité du divorce lorsque nous aurions renversé les objections qu'on oppose à cette réforme.

2.

Que sera-ce si les arguments de nos adversaires se retournent contre eux et si l'intérêt des mœurs, l'intérêt, de la femme, l'intérêt des enfants, l'intérêt de la liberté de conscience des dissidents — et des catholiques eux-mêmes, — au lieu de plaider en faveur de l'indissolubilité du mariage, plaident en faveur du principe contraire?

CHAPITRE III

LES ORIGINES DU DIVORCE EN FRANCE. — CE QU'IL A ÉTÉ, CE QU'IL DOIT ÊTRE

Le rétablissement du divorce, nous l'avons dit, rencontrait en France, il y a trois ans à peine, une hostilité opiniâtre provenant des erreurs et des préjugés que la réaction cléricale avait répandus dans notre pays, et que beaucoup de républicains avaient acceptés sans en rechercher la source.

Il n'en est plus de même à cette heure. La cause de cette réforme salutaire est gagnée, et le résultat acquis démontre ce que peut l'initiative individuelle, lorsqu'elle est mise au service de la vérité, lorsque les représentants d'un grand peuple savent se dégager de la politique mesquine d'opposition systématique à un ministère ou de défense non moins systématique de ce ministère, pour s'attacher exclusivement à la préparation des lois nécessaires à la propagation des idées saines.

Quoi qu'il en soit, et quel qu'ait été le chemin parcouru depuis trois ans, il ne saurait être mauvais de profiter du temps qui nous sépare du vote de la loi par le Parlement, pour faire disparaître les dernières hésitations, les dernières préventions.

Ces préventions — là où elles subsistent encore — tiennent à deux causes : une erreur historique et une erreur juridique.

L'erreur historique porte sur les origines de l'institution, et sur les circonstances qui en ont amené l'abolition.

L'erreur juridique porte sur la loi elle-même. L'ancien titre VI du Code civil n'est presque pas connu, et bien des personnes qui accepteraient le divorce sans discussion, si elles savaient en quoi le divorce consistera, le repoussent également sans discussion, parce qu'elles attribuent à ses promoteurs des projets qu'ils n'ont pas, parce qu'elles s'imaginent que le divorce sera quelque peu analogue à l'union libre, qu'il donnera aux époux la faculté de se quitter sans motifs, et qu'elles voient, dans cette facilité de rupture des liens conjugaux, un élément de dissolution de la famille.

Il importe donc, avant même d'aborder les objections que l'on oppose à la réforme projetée, avant même de montrer les côtés monstrueusement tyranniques de la législation actuelle et d'étayer cette démonstration sur des exemples, il importe surtout d'établir comment le divorce a fait son apparition en France, à quelles influences son abolition a été due, et en quoi il consiste.

Chacun a le droit de discuter une question de cette importance et de se déclarer pour ou contre ; mais c'est à la condition de la connaître et de savoir quelles sont les origines et la nature de l'institution que l'on attaque ou que l'on défend.

L'erreur historique dont je parlais plus haut, consiste à faire remonter l'institution du divorce en France à Napoléon Ier. On croyait, presque universellement, au début de ma campagne, et il est des personnes qui croient encore, que le divorce n'a été chez nous qu'une loi impériale, imposée à la France par l'empereur dans le but de répudier Joséphine, et abrogée par lui après son second mariage.

Rien n'est plus faux.

Je reviendrai plus loin sur l'histoire complète de la législation du divorce en France. Mais je dois, dès les premiers pas dans cette étude, m'attacher à détruire une croyance qui a beaucoup nui et qui nuit encore à la cause que je défends.

Le divorce qui avait existé chez toutes les nations de l'antiquité, avait été supprimé, en apparence au moins — car je montrerai plus tard que le droit canonique n'a guère fait que changer le nom de la chose et appeler *nullité de mariage* ce que d'autres appellent *répudiation ou divorce*, — par le catholicisme triomphant.

Rétabli après la Réforme dans la plupart des pays protestants, il ne l'avait point été en France, ni chez aucune autre nation demeurée catholique. Mais au cours de ce dix-huitième siècle qui remua tant d'idées et qui prépara l'éclosion de nos libertés modernes, l'indissolubilité du mariage fut vivement attaquée comme contraire à la dignité humaine et aux droits imprescriptibles de l'individu.

En 1789, un des premiers actes de la Révolution française, épanouissement du grand mouvement philosophique qui l'avait précédée, fut de séculariser le mariage, qui, au point de vue légal, devint ainsi une simple convention civile assimilable à toutes les autres conventions.

Ce premier pas devait en entraîner un second. Dès que le mariage cessait d'être envisagé comme un sacrement, dès que le législateur, en en dictant les règles, n'avait plus à se préoccuper des dogmes de tel ou tel culte, la faculté de le dissoudre s'imposait d'elle-même. On ne saurait, en effet, concevoir une convention humaine irrévocable, surtout lorsqu'elle engage la liberté, la personne des individus. L'intervention d'un être extérieur à l'humanité pourrait seule lui conférer ce caractère que la législation laïque n'a pas le droit de lui imposer.

Aussi, la révolution continuant son œuvre, l'Assemblée législative vota-t-elle la loi du divorce le 20 septembre 1792.

Quant à Bonaparte, quel fut son rôle?

Rendons-lui cette justice que, sur ce point du moins, lui qui, presque partout, a sapé l'œuvre de la Révolution pour reconstruire l'ancien régime, il a conservé le divorce.

Mais il ne l'a pas conservé pour s'en servir, car il ne songeait guère à divorcer en 1803, et, en le conservant, il a cependant modifié la loi de 1792 et rendu la dissolution du mariage plus difficile qu'elle ne l'était pendant la période révolutionnaire.

Plus tard, il est vrai, trouvant l'institution établie, il s'en est servi; mais il s'est bien gardé de l'abolir après en avoir fait usage, et c'est seulement sous les coups de la violente réaction clérico-légitimiste de 1816 que le divorce a succombé.

Le divorce n'a donc pas été chez nous le fruit éphémère du caprice d'un homme. Ç'a été la conséquence des principes qui ont servi de base à la Révolution française, de la sécularisation du mariage proclamée en 1789. Et l'on peut dire que, en ce qui concerne le mariage, l'œuvre de nos ancêtres, complète lorsqu'ils la conçurent, est devenue et demeurera boiteuse jusqu'au moment, heureusement prochain, où sera rétabli le titre VI du Code civil qui instituait le divorce.

Nous parlons, qu'on le remarque, du titre VI du Code civil, parce que nous estimons que le divorce est de ces institutions sur lesquelles il est difficile de discuter en se tenant dans les généralités ; parce que tant vaut la loi qui l'institue, tant vaut l'institution elle-même ; parce qu'on ne peut séparer l'examen du principe de l'examen des dispositions spéciales qui sont destinées à en régler la mise en œuvre.

Il y a eu en France deux lois sur le divorce : celle du 20 septembre 1792, qui permettait à l'un des époux de divorcer malgré la volonté de l'autre sur la simple allégation d'incompatibilité d'humeur ou de caractère, et celle beaucoup plus restrictive de 1803, qui devint partie intégrante du Code civil.

Quelle que soit l'opinion que puisse se faire chacun de nous sur la loi de 1792, nous n'avons pas à nous en occuper : elle n'est pas en cause, puisque c'est la loi de 1803 que — à quelques rares amendements près — il s'agit aujourd'hui de remettre en vigueur.

Cette loi n'accordait pas aux époux, comme d'aucuns

le croient, la faculté de rompre, sans des motifs sérieux, le pacte conjugal. Le divorce ne pouvait avoir lieu que pour causes déterminées, ou bien par le consentement mutuel et persévérant des époux exprimé d'une manière spéciale et accompagné d'épreuves suffisantes pour prouver que la vie commune était insupportable et qu'il existait une cause péremptoire de dissolution du mariage.

Les causes déterminées étaient ramenées à un petit nombre, les mêmes qui ont été conservées, après 1816, comme de nature à entraîner la séparation de corps et de biens.

C'étaient l'adultère de la femme, l'adultère du mari lorsque ce dernier avait tenu sa concubine dans la maison commune, la condamnation de l'un des conjoints à une peine infamante, les excès, les sévices, les injures graves de l'un des conjoints envers l'autre.

Par un respect peut-être exagéré de la liberté de conscience, respect dont la dernière commission parlementaire s'est d'ailleurs également inspirée, et afin d'ôter tout prétexte d'attaque aux catholiques, la législation de 1803 avait rétabli la séparation de corps abolie par la loi de 1792 : les époux résolus à cesser la vie commune avaient l'option entre la rupture complète ou le simple relâchement des liens du mariage ; ils pouvaient à leur gré plaider en divorce ou ne plaider qu'en simple séparation de corps et de biens.

Qu'on ajoute à ces dispositions : l'article 310 du Code civil, lequel, trois ans après un jugement de séparation, permettait à l'époux primitivement défendeur de devenir demandeur et de faire transformer la séparation en divorce au cas où son conjoint ne consentait pas à reprendre la vie commune ;

L'article 295 qui interdisait aux époux divorcés de se remarier entre eux ;

L'article 296 qui, dans le cas de divorce prononcé pour cause déterminée, ne permettait à la femme de se remarier que dix mois après le divorce prononcé ;

L'article 302 qui accordait au tribunal, en cas de divorce pour cause déterminée, la faculté de décider à qui devait être confiée la garde des enfants ;

L'article 303 qui, en tous cas, obligeait les père et mère divorcés à pourvoir à proportion de leurs facultés aux frais d'entretien et d'éducation de leurs enfants, et qui reconnaissait respectivement le droit de surveiller cet entretien et cette éducation aux deux parents, aussi bien à celui qui avait obtenu la garde des enfants qu'à celui auquel cette garde avait été refusée ;

L'article 298, qui, lorsque le divorce avait été prononcé pour cause d'adultère, interdisait à l'époux coupable d'épouser son complice ;

Et l'on aura, aux détails de procédure près, toute l'économie de la loi consulaire de 1803, relativement au divorce pour causes déterminées.

Quant au divorce par consentement mutuel, on nous a dit du haut de la tribune que c'était une porte toute large ouverte à l'arbitraire, une disposition dangereuse de nature à multiplier outre mesure le nombre des ménages qui se rompent.

Il nous suffira, pour faire tomber cette objection, d'exposer quelles formalités, quelles lenteurs, quelles épreuves, quels sacrifices avaient été imposés aux époux désireux de recourir à ce mode de divorce, par les législateurs de 1803, lesquels, suivant l'expression de Treilhard, s'étaient attachés « à vendre si chèrement le divorce par consentement mutuel, qu'il ne pût y avoir que ceux auxquels il était absolument nécessaire qui fussent tentés de l'acheter. »

D'après le titre VI du Code civil, le consentement des époux n'était pas admis si le mari avait moins de vingt-cinq ans et la femme moins de vingt-un; si le mariage datait de moins de deux ans; s'il datait de plus de vingt ans, ou si la femme avait dépassé sa quarante-cinquième année. La commission parlementaire dont le projet a été repoussé avait conservé les trois premières de ces conditions et avait demandé la suppression des deux dernières. C'était la seule transformation qu'elle proposât au chapitre III du titre VI du Code civil relatif au divorce par consentement mutuel.

Le Code civil ne se contentait pas d'exiger des époux l'affirmation de leur volonté mutuelle de divorcer. A moins qu'il ne restât plus à ceux-ci aucun ascendant vivant, le consentement des ascendants était nécessaire comme s'il s'était agi d'un mariage, avec cette différence toutefois que, dans le cas du mariage, on peut se passer du consentement des pères et mères au moyen des actes respectueux, tandis qu'ici ce consentement était toujours indispensable.

Les époux résolus à divorcer devaient en faire déclaration en personne devant le magistrat et produire, d'une part, des pièces constatant l'adhésion de leurs pères et mères, et, d'autre part, une convention écrite réglant les trois points qui suivent : 1° A qui les enfants seraient confiés, soit pendant les épreuves, soit après le divorce ; 2° Dans quelle maison la femme devrait résider pendant le temps des épreuves ; 3° Quelle somme le mari devrait payer à sa femme pendant le même temps si elle n'avait pas des revenus suffisants pour pourvoir à ses besoins.

Après cette première comparution, et si la tentative de conciliation faite par le magistrat n'avait pas abouti, la femme avait à se retirer dans le domicile convenu. Trois mois plus tard, les deux époux étaient tenus de se représenter en personne devant le magistrat, de renouveler leur déclaration et de fournir une seconde fois la preuve du consentement de leurs ascendants, preuve résultant de pièces nouvelles données expressément pour cette seconde déclaration.

Les époux se retiraient ensuite une seconde fois dans leurs domiciles respectifs et, après trois autres mois — c'est-à-dire à neuf mois de date de leur première comparution, — ils étaient obligés de comparaître une dernière fois, d'affirmer que leur décision était restée irrévocable et de prouver que l'autorisation de leurs ascendants leur demeurait acquise.

C'est seulement trois mois après cette troisième déclaration qu'ils étaient autorisés à faire reprononcer divorce par l'officier de l'état civil.

Mais — et par cela seul que la voie du consentement mutuel avait été choisie — *les époux divorcés ne pouvaient se remarier qu'au bout de trois ans et la moitié des biens de chacun d'eux était acquise de plein droit, à partir du jour de la première déclaration, aux enfants issus du mariage.*

Il est évident que, pour que la détermination des

époux résistât à une année de séparation, pour que deux familles, dont les intérêts sont contradictoires, consentissent d'une manière persistante au divorce, pour que les époux acceptassent d'abandonner la moitié de leur fortune, il fallait des motifs bien graves, bien sérieux, des motifs tels que certainement le divorce pour causes déterminées aurait été obtenu sans difficulté, si la voie du consentement mutuel n'avait point été préférée.

Ici s'élève une objection :

Si le consentement mutuel ne permet d'obtenir le divorce qu'à ceux-là qui, à la rigueur, pourraient l'obtenir autrement, il est inutile, et alors pourquoi le conserver ?

C'est dans l'intérêt supérieur des familles que le législateur de 1803 avait rangé le consentement mutuel des époux au nombre des causes de divorce. C'est dans le même intérêt que le commission parlementaire, dont M. Léon Renault était le rapporteur, avait persévéré dans cette voie.

« Si le législateur de 1803 admet le divorce par consentement mutuel, dit M. Léon Renault... c'est parce qu'il reconnaît que, parmi les causes justificatives du divorce, il en est de si graves, et de nature à entraîner pour l'époux défendeur (M. Léon Renault aurait pu ajouter : *et pour les enfants*) de si funestes conséquences, que son conjoint, victime d'attentats odieux, peut, à raison de l'élévation et de la délicatesse de sa conscience, préférer les tourments les plus cruels et la mort même à l'éclat et à la manifestation publique de ses légitimes griefs. »

De fait, qu'on suppose un homme qui a des filles et qui surprend sa femme en flagrant délit d'adultère.

Lui intentera-t-il une action en divorce pour cause déterminée ? Se décidera-t-il à rendre publique la honte de son épouse, honte qui rejaillira sur ses enfants, en vertu d'un préjugé, sans doute, mais d'un préjugé dont le législateur est bien forcé de tenir compte ?

Ou bien encore, supposons qu'un époux attente à la vie de son conjoint et que celui-ci puisse fournir la preuve de cette criminelle tentative.

L'époux innocent consentira-t-il à invoquer publiquement cette cause pour obtenir la rupture de son mariage ? Livrera-t-il ainsi l'époux coupable à la justice, au risque de souiller sa famille tout entière par la condamnation infamante qui le frappera ?

Tout honnête homme, toute honnête femme reculerait épouvanté à l'idée de se libérer par de pareils moyens.

Et cependant il eût été inadmissible que l'époux innocent fût placé dans cette cruelle alternative : ou demeurer à jamais attaché à qui a sali son nom, à qui a attenté à sa vie, ou compromettre gravement sa famille.

La loi ne pouvait pas ne pas se préoccuper des cas de cet ordre, et c'est pour cela que le divorce par consentement mutuel a été admis.

Du reste, même dans les cas moins graves, un procès en divorce ou en séparation entache toujours, dans une certaine mesure, l'honneur de la famille, et si l'époux demandeur — malgré les sacrifices que ce choix lui impose — a assez d'abnégation pour ne recourir qu'au consentement mutuel, les intérêts des enfants sont bien plus efficacement sauvegardés.

Et cependant ce mot : divorce par consentement mutuel cause chez certaines personnes une espèce d'effroi.

M. Brisson disait dans la séance de la Chambre des députés du 8 février 1880 :

« Ah je ne veux pas me faire plus absolu que je ne suis. Supposons que le divorce existe à l'heure où nous parlons, sauf le consentement mutuel — le divorce par consentement mutuel a des dangers dont j'essayerai de vous parler, — …… etc. »

Tout ce que nous venons de dire est une réponse péremptoire à cette affirmation ; mais les raisonnements les plus concluants ne suffisent pas à convaincre des adversaires tels que M. Brisson. Il faut pouvoir leur opposer des chiffres.

Pour savoir quels dangers présente, comme cause de divorce, le consentement mutuel tel que le Code l'avait établi en France, tel qu'il fonctionne en Belgique, il faut examiner, sur un nombre de divorces donné, combien ont lieu par consentement mutuel et combien pour cause déterminée.

Il est évident que, si les divorces par consentement mutuel sont en nombre excessivement restreint par rapport aux divorces pour causes déterminées, le danger qui résulterait, d'après le député du X° arrondissement, de ce mode de rupture du lien conjugal, n'existe pas.

Voyons donc les chiffres. — Nous les empruntons d'une statistique belge, la statistique des divorces en France sous le premier empire n'existant pas.

Au cours de l'année judiciaire 1877-1878, il y a eu dans l'ensemble du royaume de Belgique 149 divorces *dont 6 seulement par consentement mutuel*, soit 1 sur 25.

En 1878-1879, il y a eu 155 divorces *dont 4 seulement par consentement mutuel*, soit 1 sur 38.

Et cette proportion se retrouve dans les diverses provinces comme on peut le voir au tableau D à la fin de ce volume.

N'est-ce pas là une réponse sans réplique à nos contradicteurs ? N'est-il pas surabondamment démontré que le consentement mutuel n'a pas pour effet de faciliter le divorce à qui ne pourrait pas divorcer d'une autre manière, mais seulement de permettre aux époux, qui ont des causes suffisantes de divorce, de rendre ce dernier moins préjudiciable à la famille, en évitant l'éclat, conséquence fatale de tout procès ?

On le voit, la loi de 1803 n'admettait en somme aucune autre cause de divorce que celles qui sont aujourd'hui reconnues comme causes de séparation, le consentement mutuel étant moins une cause qu'un mode de dissolution du mariage.

Il n'en eût pas été autrement si la nouvelle loi préparée par nous avait été votée, même avec les amendements que la commission parlementaire chargée d'examiner notre proposition avait apportés au titre VI du Code civil. Ces amendements, dont plusieurs sont réclamés depuis longtemps par les jurisconsultes, portaient sur les points suivants :

1° Les tribunaux auraient pu prononcer le divorce lorsque l'un des époux l'aurait demandé par suite de la condamnation de l'autre époux à une peine correctionnelle, tel que vol, escroquerie, abus de confiance, outrage public à la pudeur, toutes peines qui, sans entraîner l'infamie légale, entraînent l'infamie morale ;

2° La condamnation de l'un des époux à une peine déclarée infamante par la loi aurait cessé d'être une cause de divorce lorsque, prononcée pour cause politique, elle n'aurait pas entraîné la privation de liberté pour le coupable, comme c'est le cas dans le bannissement et la dégradation civique ;

3° L'absence de l'un des époux pendant cinq ans, aurait été, pour l'autre époux, une cause de divorce ;

4° La famille aurait été admise à agir sur les époux conjointement avec le président du tribunal, dans la tentative de conciliation qui doit toujours précéder l'action judiciaire ;

5° L'article 277 du Code civil, qui n'admettait plus qu'une demande en divorce par consentement mutuel fût recevable après 20 ans de mariage ou quand la femme a dépassé sa quarante-cinquième année, aurait été abrogé ;

6° L'article 295 du Code civil, qui interdisait la réunion des époux divorcés dans tous les cas, était modifié de manière à ne pas rendre une réconciliation impossible de par la loi, lorsqu'elle est possible en fait.

Il était ainsi rédigé :

« Les époux qui divorceront, pour quelque cause que ce soit, ne pourront plus se réunir si l'un ou l'autre a, postérieurement au divorce, contracté un nouveau mariage. Au cas de réunion des époux, une nouvelle célébration du mariage sera toujours nécessaire. Les époux ne pourront adopter de conventions matrimoniales autres que celles qui réglaient originairement leur union. Après la réunion des époux, il ne sera reçu de leur part aucune nouvelle demande de divorce, pour quelque cause que ce soit, autre que celle d'une condamnation à une peine infamante prononcée contre l'un d'eux depuis leur réunion. »

Enfin, obligée de régler la situation des époux séparés de corps avant la promulgation de la nouvelle loi la commission avait adopté la disposition transitoire suivante :

« Les époux séparés de corps antérieurement à la promulgation de la présente loi, auront sans distinction entre le demandeur et le défendeur, la faculté, lorsque le jugement prononçant la séparation sera devenu définitif depuis trois ans au moins, de faire convertir leur séparation en divorce sans requête et par assignation à bref délai.

» Le jugement qui convertira la séparation de corps en divorce sera rendu en audience publique.

» L'époux contre lequel la séparation aura été prononcée pour adultère ne sera pas admis à réclamer le bénéfice de cette disposition.

» Les instances en séparation de corps introduites au moment de la promulgation de la présente loi, pourront être converties par les demandeurs en instances de divorce. »

On le voit, le divorce tel que la commission de 1879-1881 a tenté de le rétablir, tel que nous chercherons encore à le rétablir après les élections générales si la confiance des électeurs nous rappelle au parlement, ne peut pas faciliter les ruptures des mariages. Son seul effet possible est de changer la situation légale des époux séparés de corps et de biens et l'on peut le définir, avec Treilhard : « *la séparation de corps et de biens, avec la faculté pour les époux séparés de se remarier.* »

Ce résumé rapide du projet posé maintenant non plus devant la Chambre mais devant le suffrage universel ne peut manquer de suffire à faire tomber presque toutes les préventions. Je ne m'en tiendrai cependant pas là et dans les chapitres suivants je réfuterai les objections qu'a soulevées ma proposition et qui sont tirées de l'intérêt des mœurs, de l'intérêt de la femme, de l'intérêt des enfants, de la liberté de conscience des catholiques. Je montrerai que toutes ces objections se retournent contre leurs auteurs ; et j'espère justifier pleinement ainsi cette phrase que contenait mon premier ouvrage de 1876, que m'a reprochée l'un de mes contradicteurs, M. Albert Millet (1), et que je contresigne :

« Il n'y a pas une seule raison sérieuse à opposer au rétablissement du divorce. »

---

(1) Albert Millet. — *Le Divorce*, Cotillon, éditeur.

CHAPITRE IV

PREMIÈRE OBJECTION AU DIVORCE

L'intérêt des mœurs

Parmi nos adversaires, les uns, cléricaux, ne veulent pas avouer que leur hostilité contre le divorce découle exclusivement de leur haine contre l'institution du mariage civil ; d'autres, libéraux, républicains, libres-penseurs, refusent de s'avouer à eux-mêmes qu'en combattant le divorce, ils obéissent à des sentiments puisés à leur insu dans une religion contre laquelle leur raison proteste ; ils s'ingénient les uns et les autres à trouver dans la seule observation des faits sociaux et moraux des arguments en faveur de leur thèse.

Ne voyez-vous pas, disent-ils, que, si les liens du mariage cessaient d'être indissolubles, la corruption s'introduirait rapidement dans la société ? Actuellement lorsqu'une querelle survient dans un ménage, les époux se calment parce qu'ils sont unis l'un à l'autre pour toute la vie ; mais, s'ils savaient qu'ils peuvent se quitter, se remarier, se reconstituer une existence légale ailleurs, le moindre désaccord deviendrait une cause de rupture ; le mariage ne serait plus qu'une association éphémère, et les mœurs iraient en s'altérant de jour en jour, au grand préjudice des sociétés auxquelles la corruption est mortelle.

Parler de la sorte, c'est se faire une étrange idée de la nature humaine, et c'est en même temps se faire une singulière illusion sur la puissance de coercition du mariage.

Le mariage n'est point une loi coercitive. Le Code proclame bien, il est vrai, que le mari doit protection à sa femme, que la femme doit obéissance à son mari, qu'elle est tenue de le suivre partout où il lui plaira de la conduire.

Mais où est la sanction qui impose aux époux l'accomplissement de ces devoirs réciproques ? Si le mari ne veut pas protéger sa femme, si la femme ne veut pas obéir à son mari, si même un des époux abandonne la maison commune, qui les contraindra à rentrer dans le devoir ? Un mari peut, il est vrai, obliger sa femme à réintégrer le domicile conjugal en employant contre elle la force publique ; mais si elle le quitte de nouveau dès que les agents de l'autorité se seront éloignés ? Une femme peut, *manu militari*, imposer, elle aussi, à son mari l'obligation de la recevoir ; mais si le mari, une fois le gendarme parti, la chasse de nouveau de son domicile ? Requerra-t-on une seconde, une troisième, une quatrième fois l'autorité ? C'est évidemment impossible. Dans les cas de ce genre, un procès intervient et les choses se terminent par une séparation.

Lorsqu'un époux veut abandonner son conjoint, que

ce dernier, d'ailleurs, y consente ou non, il n'y a donc pas de puissance sociale qui l'en puisse empêcher. Nous sommes, par conséquent, autorisés à dire que, si l'immense majorité des époux demeurent unis, c'est par des motifs tout autres que ceux qui résultent des dispositions de la loi.

Ils demeurent unis parce que l'habitude, l'amitié — à défaut de passion — qu'ils éprouvent l'un pour l'autre, leur en fait une nécessité ; ils demeurent unis parce qu'ils ont pour leurs enfants une affection des plus vives, et que cette affection est pour eux un lien beaucoup plus solide que tous ceux que l'on peut trouver dans tel ou tel article du code ; ils demeurent unis parce qu'ils ont, l'un vis-à-vis de l'autre, des obligations pécuniaires qui rendent les séparations très coûteuses. Mais ce ne sont jamais les difficultés légales qui les embarrassent.

Le jour où le mariage ne subsiste plus qu'à cause des textes qui s'opposent à sa rupture, en fait, on peut dire qu'il est bien près d'être rompu. Il y a lieu de se demander, dès lors, si la liberté introduite dans la famille ne serait pas là un gage d'ordre au lieu d'être un élément de dissolution.

Lorsqu'un époux qui aime son conjoint se rend compte que, s'il devient indigne de lui, ce dernier pourra le quitter et s'engager dans de nouveaux nœuds légitimes, il veille avec plus de soin sur sa propre conduite.

Il fait, après le mariage, pour conserver l'amour de celui ou de celle à qui il est uni, ce qu'il faisait avant d'être marié en vue de conquérir cet amour. L'autre subissant la même influence, il en résulte des prévenances, de concessions réciproques qui déterminent la persistance de l'harmonie. Lorsque, au contraire, les époux peuvent se reposer sur les droits que la société leur confère, les concessions deviennent plus rares, les prévenances disparaissent et, là où la liberté et une crainte salutaire du divorce auraient amené la concorde, une législation trop oppressive engendre la discorde, prélude d'une séparation future.

La liberté, même la plus illimitée, n'est pas un obstacle à la fidélité, à la constance, au bonheur domestique et, souvent même, elle en est un des principaux éléments. On en trouve la preuve expérimentale dans une foule d'unions libres qui, malgré la sévérité du monde à leur égard, donnent souvent aux mariages réguliers des exemples que ceux-ci pourraient suivre sans déroger.

Il n'en est pas, il est vrai, toujours ainsi. Mais lorsqu'on songe aux obstacles de tout genre que la société sème sur la voie de ces ménages libres ; lorsqu'on réfléchit à ce fait que, dans la majorité des cas, par suite même de ces difficultés, les unions libres s'établissent entre individus appartenant à des classes différentes et conséquemment éloignés les uns des autres par leur éducation, ce qui, de toutes les causes de rupture, est peut-être la plus forte, on ne peut s'étonner que d'une chose, du nombre considérable de ces unions qui subsistent en dépit de toutes les conditions de destruction dont elles sont entourées.

Le divorce, en le supposant établi sur des bases aussi larges que possible, n'entraînerait donc pas la corruption des mœurs ; il ne multiplierait pas le nombre des ménages qui se désunissent, et je suis même porté à croire, par les motifs que je viens de développer et par d'autres encore que je développerai ultérieurement, que, toutes choses égales d'ailleurs, il le diminuerait.

Voilà ce que je répondrais si, comme en 1876, je proposais au Parlement de revenir à la législation de 1792 ou à une législation voisine de celle de 1792.

Mais à cette heure, le projet dont le pays est saisi est le retour au titre VI du Code civil ; et mes lecteurs savent déjà, par le précédent chapitre, que, si ce projet est voté par le Parlement, les causes pouvant motiver le divorce seront exactement les mêmes que celles qui motivent à cette heure la séparation de corps et de biens.

Comment alors pourrait-on redouter la multiplication des ruptures de mariage ? Les mêmes causes — c'est là une loi universelle qui régit aussi bien le monde moral que le monde physique — produisant toujours les mêmes effets, il n'est pas possible qu'il y ait demain, sous l'empire de la loi nouvelle, plus de divorces qu'il n'y a de séparations aujourd'hui.

De reste, le titre VI du Code civil a régi notre pays de 1803 à 1816, et il n'a pas produit les effets désastreux que l'on se plaît à nous prédire pour le jour où il sera remis en vigueur.

Voici, en effet, comment s'exprime sur ce point un légiste éminent, M. le professeur Glasson, dans un ouvrage qui, cependant, est plutôt écrit dans des vues hostiles que dans des vues favorables au divorce :

« Il faut reconnaître que la législation du Code civil

sur le divorce n'avait donné lieu à aucun abus grave jusqu'au moment où elle fut abrogée. Ce qui le prouve jusqu'à l'évidence, c'est qu'on ne lui a pas une seule fois adressé ce reproche dans la longue et solennelle discussion de la loi de 1816 à la Chambre des députés et à la Chambre des pairs. »

Il n'y a aucune raison pour que cette législation, inoffensive de 1803 à 1816, devienne pernicieuse en 1881, et c'est ailleurs que nos contradicteurs devront chercher leurs arguments s'ils veulent convaincre les populations de la nocuité du divorce.

Ce n'est pas que je veuille me montrer absolu. Je n'affirmerai pas que jamais, dans aucun cas, la rigueur de notre loi n'ait maintenu un ménage qui aurait fini par une rupture, si la loi avait été plus tolérante. Mais sans même rechercher si cela est un bien, s'il est bon pour eux, pour la société, pour les enfants, que des époux qui se haïssent demeurent unis en apparence et malgré eux ; en admettant que toute désunion évitée constitue un fait heureux, j'affirme que c'est là la grande exception, et que l'indissolubilité du lien conjugal fait naître beaucoup plus de séparations qu'elle n'en évite.

Et si je démontre cela, cela me suffit.

Je n'ai jamais prétendu que le divorce en soi fût un bien. J'ai seulement affirmé qu'il est un mal moindre que la séparation de corps. Lorsque le divorce sera rétabli, tout les hommes, malheureusement ne seront pas bons, toutes les femmes ne seront pas vertueuses; la paix ne règnera pas dans tous les ménages, la terre ne deviendra point un Eden ; il y aura encore des misères et des souffrances; mais il y en aura moins qu'aujourd'hui et aucune loi humaine ne pouvant viser à la perfection, une réforme est suffisamment justifiée lorsqu'elle diminue la somme du mal et augmente la somme du bien.

Le divorce sera dans ce cas. Il diminuera, atténuera, guérira bien des misères individuelles et, contrairement aux craintes de ceux qui s'opposent à son rétablissement par peur de voir les mœurs s'altérer et se corrompre, il aura pour effet de fortifier les mœurs et d'enrayer la corruption.

Je viens d'exposer l'une des raisons qui me permettent d'espérer que la loi libérale que je réclame aura des effets moralisateurs. Il en est une autre dont les effets sont encore plus certains.

Lorsque deux époux, jeunes encore, se séparent, soit à l'amiable, soit devant les tribunaux — et c'est pendant la jeunesse des époux que se produit de beaucoup le plus grand nombre des séparations, — pour demeurer strictement obéissants à la loi, ils doivent se garder l'un à l'autre une fidélité aussi complète, aussi absolue que s'ils étaient demeurés unis ; ils doivent observer une continence rigoureuse ; ils doivent dire adieu à toutes ces joies de la famille et de l'amour en dehors desquelles il n'y a pour l'homme et pour la femme non seulement aucun bonheur, mais encore aucune existence tolérable.

Au nom de la famille, la société interdit à tout une classe d'hommes et de femmes de se constituer une famille ; et cependant, la moitié au moins de ces hommes et de ces femmes sont coupables d'une simple erreur, — souvent plus de la moitié, car que de fois ne voit-on pas, là où le divorce existe, des époux d'humeur incompatible, en arriver entre eux à la haine et aux plus déplorables excès, tandis que, remariés plus tard chacun de leur côté avec une personne plus harmonique à leur caractère, ils forment l'un et l'autre un ménage heureux et uni.

Au nom d'un prétendu intérêt général, et en réalité contrairement à l'intérêt général, l'Etat intervient dans l'existence d'un certain nombre d'entre nous pour comprimer les sentiments à la fois les plus purs et les plus impérieux de la nature humaine. Il les réduit à la misère, car c'est être misérable que d'être arrêté par une force extérieure dans l'accomplissement régulier des fonctions naturelles, des besoins matériels et moraux auxquels aucun homme, ou presque aucun, ne peut se soustraire sans souffrir.

Une loi qui entre ainsi en conflit avec la nature est oppressive, attentatoire à notre liberté et à notre dignité. Elle ne mérite pas même le nom de loi, car une loi n'est que l'expression des rapports nécessaires qui découlent de la nature même des êtres et des choses : c'est un règlement factice et tyrannique contre lequel proteste nécessairement la conscience de tous ceux qui en sont les victimes.

Or, toutes les fois que la loi naturelle est en désaccord avec la législation écrite, avec cet ensemble de prescriptions, souvent arbitraires, que l'on appelle le droit positif, c'est le droit positif qui a tort et c'est la loi naturelle qui a raison.

Vous frappez une classe de citoyens. Vous prohibez

pour eux amour et famille. Soyez certains qu'ils ne se plieront pas à la règle despotique que vous avez la prétention de leur imposer.

Vous leur défendez d'aimer légalement, de se reconstituer une famille légitime ; eh bien ! ils aimeront illégalement et se constitueront une famille adultérine.

En rendant ainsi obligatoires pour tous des prescriptions qui dérivent d'une simple conception métaphysique, vous n'aurez obtenu d'autre résultat que de mettre hors la loi des hommes et des femmes qui désireraient demeurer les observateurs de la loi, et de remplacer par des unions clandestines et concubinaires nombre de ménages réguliers dont la société aurait pu s'enrichir.

Ce n'est pas tout.

L'homme divorcé, la femme divorcée qui peuvent aspirer aux honneurs du mariage se préservent avec soin des écarts qui pourraient les en rendre indignes.

L'homme et la femme séparés qui ne peuvent plus espérer qu'une liaison illicite ont bien moins de retenue, et comme, pour établir une liaison illicite tout comme pour établir une union légitime, il faut deux conjoints, chacun d'eux va chercher le complément qu'il désire là où il a quelque chance de le trouver : dans les ménages unis qui l'entourent et dans lesquels il va porter le désordre. Les époux séparés deviennent ainsi ce que ne deviendraient pas, ou ce que deviendraient à un degré bien moindre les époux divorcés : des éléments de dissolution sociale.

La société, d'autre part, qui devient d'autant plus tolérante que la loi est plus rigoureuse, excuse de la part de ceux auxquels le mariage n'est pas permis — pourvu qu'il ne se produise aucun scandale public — ce qu'elle ne tolérerait certainement pas de qui aurait la faculté de se marier. C'est une règle qu'en général les mœurs se relâchent quand la loi devient trop sévère, tandis que les mœurs se fortifient quand la loi se détend. Cette règle, plus que partout ailleurs, a ici son application.

Mais mon argumentation n'est jusqu'ici que théorique et je sais mieux que qui que ce soit, ayant vécu dans la pratique des sciences exactes, que la meilleure argumentation théorique ne vaut pas la plus petite preuve expérimentale.

Aussi me suis-je efforcé de trouver une démonstration puisée dans les faits.

Ce n'est pas chose facile.

On pourrait comparer le nombre des séparations et des divorces prononcés chez nous par les tribunaux, de 1803 à 1816, au nombre des séparations que les tribunaux prononcent aujourd'hui. On trouverait certainement un accroissement considérable. Mais cet accroissement ne prouverait rien. Le chiffre proportionnel des mariages qui se rompent par la séparation de corps ou par le divorce augmente d'année en année par des causes multiples et difficiles à déterminer, et il y a trop longtemps que la loi abolitive du divorce a été promulguée pour que les statistiques antérieures à sa promulgation soient comparables avec les statistiques actuelles. Ajoutons que les statistiques antérieures à 1816 seraient très difficiles à relever, le bureau général de stastistique n'ayant été créé que bien postérieurement à cette époque.

C'est donc en établissant le parallèle entre deux nations différentes, dont l'une vit sous le régime de l'indissolubilité et dont l'autre considère le mariage comme dissoluble, que l'on peut arriver à des résultats probants.

Mais ici encore il existe bien des causes d'erreurs qu'il importe d'éliminer.

En premier lieu, il faut que les peuples entre lesquels le parallèle est établi soient aussi rapprochés que possible par la race, les mœurs, la langue, afin qu'on ne puisse pas attribuer aux différences de caractère ce qui doit être attribué aux différences de législation.

Il faut, en second lieu, que les lois soient les mêmes dans les deux pays quant aux causes de séparation ou de divorce et ne diffèrent que dans les effets des jugements qui désunissent les époux.

Cette dernière condition surtout est indispensable. Toutes les familles qui se désunissent n'ont pas recours aux tribunaux ; beaucoup de séparations se font à l'amiable — c'est même peut-être le plus grand nombre — et ces séparations-là échappent à la statistique qui, ne les connaissant pas, ne les enregistre pas. Or c'est la somme des désunions judiciaires et amiables qu'il serait nécessaire de connaître pour que le parallèle ne laissât aucun doute dans l'esprit.

Il est évident que plus le divorce ou la séparation judiciaire est accordée facilement, moins nombreuses sont les ruptures amiables par rapport aux ruptures judiciaires, et réciproquement.

Si donc on compare la Suisse, je suppose, où le divorce est très facile, à la France, où la séparation est très difficile, et qu'il y ait plus de divorces en Suisse que de séparations en France, on ne pourra rien en conclure. Il est possible que chez nos voisins, vu les facilités du divorce, les séparations amiables soient extrêmement rares, et que, dès lors, le chiffre total des ménages désunis y soit moins élevé que chez nous, encore bien qu'il paraisse l'être davantage lorsqu'on n'envisage que les ruptures qui résultent des décisions des tribunaux.

Il n'en est plus de même lorsque les lois sont identiques dans les deux pays. Le rapport entre les désunions amiables et les désunions judiciaires doit alors y être sensiblement le même, et la comparaison que l'on établit entre ces dernières — les seules que l'on connaisse — s'applique d'une manière sensiblement exacte à la somme des unes et des autres.

Il est bien évident que, si, les législations étant différentes, c'était là où elle serait la plus large que les désunions fussent les moins nombreuses, la conclusion que l'on tirerait de ce fait acquerrait une force d'autant plus grande.

En cherchant autour de nous, je n'ai trouvé que deux pays placés dans des conditions telles que l'examen comparatif de leurs statistiques et des nôtres puisse amener à des conclusions inattaquables. C'est la Belgique et l'Alsace-Lorraine.

Comme mœurs, comme langue, comme race, la Belgique est une petite France. Elle faisait partie de l'ancienne Gaule, et l'on peut dire, sans blesser nos voisins et sans qu'ils voient là la moindre allusion contre leur indépendance, que si les hasards de la politique ont fait de ces peuples deux nations distinctes, la nature n'en avait fait qu'une seule.

La Belgique, en outre, vit sous le régime de notre ancien titre VI du Code civil. Le divorce y existe à côté de la séparation de corps; l'un et l'autre y sont prononcés pour les mêmes causes qui autorisent la séparation chez nous ; et, à supposer, ce qui n'est pas — nous l'avons démontré, — mais ce que nous pouvons admettre pour les commodités de la discussion, que le consentement mutuel fût une facilité de plus, nous pourrions, si les chiffres nous sont favorables, en tirer une conclusion d'autant plus forte que, législativement, la Belgique serait alors dans des conditions telles que les liens du mariage y seraient plus faciles à rompre que chez nous.

Cela étant que disent les statistiques (1) ?

Le voici :

De 1841 à 1850, il y a eu en France 2,785,252 mariages et 7,495 séparations de corps, soit une séparation par 372 mariages.

En Belgique, pendant le même laps de temps, il y a eu 289,670 mariages, 222 divorces et 281 séparations de corps, en tout 503 ménages désunis, soit un ménage désuni sur 575,9.

Un ménage désuni sur 575, 9 au lieu de un sur 372, c'est, on le voit, pour la France, un nombre de désu-

---

(1) Ces chiffres diffèrent de ceux que nous avions donnés dans nos diverses publications antérieures parce que, pour rendre les résultats plus comparables, nous avons compté les divorces comme les séparations de corps sur les années judiciaires, en prenant pour base de notre calcul les jugements qui les autorisent et non les actes de l'état civil qui les effectuent.

nions qui est bien près d'atteindre au double de celui de la Belgique.

Poursuivons :

En France, de 1851 à 1860, le chiffre des mariages a été de 2,886,268 ; celui des séparations, de 12,045, ce qui fait une séparation par 240 mariages.

En Belgique, pendant la même période, il y a eu 334,860 mariages, 436 divorces, 456 séparations, c'est-à-dire en tout 792 ménages désunis, soit un ménage désuni sur 422,8.

1 sur 422,8 au lieu de 1 sur 240, c'est encore, pendant cette seconde période, pour la Belgique, près de la moitié moins de familles brisées que pour la France.

De 1861 à 1870, il y a eu, en France, 2,996,222 mariages et 19,615 séparations de corps soit : 1 séparation par 153 mariages.

En Belgique, la somme des divorces et des séparations de corps prononcés pendant ces dix années n'a n'a été que 1,058 (597 divorces et 461 séparations), ce qui ne porte le chiffre proportionnel des ménages désunis qu'à 1 sur 342,2, chiffre qui est encore inférieur de près de moitié à celui de la France au cours des mêmes années.

Enfin, de 1871 à 1878, il y a eu en France 2,390,108 mariages et 17,606 séparations de corps, soit 1 séparation par 135,7 mariages, tandis qu'il n'y a eu en Belgique que 1,475 familles désunies par la séparation ou par le divorce (988 divorces et 487 séparations) sur 309,461 mariages, ce qui donne seulement un ménage désuni sur 209,8, chiffre toujours bien inférieur à celui des ménages désunis dans notre pays.

On le voit : en Belgique comme en France, le nombre des ménages désunis s'est accru d'une manière constante depuis 1841. Mais, au cours des mêmes périodes, il y en a toujours eu près de moitié moins chez nos voisins que chez nous, et cependant nos voisins ont le divorce et nous ne l'avons pas.

On aurait pu m'objecter que les populations belge et française ne sont pas aussi semblables que je l'ai supposé et que les résultats observés tiennent aux caractères et non aux législations.

Afin de faire tomber cette objection, j'ai comparé non plus dans leur ensemble la France et la Belgique, mais les Flandres belges aux Flandres françaises ; la province de la Flandre occidentale au département du Nord, et j'ai trouvé comme moyenne des années 1874, 1875 et 1876 qu'il n'y a, dans la province de la Flandre occidentale, qu'un seul ménage désuni sur 691 mariages et sur 111,914 habitants, tandis que le département du Nord fournit une séparation de corps sur 197 mariages et sur 26,051 habitants, soit un chiffre près de trois fois plus élevé.

Et cependant le divorce n'existe pas dans le département du Nord et il existe dans la province de la Flandre occidentale.

L'observation scientifique des faits nous conduit donc aux mêmes conclusions que l'argumentation rationnelle, et nous démontre que là où le mariage peut se rompre complètement, les familles se désunissent moins que là où la loi permet seulement d'en relâcher les liens.

M. Louis Legrand m'a accusé, à la Chambre des

députés, d'avoir pris pour termes de comparaison, le département du Nord et la Flandre occidentale, au lieu de prendre le département du Nord et la province du Brabant.

J'avais de bonnes raisons pour agir ainsi. Le Brabant renferme une très grande ville, qui est en même temps une capitale, Bruxelles, et l'exemple de Paris, de Vienne de Rome... démontre que dans les grandes villes, et surtout dans les capitales, les chiffres généraux de la statistique sont faussés. Il y a là une statistique spéciale et je ne voulais pas que mes chiffres fussent influencés par cet élément que je ne retrouvais pas dans le Nord, — Lille ne pouvant à aucun degré être comparée à Bruxelles.

Mais prenons le Brabant puisque M. Louis Legrand nous y convie.

Dans son ensemble cette province fournit en moyenne par année, 1 divorce sur 100 mariages. On s'y désunit donc plus que dans le département du Nord où il n'intervient qu'une seule séparation sur 197 mariages. — Le rapport toutefois se modifie profondément si l'on tient compte de l'influence de Bruxelles, en défalquant des désunions et des mariages fournis par la province de Brabant, ceux qui sont afférents à Bruxelles et à l'agglomération bruxelloise.

Si l'on prend l'ensemble de la province moins la capitale, ce n'est plus 1 désunion sur 100 mariages qu'on trouve, c'est une désunion sur 400. La comparaison redevient favorable à la Belgique et cela dans les mêmes proportions que plus haut.

Les conclusions qui précèdent sont corroborées par

celles que l'on peut tirer de l'examen de la statistique de l'Alsace-Lorraine comparée à celle de la France.

Avant l'annexion de ces provinces à l'Allemagne, la séparation de corps et de biens y était naturellement seule admise ; le divorce y excitait les mêmes répugnances, y soulevait les mêmes préjugés que ceux, à peu près disparus aujourd'hui, auxquels je me suis heurté lorsque j'ai commencé ma campagne.

L'Allemagne vise surtout à l'accroissement de la population ; elle n'a aucune tendresse pour un système qui condamne un grand nombre de citoyens à la stérilité. Aussi par la loi du 27 novembre 1873, a-t-elle abrogé la loi française du 8 mai 1816 dans ses nouvelles possessions, et y a-t-elle rétabli les articles qui constituaient le titre VI de notre ancien Code civil.

L'article 306 du même Code s'est trouvé plus tard abrogé en Alsace-Lorraine par suite de la loi fédérale du 6 février 1875.

Cet article 306 dispose, on le sait, que les époux ont toujours le droit d'opter entre la séparation de corps et le divorce. C'est une concession que le législateur de 1803 avait faite aux catholiques, et que la commission parlementaire avait cru devoir conserver dans le projet que la Chambre française de 1881 a repoussé.

Il ne pouvait en être de même pour le législateur allemand. Celui-ci ne pouvait pas appliquer aux pays annexés un principe qu'il faisait disparaître de l'Allemagne entière. L'article 77 de la loi fédérale du 6 février 1875 a en effet aboli la séparation de corps dans toute l'étendue de l'empire.

Nos anciens compatriotes, lorsqu'ils sont mal mariés,

n'ont donc plus d'autre ressource que le divorce ; mais celui-ci est prononcé chez eux pour les mêmes causes qui autorisent la séparation de corps chez nous. Les effets des deux législations, quant au nombre des unions rompues, sont donc absolument comparables.

Que disent-elles ?

Les nombres des divorces de 1873 à 1878 — dernière année dont les chiffres aient été publiés — sont les suivants :

De 1873 à 1874	21
De 1874 à 1875	33
De 1875 à 1876	51
De 1876 à 1877	66
De 1877 à 1878	87
De 1878 à 1879	58
Total...	316

Ne sont pas compris dans cette statistique les anciennes séparations transformées en divorce.

Pendant cette même période le nombre des mariages a été, en 1873, de 13,123 ; en 1874, de 12,520 ; en 1875, de 11,536 ; en 1876, de 11,082 ; en 1877, de 10,187, et en 1878, de 9,989.

D'où les rapports suivants entre les mariages et les divorces :

1873	1 divorce sur	625	mariages.
1874	1 —	379	—
1875	1 —	226	—
1876	1 —	169	—
1877	1 —	117	—
1878	1 —	172	—

Cela donne sur 10,000 mariages : 16 divorces en 1873 ; 22,6, en 1874 ; 44,2, en 1875 ; 59,8, en 1876; 87,3 en 1877 ; et 58,1 en 1878.

La moyenne des six années a été de 1 divorce sur 281 mariages, soit 35,6 sur 10,000 mariages.

Il est intéressant de rechercher maintenant ce qu'a donné en France, au cours des mêmes années, le mouvement des séparations de corps.

Il y a eu :

En 1873, 1 séparation sur 148 mariages, soit 67,9 sur 10,000.

En 1874, 1 séparation sur 135 mariages, soit 74,1 sur 10,000.

En 1875, 1 séparation sur 131 mariages, soit 76,3 sur 10,000.

En 1876, 1 séparation sur 115 mariages, soit 86,9 sur 10,000.

En 1877, 1 séparation sur 112 mariages, soit 89,3 sur 10,000.

En 1878, 1 séparation sur 109 mariages, soit 91,7 sur 10,000

La moyenne des six années a été de 1 séparation sur 125 mariages ou 80 sur 10,000.

Il suffit de jeter un regard sur ces tableaux pour se convaincre que, malgré la progression qui s'est produite en Alsace-Lorraine de 1873 à 1877, le nombre des divorces y a été constamment moins considérable que celui des séparations de corps chez nous.

Ajoutons qu'en Alsace-Lorraine la progression s'est arrêtée, et qu'en 1878 commence un mouvement rétrograde, le nombre des divorces, de 87,3 sur 10,000 mariages, chiffre de 1877, étant tombé en 1878 à 58,1.

En France, au contraire, la progression ascendante s'est continuée : on ne comptait chez nous, en 1877, que 89,3 séparations de corps sur 10,000 mariages ; on en compte 91,7 en 1878.

On arrive à des résultats identiques lorsqu'on compare les divorces, non plus au nombre des mariages, mais au chiffre de la population.

D'après le recensement de 1875, l'Alsace-Lorraine compte 1,531,804 habitants.

Le recensement de 1877 donne pour la France 36,905,788 habitants.

Prenons pour base ces chiffres, nous trouvons :

ALSACE-LORRAINE

1873, 1 divorce par 69,581 habitants
1874, 1 — 46,418 —
1875, 1 — 30,035 —
1876, 1 — 23,209 —
1877, 1 — 17,607 —
1878, 1 — 26,410 —

FRANCE

1873, 1 séparation de corps par 17,038 habitants
1874, 1 — 16,461 —
1875, 1 — 16,102 —
1876, 1 — 14,564 —
1877, 1 — 14,792 —
1878, 1 — 14,439 —

Quant à la progression des divorces pendant les cinq premières années en Alsace-Lorraine, progression arrêtée, je l'ai dit, en 1878, et qui, d'ailleurs, n'empêche pas ce pays d'avoir, même dans l'année la plus riche en divorces, fourni proportionnellement moins de désunions dans les familles que la France, elle s'explique d'abord par ce fait que ces chiffres sont plus apparents que réels. Le divorce ayant été rétabli en 1873, la séparation de corps n'a cessé de pouvoir être demandée qu'à partir de 1876 et, dans les trois premières années, il faudrait pour obtenir des résultats comparables, joindre les séparations aux divorces, ce qui donne, d'après M. Léon Renault, des chiffres à peu près égaux à ceux de 1877 et de 1878.

En outre une progression réelle n'aurait pas lieu de nous étonner. La loi qui rétablit le divorce est une loi récente en somme, en Alsace-Lorraine, et c'est là une donnée qu'il n'est pas permis de négliger.

Sans doute le statisticien allemand a eu le bon esprit de ne pas faire figurer dans ses relevés les anciennes séparations converties en divorces, mais ce travail d'élimination est forcément incomplet. On ne peut tenir compte que de ce que l'on connaît, et il ne faut jamais oublier qu'il est un élément qui nous fait absolument défaut, c'est celui des séparations amiables. Bien des gens hésitent à s'adresser aux tribunaux et se séparent d'un commun accord là où le divorce n'est pas admis, qui agiraient par voie judiciaire si la loi leur permettait de recouvrer leur liberté.

Il est probable que bien des époux se sont trouvés dans ce cas-là et sont venus augmenter les chiffres inscrits dans les tableaux statistiques.

Peut-être aussi les chiffres très faibles des premières

années tiennent-ils à ce qu'on a d'abord hésité à réclamer le bénéfice d'une loi que l'on tenait du conquérant, tandis qu'on a fini plus tard par accepter la liberté sans regarder à la main qui la donne.

Ces diverses raisons me portent à considérer comme fort approché de l'état normal le chiffre de 1878 très inférieur à celui des séparations en France.

Les années suivantes nous diront si ces conclusions sont fondées ou non.

Quoi qu'il en soit, il est dès à présent permis d'affirmer qu'il y a moins de familles désunies chez les Alsaciens-Lorrains qui jouissent des bienfaits du divorce, qu'il n'y en a chez nous qui n'en jouissons pas encore.

Ces données confirment celles que fournissent les statistiques belges et sont une réponse nouvelle et sans réplique aux craintes de ceux qui croient voir dans la réforme que je préconise une menace pour les mœurs. Les Alsaciens-Lorrains avaient partagé ces craintes. Ils en sont revenus à cette heure, et chez ceux qui les conserveraient en France elles ne survivront pas longtemps au vote de la nouvelle loi.

CHAPITRE V

DEUXIÈME OBJECTION AU DIVORCE

L'intérêt de la femme

Les adversaires du divorce nous opposent l'intérêt de la femme. Ils prétendent que l'indissolubilité du mariage est une garantie pour elle parce que, en la répudiant lorsqu'elle a vieilli, lorsqu'elle a perdu près de lui ses charmes, l'homme ne lui rend pas la jeunesse et la beauté qu'elle possédait lorsqu'il l'a prise et qui seules pourraient rendre possible pour elle un nouvel établissement.

Cette pensée a été émise pour la première fois par Montesquieu, lequel avait mis, on le sait, sa haute autorité au service du divorce, mais qui, ainsi que nous, a toujours considéré cette institution comme un moindre mal et non comme un bien. Ce grand philosophe a écrit :

« Une femme qui répudie n'exerce qu'un triste remède. C'est toujours un grand malheur pour elle d'être contrainte d'aller chercher un second mari lorsqu'elle a perdu la plupart de ses agréments chez un autre. »

Portalis reprenait plus tard, en l'exagérant, cet argument dont il se servait, lui, contre le divorce, et qui traîne, depuis lors, dans tous les livres écrits en faveur de la législation actuelle. Récemment encore, l'auteur d'une brochure intitulée : *Moralité du divorce*, M. Georges Berry le rééditait en l'amplifiant.

« L'homme, dit-il, sortira bien, en effet, du mariage, avec tout ce qu'il y aura apporté, sa fortune, son honorabilité, son talent, son intelligence ; rien chez lui n'aura subi d'avarie. Mais la femme, que lui restera-t-il à la chute de son premier établissement? Sa fortune? Peut-être. Mais sa beauté, sa fraîcheur, sa jeunesse, ses avantages de jeune fille, apport si précieux, que seront-ils devenus? Les uns, gravement atteints par les lourdes et pénibles charges du mariage, auront subi des détériorations plus ou moins graves; les autres, servis en pâture aux plaisirs du mari, auront absolument disparu. »

Ce n'est pas la première fois que l'on cherche ainsi par un sophisme à donner à des idées fausses une apparence de justesse et que l'on indique, pour conserver une institution vieillie, l'intérêt de ceux-là mêmes qui sont le plus lésés par cette institution.

Avant la guerre de la Sécession, on rencontrait aux Etats-Unis, et même chez nous, des écrivains, des orateurs, qui défendaient l'esclavage, au nom de l'intérêt supérieur des esclaves.

Que deviendraient les malheureux nègres lorsqu'ils seraient abandonnés à tous les hasards de la concurrence ? Au moins, sous le régime de la servitude, avaient-ils leur vie assurée !

C'est un raisonnement du même ordre que font les partisans de l'indissolubilité du mariage lorsqu'ils invoquent l'intérêt de la femme en faveur de l'institution qui leur est chère. Mais ici le sophisme est encore plus évident, encore plus grossièrement dédaigneux des intelligences auxquelles il s'adresse, que dans le cas des esclavagistes.

Il est vrai qu'il est de règle dans tout combat qu'il vaut mieux attaquer que se défendre : les adversaires du divorce, comprenant que cette réforme doit être surtout réclamée au nom de l'intérêt de la femme, prennent l'offensive et prétendent la repousser au nom de ce même intérêt; c'est incontestablement habile; mais si cette tactique peut avoir pour résultat de faire un moment illusion à quelques personnes peu accoutumées à suivre et à disséquer une proposition logique, c'est là une illusion qui ne saurait être de longue durée.

Qui ne voit en effet que le sophisme des adversaires du divorce repose sur l'erreur, soigneusement entretenue par eux, que je ne cesse de combattre, et qui consiste à confondre le divorce avec l'union libre.

Je ne pense pas que la liberté complète elle-même eût les conséquences que l'on redoute; je crois qu'on calomnie l'espèce humaine lorsqu'on nous représente la plupart des hommes comme des êtres dépravés et lubriques capables d'abandonner, dès que ses charmes diminuent, leur compagne, la mère de leurs enfants. Je crois même que, dans les cas, heureusement rares, où une femme serait unie à un être à ce point infâme, il vaudrait mieux pour elle l'abandon qu'une union pareille.

Mais, que je sois ici dans le vrai ou dans le faux, la question n'est pas là. Donner aux époux malheureux la faculté de rompre une union mal assortie lorsqu'ils ont des motifs graves de le faire, ce n'est point accorder à l'homme le droit de répudier sans motif une femme honnête pour assouvir des passions inavouables, ou pour satisfaire des convoitises pécuniaires.

Au fond, lorsqu'on parle de l'intérêt qu'ont les époux en général et la femme en particulier à ce que les unions conjugales ne puissent pas légalement se dissoudre, c'est toujours sous une autre forme l'argument de la corruption morale qu'on reprend : on suppose que le divorce aura pour effet d'augmenter, et cela dans une proportion notable, le nombre des ménages désunis. J'espère avoir fait la démonstration du contraire dans le chapitre qui précède et l'avoir faite d'une manière assez complète pour n'avoir pas à y revenir.

Mais si j'ai fait cette démonstration, la question ne se pose plus de savoir s'il vaut mieux pour une femme être bien mariée que d'être mal mariée et d'avoir besoin de recourir à l'un de ces remèdes extrêmes qui s'appellent le divorce ou la séparation de corps et de biens. Elle se pose ainsi : *Lorsque la vie commune* est devenue intolérable, la séparation de corps est-elle plus avantageuse à la femme que le divorce, ou, au contraire, le divorce n'est-il pas pour elle un mal beaucoup moindre ou même un très grand bien relatif?

Et dès qu'on l'a ainsi posée on voit clairement tout

ce qu'il y a de sophistique dans le raisonnement de nos adversaires.

Ce que l'on redoute, en somme, lorsqu'on parle des charmes que la femme a perdus auprès de son premier mari, c'est qu'il ne lui soit difficile, une fois son mariage rompu, de trouver à se remarier.

Les femmes peuvent-elles donc se remarier lorsqu'elles sont séparées de corps ?

A supposer qu'elles ne le puissent pas après le divorce, elles seront placées de ce chef dans les mêmes conditions que si elles étaient séparées ; elles ne seront pas dans des conditions pires. Leur situation sera même plus avantageuse, parce que l'espérance du mariage les soutiendra et les sauvegardera contre les écarts dans lesquels on n'est que trop sujet à tomber lorsque tout espoir est perdu.

Dans tous les cas, et si même elles sont trop âgées pour conserver l'espérance d'un établissement nouveau, n'auront-elles pas l'avantage d'être libres, de n'être plus en tutelle, de ne plus dépendre d'un homme qui, en fait, n'est plus rien pour elles, de pouvoir acquérir des biens ou les aliéner, sans être tenues d'en demander l'autorisation expresse à cet homme ou aux tribunaux ?

Elles auront reconquis leur indépendance, n'est-ce donc rien que cela ?

On voit souvent — M. Sarcey en a publié un émouvant exemple dans le *XIXe Siècle* — des hommes se livrer, après la séparation de corps, à un odieux chantage, et se faire payer à beaux deniers comptants les autorisations que leurs femmes sont obligées de leur demander.

Lorsqu'on a eu le malheur d'être liée à un tel misérable, est-ce donc un si mince avantage que pouvoir se libérer de son autorité ?

Enfin, la femme porte le nom de son mari, même après la séparation de corps. Si ce nom est déshonoré, si la séparation a été obtenue pour cause de condamnation du mari à une peine infamante, n'est-ce donc pas aussi un bien inestimable que de n'être pas condamnée innocente à porter un nom à jamais flétri ?

Sans doute, l'homme dont la femme traîne le nom dans la boue est aussi intéressé à pouvoir rompre ses liens que la femme mariée à un forçat ; mais il ne l'est pas davantage, et je ne vois pas jusqu'ici où l'on trouve ce prétendu intérêt qu'aurait la femme à ce que le mariage ne puisse jamais être rompu.

Et cependant j'ai raisonné dans l'hypothèse la plus avantageuse aux adversaires du divorce. J'ai supposé que la femme divorcée ne trouverait pas de second mari.

Cette hypothèse sera loin de se réaliser dans la majorité des cas : ce qui se passe à nos portes, en Belgique, en Allemagne, en Suisse, le démontre péremptoirement.

Pourquoi donc une femme divorcée aurait-elle des difficultés à se remarier, quand elle serait honnête, alors que le divorce aurait été prononcé en sa faveur ?

A cause du préjugé social ?

Mais le préjugé social, bien moindre aujourd'hui qu'il y a un demi-siècle, tend à disparaître ; et c'est par le rétablissement du titre VI du Code civil que nous le tuerons.

Les préjugés contre les juifs ne se seraient jamais éteints si les législateurs de 1789 n'avaient pas affranchi ces derniers, n'en avaient pas fait des citoyens.

Les préjugés contre les nègres seraient éternels si les législateurs américains avaient éternellement conservé l'esclavage.

Les préjugés contre le divorce, et partant contre les divorcés, dureront aussi longtemps que le Code déclarera le mariage indissoluble, mais s'éteindront bien vite quand le Code sera réformé.

Il est des matières où les lois doivent aider à faire les mœurs. Celle qui nous occupe en est une.

Quant aux charmes perdus qui mettront les femmes divorcées dans l'impossibilité de rencontrer un autre homme qui les aime, j'objecterai à ceux qui en parlent, que je vois chaque jour des femmes séparées et des veuves fort séduisantes, et que leur beauté ne diminuerait pas parce qu'elles seraient divorcées au lieu d'être veuves ou séparées de corps.

Le docteur Louis Fiaux, dans un livre plein de documents curieux, *la Femme, le Mariage et le Divorce*, qu'il a tout dernièrement publié, soutient même que « le divorce est, surtout pour les femmes, un remède préférable à la séparation, parce que les statistiques prouvent que le plus grand nombre des dissolutions légales du mariage n'a pas lieu exactement comme le disait Montesquieu, quand elles n'ont plus assez de jeunesse et de charmes pour attirer et retenir un second époux ».

Et M. Fiaux appuie son dire sur des chiffres probants.

Les Françaises se marient généralement de 17 à

25 ans. Or, la statistique établit qu'en France c'est de 17 à 35 ans, c'est-à-dire après une moyenne de 5 à 18 ans de ménage, que la femme se sépare le plus.

« Dans nos climats tempérés, dit M. Fiaux, les femmes de 30 à 40 ans sont à l'apogée de leur vie passionnelle, et ce serait un argument dépourvu de toute vérité de prétendre qu'à cet âge de vitalité morale et corporelle elles sont incapables d'exciter l'amour. La biologie et la statistique prouvent exactement le contraire. » (Pages 164 et suiv.)

M. Fiaux démontre ensuite, par les chiffres de M. Bertillon, que c'est à partir de 35 ans pour la femme, de 40 ans pour l'homme, que la tendance au mariage se manifeste avec le plus de force et que, tandis que les hommes d'un âge avancé recherchent les jeunes filles, les hommes jeunes épousent volontiers des femmes du même âge qu'eux et même plus vieilles de quelques années.

Enfin, l'argument qu'on tire contre le divorce de la garantie à donner à la femme tombe de lui-même lorsqu'on songe que l'immense majorité des demandes en séparation ou en divorce sont faites par des femmes.

Ainsi chez nous, de 1840 à 1863, sur 36,492 demandes, 3,099 seulement ont été présentées par les maris et 32,763 l'ont été par les femmes (1). De 1861 à 1868, sur les 2,000 demandes annuelles, qui ont été la moyenne de cette période, 105,5 provenaient du mari et 894,5 de la femme.

(1) Il y a évidemment une erreur dans les chiffres de M. Fiaux : 3,099 et 32,763 donnent en effet 35,862 et non 36,492. Les chiffres vrais, que nous n'avons pu vérifier, doivent être 3,099 et 33,393.

Et les mêmes proportions se retrouvent là où existe le divorce, conjointement ou non avec la séparation de corps.

A qui contesterait ces chiffres, je présenterais le raisonnement suivant tout aussi probant qu'eux :

Le Code civil admettait le divorce lorsque les deux époux y consentaient l'un et l'autre — et cela avec le cortège des formalités que j'ai fait connaître, — ou lorsqu'un seul des deux le demandait, l'autre ayant violé les conditions du contrat.

Dans ce dernier cas, l'homme pouvait être demandeur et la femme défenderesse, ou bien l'homme pouvait être défendeur et la femme demanderesse.

Le premier et le dernier cas ne donnent lieu à aucune discussion possible. Si la femme consent au divorce, si elle va plus loin, si elle le provoque, et cela alors que la loi lui permettrait de ne plaider qu'en séparation de corps, c'est qu'apparemment elle y trouve son avantage, et la société serait bien osée à prétendre connaître mieux qu'elle ce qui lui est avantageux ou désavantageux.

Si, au contraire, le divorce est provoqué par l'homme et prononcé contre la femme, il est évident que, le divorce n'étant pas reconnu par la loi, les tribunaux auraient prononcé la séparation de corps. Cette solution aurait-elle été préférable pour la femme ?

J'affirme le contraire et l'on vient de voir sur quoi je fonde cette affirmation. Mais fussé-je ici dans l'erreur, fût-il vrai — ce que je conteste — que, dans l'espèce, la séparation fût pour la femme un mal moindre que le divorce, il est évident, puisque c'est elle qui a failli, que son intérêt, même démontré, ne saurait nous arrêter.

La société, en aucun cas, ne doit prendre parti contre l'innocent pour le coupable.

Du reste ne suffit-il pas de jeter un regard sur les situations si différentes que fait la société aux époux séparés, selon qu'il s'agit de l'homme ou de la femme, pour reconnaître que le divorce utile aux deux est surtout indispensable à la femme.

Cette différence de situation de l'homme et de la femme séparés, l'intérêt majeur qui par suite s'attache pour la femme au rétablissement du divorce, étaient magistralement exposés par M. Louis Blanc dans la remarquable conférence qu'il fit à Avignon au mois d'octobre 1879.

« Non! l'intérêt de la femme ne demande pas l'indissolubilité du mariage. Ce qui est vrai, c'est précisément le contraire. Car, dans l'état actuel de nos mœurs, l'indissolubilité du mariage crée à celles qui sont mal mariées la plus intolérable des servitudes.

» Comparez les situations. Pour l'homme, dans les unions mal assorties, le mariage est une contrainte; pour la femme, il est une chaîne. »

Et l'éminent orateur présentait le tableau d'un homme se soustrayant à ses devoirs d'époux sans que la société daigne s'arrêter à ses infidélités, en tirant gloire et vanité, trouvant dans le titre d'*homme à bonnes fortunes* de quoi le consoler du blâme de quelques probités grondeuses. Après quoi, Louis Blanc ajoutait:

« Voilà l'accueil que la société garde aux erreurs triomphantes du mari. Quel accueil garde-t-elle aux faiblesses de la femme?

» Ah! qui ne sait qu'ici l'opinion est sans pitié ! Malheur à une femme coupable, non pas même de corruption, mais d'un moment de défaillance! Pour elle, plus de repos, si ce n'est dans un certain monde d'où la richesse et l'élégance ont chassé la sévérité des mœurs. Les femmes se détournent d'elle avec insulte ou dédain, quelques-unes avec pitié. Les hommes se croient autorisés à la poursuivre de leurs plus insolents hommages. Vainement donnerait-elle pour excuse de sa conduite son amour trahi, son foyer devenu solitaire, ses caresses brutalement repoussées, ses larmes raillées ; elle a succombé; elle portera son châtiment jusqu'au tombeau. En butte à la fois au mépris qui la fuit et au mépris qui la poursuit, où trouverait-elle consolation et asile ? En ce qui concerne les femmes, toute une vie de repentir, de larmes, de vertus, ne suffit pas toujours, aux yeux du monde, à faire oublier une heure d'égarement et la défaite d'un cœur troublé... »

Il est donc bien évident que le divorce ne doit pas être rejeté à cause de la prétendue protection que l'indissolubilité du mariage offrirait à la femme ; que c'est, au contraire, surtout en faveur de la femme qu'il doit être rétabli. Ici, encore, l'argument des adversaires du divorce se retourne contre eux.

Mais, dit M. Louis Legrand, tout cela serait exact si, quelque précaution que prenne le Code, il ne dépendait pas toujours du mari, en appelant la brutalité à son aide, « de venir à bout de la plus angélique patience ».

M. Henri Brisson, ayant reproduit cette affirmation à la tribune, je lui ai répondu que si l'on suppose des scélérats capables de recourir à de pareils moyens, la femme sera bien heureuse de trouver dans la loi un moyen de s'en affranchir par le divorce; que le plus grand malheur qui pût lui arriver, après celui d'avoir épousé un tel misérable, ce serait d'être lié à lui à perpétuité. « Mais, dit M. Brisson, sans le divorce, sans cette faculté que vous voulez accorder au mari et à l'intrigante qui cherche à l'attirer, cet élément nouveau de dissolution n'aurait pas été introduit dans le ménage. »

Qu'importe? La plus grande des souffrances — c'est l'honorable député du Xe arrondissement qui l'affirme — consiste dans l'union d'une nature élevée avec une nature abaissée. Notre contradicteur ne peut pas contester que celui-là n'eût une nature basse et vile qui serait capable d'employer les moyens qu'il redoute. Et dès lors toute la force de ma réponse subsiste : mieux vaudra pour la femme le divorce que l'obligation de demeurer à jamais liée à un tel mari.

D'ailleurs, comment ne voit-on pas que l'objection de M. Louis Legrand et de M. Brisson repose sur l'hypothèse que le mari a toujours intérêt à rompre l'union conjugale et n'a jamais intérêt à la conserver.

Cette hypothèse est absolument démentie par les faits.

A supposer que ce que M. Brisson redoute puisse quelquefois se produire; à supposer que la faculté du divorce et les avantages qui doivent en résulter pour lui, fassent naître, dans des cas exceptionnels, dans l'esprit du mari, de mauvaises pensées qui n'y auraient jamais germé sans cela, l'inverse ne sera-t-il pas tout aussi vrai bien souvent? n'arrivera-t-il pas maintes fois qu'un mari intéressé à s'opposer à la dissolution du mariage, soit à cause des désavantages pécuniaires qui en résulteraient pour lui, soit à cause du chagrin qu'il aurait à être séparé de ses enfants, fera, pour éviter une rupture, des concessions à sa femme, alors qu'aujourd'hui, fort des droits que la loi lui confère, il fait de celle-ci sa victime et la soumet à toutes sortes de mauvais traitements.

En dehors de toutes les discussions théoriques, chacun de nous n'a-t-il pas eu bien des fois l'occasion de voir des cas dans lesquels une femme aurait eu intérêt à ce que le divorce existât, ou dans lesquels — si elle est étrangère, — elle a bénéficié du divorce ? Et cet ensemble de faits ne constitue-t-il pas la plus irréfragable des preuves ?

Il y a quelques jours à peine je me rencontrais chez un homme illustre avec une femme charmante qui, mal mariée d'abord, a eu le bonheur d'être Russe. Elle a pu divorcer. Remariée depuis, elle a vu son bagne se transformer en un Éden. Elle est, à cette heure, mère d'une charmante famille. Elle me faisait part de son bonheur et elle appelle de tous ses vœux, pour les femmes de France, une législation tutélaire comme celle dont elle a bénéficié en Russie.

Ailleurs, c'est une femme — française celle-là, mais qui avait pris la nationalité suisse en se mariant avec un Suisse. — Elle avait épousé un ivrogne qui la battait et la rendait très malheureuse. Grâce à la loi fédérale qui régit la Confédération helvétique, elle a pu reconquérir sa liberté et les tribunaux lui ont confié la garde de ses enfants. Depuis lors, elle s'est remariée avec un Français. Elle en a eu deux enfants, ce qui n'empêche pas son mari d'être un père

5.

véritable pour ceux du premier lit, et elle se demande quel intérêt aurait pu avoir la société à l'empêcher de goûter le bonheur dont elle jouit, à briser sa vie, à la condamner à un long martyre.

Une autre, parente d'un médecin célèbre, était mariée à un Français. La vie entre elle et son mari étant devenue intolérable, les deux époux partirent pour le canton de Soleure, s'y firent naturaliser et divorcèrent. Plus tard, la jeune dame devenue libre se remaria avec un Français qui lui fit ainsi reconquérir sa nationalité première. A cette heure, elle vit à Paris heureuse, estimée, et elle serait bien étonnée si quelqu'un venait lui dire que sa vie a été compromise par le divorce et que l'indissolubilité du mariage aurait été une garantie pour elle.

Malheureusement, dans le plus grand nombre des cas, les exemples qu'il nous est donné de citer ne sont pas, comme dans le cas précédent, ceux de femmes heureuses grâce au divorce dont il leur a été donné de faire usage, mais ceux de malheureuses dont l'indissolubilité du mariage a ruiné l'existence.

Dans les débuts de ma campagne contre la législation de 1816, je reçus des environs de Lyon une lettre qui mérite d'être reproduite, sauf à en retrancher quelques passages qui constitueraient des longueurs inutiles, et à taire le nom de la personne, la voici :

« J'ai lu récemment, dans un article de vous qu'a publié *le Voltaire*, qu'on oppose l'intérêt de la femme à la réforme salutaire que vous avez pris à cœur d'introduire dans notre Code ; qu'on prétend trouver dans l'indissolubilité du mariage une garantie pour les personnes de mon sexe.

» Quoique je ne comprenne pas trop par quel abus de raisonnement on peut arriver à considérer la femme comme protégée par une loi qui, au contraire, l'opprime infiniment plus qu'elle n'opprime l'homme; quoique je sois persuadée, par conséquent, que tous les esprits sensés feront d'eux-mêmes justice de cette objection, je crois qu'il est bon que tous ceux qui sont dans la pénible situation où je me trouve, ou dans des situations analogues, vous fassent connaître leurs cas. Rien ne fait mieux pénétrer la vérité dans les masses que les exemples, que les faits concrets, et, ayant un fait de cet ordre à vous soumettre, je croirais manquer à mon devoir si je ne vous en faisais point part. Je vous autorise à faire de ma communication tel usage que vous jugerez utile, en vous demandant seulement de taire mon nom.

» Je me suis mariée à l'âge de 17 ans, en 1862, pour être agréable à ma famille, avec un homme que je ne connaissais pas, mais qu'on disait avoir une certaine fortune répondant assez bien à celle que j'avais moi-même, et pour lequel, d'ailleurs, je n'éprouvais aucun sentiment de répulsion. Le régime adopté par nous fut celui de la séparation de biens.

» Dès le lendemain de mon mariage, mon mari me demandait trente mille francs, qui, disait-il, lui étaient indispensables pour une grande entreprise. Je refusai d'abord; je cédai ensuite. J'ai su depuis que les trente mille francs étaient destinés à payer un banquier véreux qui avait montré à mon père, avant mon mariage, des écritures fictives, pour lui prouver que mon futur possédait une fortune que, en réalité, il ne possédait pas.

» A quelques jours de là, mon mari me déclara que nous allions aller demeurer chez sa sœur. Sa sœur, je ne le savais pas alors, était une grande courtisane.

» Encore presque enfant, je fus séduite en entrant chez elle par le luxe de son appartement, et, comme je lui témoignais l'enthousiasme que m'inspirait son installation, elle me déclara qu'il ne tiendrait qu'à moi d'en avoir une aussi belle.

» — Tu crois donc, lui dis-je, que mon mari gagnera beaucoup d'argent ? »

» — Non certes ! me répondit-elle ; mais tu es jolie,
» tu n'a qu'a faire comme moi, avoir des amants, et la
» fortune ne se fera pas attendre. »

» Indignée, j'attendis mon mari ; je lui fis part de l'abominable propos qui m'avait été tenu et je lui déclarai que nous ne pouvions pas rester un jour de plus dans cette demeure.

» — Tu n'es qu'une sotte, me dit-il, que t'importe
» d'avoir des amants s'ils t'enrichissent et si je m'ar-
» range pour ne rien voir. »

» Ma douleur fut extrême. Je racontai à mon père ce qui se passait. Mais mon mari protesta contre mes allégations et mon père refusa de me croire.

» Cependant nous étions toujours chez ma belle-sœur. Un soir, on m'envoie dans une pièce voisine chercher un objet qu'on disait avoir été oublié sur la cheminée. A peine y entrais-je qu'un monsieur, introduit là à mon insu, se jette sur moi et veut user de violence à mon égard. Je me défends avec énergie, je parviens à m'arracher de ses bras, et, dans la lutte, je le blesse même d'un coup de pied.

» J'ai su ce qu'il m'en a coûté. Le monsieur sorti, mon mari et ma belle-sœur se ruèrent sur moi ; le coup de pied, que j'avais donné pour me défendre contre une lâche agression, me fut rendu au centuple ; j'étais enceinte de trois mois ; j'avortai et je demeurai pendant quinze mois malade chez mon père, qui avait fini par me croire, et chez qui je m'étais réfugiée.

» Si le divorce eût existé, je l'aurais demandé et obtenu sans peine pour cause de sévices graves. Mais le divorce n'existait pas, et une séparation judiciaire me parut inutile, ma fortune se trouvant alors presque entièrement anéantie.

» Mon père ne tarda pas à mourir, et ne me laissa en mourant qu'une somme très insuffisante pour me permettre de vivre.

» J'avais un peu plus de vingt ans. Je me trouvais seule, isolée, sans protecteur, sans fortune, lorsqu'un homme se présenta à moi, qui m'aimait d'un amour sincère, avec un dévouement sans bornes, qui s'offrait à combler le vide de mon existence. Si j'eusse été libre il m'aurait épousée tout de suite ; nous nous serions aimés honorablement et nous aurions pu porter la tête haute en face de tous.

» Mais j'étais liée, et liée irrévocablement, indissolublement à un misérable ; je ne me sentais pas la force de renoncer à jamais au bonheur de me sentir aimée. Comme vous l'avez dit dans un de vos articles, ne pouvant aimer avec le concours de la loi, j'ai aimé sans elle. Je vous le confesse, monsieur, avec une sincérité extrême, convaincue que vous serez indulgent pour une femme qui a pu être coupable, mais dont la faute est exclusivement due à la rigueur de notre législation.

» Hélas! l'homme indigne dont je portais le nom avait disparu. L'honnête homme qui n'avait pas pu me donner le sien mourut subitement à Marseille, au bout de quelques années, à la veille de s'embarquer pour la Nouvelle-Calédonie, où l'appelaient des intérêts considérables.

» J'appris bientôt qu'il avait fait un testament et qu'il me léguait quatre cent mille francs.

» Dès que ce testament fut connu, mon mari dont je n'avais plus entendu parler depuis plus de dix ans reparut, déclara que je n'avais pas le droit d'aliéner ni celui d'acquérir sans son autorisation, et voulut me faire payer l'autorisation dont j'avais besoin.

» Je me suis insurgée contre ces prétentions. Je plaide en séparation de corps aimant mieux avoir des autorisations à demander aux tribunaux qu'à cet homme infâme.

» Il n'en est pas moins vrai que je porte le nom de cet être vil et dépravé; que je ne suis pas maîtresse de la fortune que m'a léguée mon mari véritable, mon mari selon la nature.

» Il n'en est pas moins vrai que, jeune, et après que le temps, ce grand maître, aura apaisé ou tout au moins atténué mon affliction, si je sens mon cœur parler de nouveau, si voulant céder aux aspirations les plus impérieuses de la nature humaine, et ne pouvant aspirer au mariage — ce qui, à cette heure, avec mon passé, et même mon mari mourant, serait impossible, — je me jette dans les bras d'un nouvel amant, quelque pur que son amour puisse être, je serai à jamais flétrie ; on dira de moi que je suis une « femme perdue ».

Je soumets cette situation à ceux qui voient une protection pour la femme dans le mariage indissoluble et je leur demande de quelle manière cette institution a protégé en moi une femme qui n'aspirait qu'à être une mère dévouée, une épouse fidèle, et qui se trouve rejetée hors de la société des honnêtes gens uniquement par cette loi prétendue protectrice? »

Ce cas est-il assez probant? Et celui-ci?

Une femme, dans la Côte-d'Or, se marie en 1861 avec un homme qu'elle aime et dont elle est ou se croit aimée. Malheureusement, le ménage était pauvre : deux enfants survenus coup sur coup, l'un en 1862, l'autre en 1863, vinrent encore en augmenter les charges ; ne pouvant y suffire, le mari se décida, vers la fin de 1863, à s'expatrier pour un certain temps. Il allait au Brésil représenter une maison importante. Il partait en affirmant qu'il reviendrait après quatre ou cinq ans porteur d'un capital modeste, sans doute, mais assez sérieux cependant pour lui permettre de travailler fructueusement et de faire face aux besoins de sa famille, besoins auxquels il pensait bien pourvoir de loin jusqu'à son retour.

Quelque pénible que pût être la séparation, la femme consentit. Les adieux furent déchirants ; mais la douleur était atténuée par l'espoir des bénéfices qui devaient faire régner l'aisance dans le ménage et avec elle le bonheur.

Le mari parti, la femme, qui était restée seule avec

ses deux enfants, deux filles, reçut pendant plusieurs mois des lettres et de l'argent.

Mais, au bout de quelques mois, les lettres cessèrent et l'on ne reçut plus d'Amérique aucune nouvelle. Des démarches furent faites; elles demeurèrent infructueuses, et la malheureuse mère ne sut jamais ce qu'était devenu son mari, pas plus que la maison qu'il représentait ne sut ce qu'était devenu son représentant.

Etait-il mort? Avait-il fait de mauvaises affaires et avait-il fui? Avait-il oublié sa femme dans les bras d'une concubine? Autant de questions auxquelles personne ne pouvait répondre et auxquelles personne n'a répondu depuis.

Si le divorce eût existé; si le Code eût renfermé la disposition que nous avons cherché à y introduire, et qui est relative à l'absence; au bout de cinq ans, c'est-à dire vers la fin de 1868, la rupture légale du mariage eût été de droit, et un nouveau mariage serait devenu possible.

Mais le divorce n'est pas admis par nos lois; l'absence de nouvelles ne suffisant pas à établir qu'il y eût abandon, puisqu'on ne pouvait pas prouver qu'il y eût de la part du mari un acte volontaire, la séparation de corps était impossible à obtenir, et il ne restait même pas à l'épouse abandonnée cette chance du veuvage que conservent ordinairement les époux malheureux : toute jeune, elle se trouvait à tout jamais rivée à une chaîne qu'elle ne conservait aucune espérance de voir un jour se briser.

Je ne parle pas des souffrances morales qui durent résulter pour elle de l'isolement. Je ne veux m'occuper que de la position matérielle dans laquelle cet isolement la plaçait.

Pauvre, sans appui, sans soutien, il fallut travailler pour vivre et pour élever ses enfants. Elle travailla. On sait combien peu est rétribué le travail des femmes ; à force de labeurs et d'économie, cependant, elle parvenait à suffire à ses besoins les plus indispensables.

Un jour, vers 1869, un homme qui l'avait remarquée, qui possédait une assez belle fortune, qui avait appris à l'estimer et à l'aimer, lui déclara qu'il lui offrait, non pas de l'épouser, puisqu'elle était légalement liée pour la vie à un autre homme, mais de partager son existence et de remplir vis-à-vis de ses enfants toutes les charges de la paternité.

Son cœur répondait aux avances qui lui étaient faites. Mais elle était honnête ; elle les repoussa.

Sa santé, cependant, s'altérait sous l'action d'un travail incessant, et bientôt la guerre de 1870, en amenant un chômage à peu près général dans les départements envahis, vint lui enlever jusqu'à la possibilité de vivre.

Que faire ? Elle n'avait que deux issues : tomber ou mourir.

Mourir, elle n'en avait pas le droit : Que seraient devenues ses deux filles ?

Elle tomba... si l'on doit, suivant le langage consacré, appeler chute l'acte d'une femme qui se donne à celui qu'elle aime, à celui dont elle est aimée, à celui qui élève ses enfants, et à l'égard duquel elle se montre, quoique l'autorité n'ait pas consacré son union, épouse vertueuse et dévouée.

Mais la société est impitoyable. A partir de ce moment elle vit la plupart des maisons se fermer devant elle et, à cette heure, ses deux filles, dont l'une a dix-sept ans et l'autre dix-huit, souffrent de cette situation irrégulière qui rendra très difficile leur établissement dans le monde.

Je demande à mes lecteurs si la femme, dont je viens ici de leur retracer l'histoire, a été protégée, comme on le prétend, par l'indissolubilité du mariage ou si, au contraire, cette indissolubilité n'a pas été pour elle un véritable fléau.

Autre fait encore. — Il se passe celui-là dans un pays où le divorce existe, en Belgique.

La fille d'un riche bourgeois de Bruxelles, mademoiselle***, se marie avec un jeune homme noble, et le jour des noces on part pour Paris.

Mais à Paris, — et sans que ni sa femme, ni personne à sa connaissance, en ait jamais su la cause, le mari disparaît et abandonne sa femme pour toujours.

En France, la malheureuse abandonnée se serait adressée aux tribunaux qui lui auraient généreusement octroyé une séparation de corps et de biens; mais elle aurait été enchaînée à perpétuité à un homme qui n'était rien pour elle; et le bonheur de la vie de famille lui aurait été interdit à jamais.

Heureusement elle était née, ainsi que son mari, au delà de notre frontière du Nord, au lieu de naître en deçà.

L'abandon volontaire d'une femme par son mari ayant toujours été considéré par tous les tribunaux comme une injure grave, et l'injure grave étant en

Belgique une cause de divorce, mademoiselle *** put reconquérir sa liberté. Elle a trouvée depuis un nouvel époux, dont elle à déjà plusieurs enfants, et avec qui elle fait excellent ménage.

Grâce à l'institution du divorce elle a donc une vie heureuse, estimable, respectée.

Sans le divorce, elle aurait été condamnée à la tristesse de la solitude, à moins qu'elle n'eût préféré, ce qui n'aurait pas valu beaucoup mieux pour elle, se mettre en lutte avec la société en en bravant les lois et les mœurs.

Le divorce a-t-il nui à mademoiselle ***? Mademoiselle *** a-t-elle lieu de regretter l'indissolubilité du mariage? Ou bien plutôt ne doit-elle pas le bonheur de sa vie à la sagesse qu'a eue la Belgique de ne pas établir une législation aussi contraire à la liberté humaine qu'à la moralité publique?

Je pourrais m'en tenir là. Mais je veux accumuler les faits probants.

« J'ai quarante-cinq ans, disait à un de mes correspondants une personne séparée de son mari après un an seulement de vie commune. Je cache mes peines dans un ménage irrégulier, délaissée par mon mari, qui avait abusé de la confiance de mes père et mère, villageois qui me l'imposèrent pour époux. Il perdit son emploi pour fait d'indélicatesse; puis j'appris que, descendant graduellement l'échelle, il fut condamné plusieurs fois pour vol, abus de confiance et escroquerie, puis traîna la guenille et la savate dans Paris. J'ai perdu ses traces depuis 1871. Est-il mort? je l'ignore et je ne le reconnaîtrais plus, ne l'ayant jamais revu depuis vingt-cinq ans.

» Tout fut vendu chez moi, et sans argent que pouvait devenir une jeune femme? J'ai du pain aujourd'hui et je vous assure que je donnerais tout le superflu que nous avons amassé dans mon nouveau ménage, puisque je n'ai pas eu d'enfants, pour posséder la dignité d'un second mariage. Je le dis les larmes aux yeux. Je mets là toute mon ambition. »

Et mon correspondant ajoute :

« Voilà, monsieur le député, une femme de cœur, et il y en a des milliers qui ont ces sentiments-là. Elle a du pain, oui, mais la loi ne lui donne pas le droit de posséder même ce qu'elle a gagné. Quant à l'homme qui l'a recueillie, il était libre depuis vingt-cinq ans d'être inconstant et cupide puisqu'il est célébataire, et son dévouement prouve bien que le divorce est un avantage immense pour les femmes. Les électeurs, monsieur le député, leur rendront justice. »

Une autre femme m'écrit :

« Je ne puis vous dire, monsieur, le désespoir que j'ai éprouvé en voyant la loi du divorce rejetée. Depuis que vous avez entrepris la campagne sur le rétablissement de cette loi, je vous suis avec anxiété et j'avais l'espoir de vous voir réussir. Jugez si je suis désolée !

» Je suis catholique, très catholique même, et je ne puis admettre que la loi sur le divorce soit une loi immorale. Puisque nous avons quatorze cas de nullité admis par notre religion (j'ai même entendu dire dix-neuf), pourquoi nous empêcher d'en profiter?

» Séparée depuis l'âge de ving-quatre ans d'un mari

qui me battait et se grisait, me voilà condamnée pour le reste de mes jours à mener cette existence de paria qui est celle d'une femme séparée. Mais oui, la loi sur le divorce est en faveur des femmes ; je ne vois pas comment M. Brisson vient nous dire le contraire. Un homme séparé peut vivre heureux et respecté ; nous autres, c'est différent, nous sommes en butte à toutes les calomnies, et, mieux encore, à tous les hommages d'une foule d'imbéciles qui savent bien qu'avec nous, ils ne risquent rien ; pas de mari pour nous défendre et pas de réparation à nous donner. Je ne vois pas pourquoi un catholique partisan du divorce (et il y en a beaucoup) n'aurait pas le courage d'étudier la question sans parti pris.

» En 1871 ou 1872, la *Liberté* a fait paraître un très bel article sur le divorce, et citait bon nombre de Pères de l'Eglise qui s'étaient prononcés en sa faveur. Mais dans toute la vie de Jésus-Christ je ne vois pas où, d'une façon si absolue, il se prononce pour l'indissolubilité du mariage. N'a-t-il pas dit aux apôtres (presque tous mariés) de tout quitter pour prêcher sa doctrine ?

» On parle d'abus, mais sera-t-il bien agréable de divorcer ? Véritablement, ces procès, enquêtes, contre-enquêtes et innombrables courses chez des avoués et des avocats, voilà bien de quoi tenter !

» M. Léon Renault l'a dit, c'est un calvaire à gravir, et je ne vois pas ce qui pourra attirer les gens qui ne sont pas tout à fait malheureux.

» Pardon, monsieur le député, de cette longue lettre, mais je voudrais vous supplier de ne pas abandonner notre cause.

» Intéressez-vous toujours à cette classe de déshérités qui vous doit déjà tant, et permettez-moi de vous assurer de mes sentiments de vive reconnaissance.

» Marie. »

Paris, le 15 février 1881.

Et une autre, dont le cas est touchant et prouve à la fois l'intérêt qu'ont au rétablissement du divorce et les femmes séparées et les enfants de ces femmes.

» Je me suis mariée à dix-sept ans; trois mois après mon mariage, mes illusions s'étaient envolées et le malheur était tombé sur moi.

» Pendant neuf ans, chaque jour m'apporta une nouvelle souffrance, et peu de femmes ont enduré d'aussi cruelles douleurs. Je ne dirai pas ici le sujet qui fit qu'un jour la séparation eut lieu. Il faut jeter un voile sur de pareilles choses. Un jugement fut rendu, tout en ma faveur, et mes enfants me furent confiés sans que le père ait le droit de les voir. C'est tout dire.

» Je revins dans ma famille, elle me fit un crime de cette séparation; je devins pour les gens de la petite ville que j'habitais un objet de mépris, et les hommes se permirent de prendre avec moi certaines libertés de langage peu convenables. C'est à peu près ce qui arrive à toutes les pauvres femmes séparées. Le seul soutien que j'étais en droit d'attendre, celui de ma famille, me manquait. J'en excepte cependant mon père et ma mère; il ont toujours été bons pour moi et n'ont su que plus tard de quelle manière j'avais été traitée.

» Dans le moment où ces choses se passaient, je rencontrai, chez des amis, un brave cœur, un honnête homme qui m'aima et que j'aimai; froissée, humiliée chaque jour, mon parti fut bientôt pris; après une liaison de six mois, je partis avec lui en emmenant mes enfants.

» Nous vivons ensemble depuis longtemps déjà, et dans une union semblable à celle des premiers jours. Nous avons trouvé, l'un et l'autre, le bonheur dans notre mariage libre; mais il y a un nuage à ce bonheur, il me manque mes enfants. L'homme qui m'aime, celui qui m'a fait une vie heureuse, perdit sa position, et mes enfants retournèrent chez mon père, pour nous donner la liberté d'aller chercher ailleurs le travail qui manquait.

» Depuis cette époque, je ne les ai plus revus et, lorsque je les demande, on me fait cette réponse : « Lorsque le divorce aura changé ta position, tu les » verras. » Voilà où nous en sommes. Parce que j'ai souffert, et aussi parce que je n'ai plus voulu souffrir, on m'inflige une peine plus amère que toutes les autres. On punit maintenant les femmes qui ont un cœur.

» Voilà, monsieur, tout ce que je voulais dire. Si seulement le récit un peu bref que je viens de faire donne du courage à celles qui sont dans ma situation, et si j'ai pu, selon mes faibles moyens, faire avancer l'idée pour laquelle vous travaillez, je serai heureuse.

» Il faudrait aussi que chaque femme séparée, mettant de côté certains préjugés, émît sa pensée dans votre journal; car il n'y a pas de honte à vivre avec l'homme qui vous fait respecter, et encore moins à le dire.

» Je fais des vœux bien sincères, vous n'en doutez

pas, pour la réussite de votre entreprise, qui apportera la tranquillité dans bien des cœurs et qui me rendra mes chers enfants.

» Je vous prie d'agréer, monsieur le député, mes salutations respectueuses.

» Marie R... »

Et une autre encore :

» Par une fatalité, en 1868, mes parents me marièrent, j'avais seize ans seulement ; ils croyaient bien faire, je ne leur en fis jamais la moindre observation ni le moindre reproche, je fus au nombre de celles que le sort n'a point favorisées.

» Mon mari se trouva être libertin, ivrogne, débauché.

» Ses parents et les miens lui firent toutes les observations nécessaires, tout fut inutile. Au bout de trois mois, il me frappa; les scènes se renouvelèrent plus fréquemment, de plus en plus violentes, de plus en plus brutales.

» La vie commune en peu de temps était devenue un joug.

» Sans nous le laisser soupçonner ni à moi ni à sa famille, le 3 mai 1869, mon mari partit.

» Il se rendit directement à Bordeaux, ses parents usèrent de tout leur pouvoir pour le ramener à de meilleurs sentiments, tout échoua. Il se lia à une femme, avec laquelle il vécut deux ans, et qu'il laissa après l'avoir rendue mère deux fois.

» En 1871, il partit pour Marseille où il s'adjoignit une nouvelle concubine avec laquelle il vécut quatre ans, la laissant mère de trois enfants.

» Actuellement il est à Paris; il erre, il fréquente les compagnies ignobles, il se traîne dans toutes les fanges; une maladie honteuse l'a retenu plusieurs mois dans les hospices, il a descendu un à un tous les échelons du vice où il est entièrement plongé.

» Des renseignements que nous puisons çà et là indirectement nous ont permis de suivre sa trace jusqu'à ce jour.

» Douze années se sont écoulées depuis ce temps; j'ai maintenant vingt-huit ans; vous voyez ma position.

» Pour recourir à une séparation de corps, l'union a été de trop courte durée; il faut des preuves comme quoi il m'a frappée; elles sont là irrécusables; mais entamer cette affaire... il menace de revenir. Puis-je me décider à rentrer avec cet homme que je n'ai point vu depuis douze ans, qui s'est sali dans toutes les impuretés? C'est impossible, vous le comprendrez, monsieur; peut-être même m'approuverez-vous.

» La seule grâce que Dieu m'a faite, c'est de ne pas m'avoir donné d'enfants.

» Heureusement pour moi, par une éducation solide que m'ont donnée mes parents, j'ai passé par les malheurs de la vie, quoique jeune encore, sans avoir manqué à un seul de mes devoirs.

» Suis-je dans le cas de désirer le divorce?

» Je laisse ceci à votre juste appréciation.

» Les parents de mon mari, avec lesquels je vis en parfaite union, en sont consentants ainsi que les miens.

» Je ne dois donc pas craindre de vous dire, monsieur, que si votre loi, sévère et respectable comme vous la proposez, était acceptée par la Chambre qui ne manque pas de justice et de bon sens, je mettrais à profit les avantages qu'offre le divorce que vous soutenez avec tant d'énergie et de délicatesse, et que je vous en saurais gré éternellement.

» Agréez, monsieur, l'assurance des sentiments respectueux, avec lesquels j'ai l'honneur d'être votre très humble,

» Valentine H. »

Et celle-ci dans laquelle la question du divorce est envisagée du point de vue des intérêts matériels :

« Je suis une bien triste victime de la séparation de corps ; mon histoire, si navrante, vous intéresserait, j'en suis sûre, ainsi que des documents qui viennent à l'appui de la cause que vous soutenez.

» J'aurais un très grand désir de causer avec vous, vous m'appuieriez de vos conseils que j'aurais l'honneur de vous demander et dont j'aurais un si grand besoin. Si je le pouvais, je n'hésiterais pas à faire le voyage de Paris pour venir vous trouver ; malheureusement pour moi, cela m'est impossible, je n'en ai pas les moyens.

» Je suis ruinée par la suite de mon mariage — mariage bien déplorable. — Forcée de demander ma séparation, mon mari, par vengeance, m'a occasionné six procès. Je les ai tous gagnés, mais c'est sur moi que sont retombés tous les frais, lui ne présentant aucune garantie.

» J'ai eu, le jour de mon mariage, 30,000 francs, il m'en reste 8,000 que j'ai placés sur l'Etat; la fortune de mes parents s'est également anéantie, aussi ils sont morts de chagrin. Ma mère, comme veuve de marin, recevait une pension qui, ajoutée à ce que je possédais, nous faisait vivre ; mais, après sa mort, comme mon revenu ne me suffisait pas, je me suis mise courageusement à travailler pour vivre et pour élever ma fille que les tribunaux avaient tout à fait enlevée à mon mari, et que j'ai fini par perdre.

» Ma santé n'a pu résister à tant de chagrins : — n'étant pas née pour le travail, j'ai succombé à la tâche. Je suis bien fatiguée, et n'ai point de ressources pour me soigner ; je voulais déplacer mon petit capital pour m'en servir, mais comme mon titre est nominatif, une loi bien cruelle pour moi m'en empêche sans le consentement de mon mari qui naturellement me le refuse. J'ai bien la ressource du tribunal, mais il faut faire citer mon mari, plaider, je n'ai pas d'argent, et comme m'a dit M. le receveur, cela demande du temps.

» Ne pouvant travailler, c'est avec terreur que je vois le temps s'écouler. Ne suis-je pas en effet bien malheureuse ! Ainsi, voilà mon mari qui me doit des sommes très grandes ; non seulement il ne me paye pas, mais encore je ne puis, sans son bon vouloir, toucher un argent qui provient de ma dot. J'ai là une ressource pour me soigner, et je vois la misère se dresser devant moi.

» Forcer mon mari à me donner l'autorisation, ce sont des frais qui, pour si petits qu'ils soient, sont trop grands pour moi puisque je suis sans argent. Je voulais demander l'assistance judiciaire ; on me répond que ce n'est pas le cas, que j'ai de l'argent.

» Que puis-je faire ? mon désespoir se comprend ; la pensée de vous écrire m'est venue ; j'espère, monsieur, que vous accueillerez ma lettre avec bienveillance et intérêt.

» La question du divorce me préoccupe! croyez-vous qu'il sera établi et quand le sera-t-il? C'est sous le point de vue de mes affaires que je le désire, car vous comprenez la triste situation que je vous expose, et qui est une conséquence de la séparation de corps. Si j'étais divorcée, je pourrais au moins être maîtresse de ce qui m'appartient, ce qui est bien juste.

» Si j'avais pu trouver une position! Mais sans protection et sans appui, cela m'est bien difficile. On m'a dit que la pension de ma mère était reversible sur ses enfants, je ne sais si cela est vrai, n'ayant jamais fait des démarches pour le demander.

» Le divorce est la chose qui peut le plus sûrement améliorer mon sort, voilà pourquoi je désirerais savoir s'il pourrait être bientôt établi.

» En attendant, mon mari mène une heureuse existence avec ce qui m'appartient, et moi, dans le besoin le plus urgent, je ne puis absolument rien contre lui.

» Si vous daignez, monsieur, m'honorer d'une réponse, j'aurais une grande satisfaction.

» Veuillez, je vous prie, excuser la liberté que je prends de vous écrire, mais je suis dans une si triste situation que j'ai pensé que cela pourrait m'être utile.

» Veuillez agréer, monsieur le député, l'assurance de mon profond respect.

» J. B. — (Hérault. »

Et cette autre encore :

« La Chambre vient de repousser le divorce : cette loi si juste et si humanitaire. Veuillez permettre à une pauvre inconnue de venir vous offrir ses plus vifs remerciements pour vos généreux efforts.

» Il y a vingt ans que je vis séparée de mon mari. J'en ai quarante-quatre. C'est vous dire que je n'avais plus aucune espérance, ni aucune chance d'en profiter; mais il faut avoir enduré ce lent et douloureux martyre d'une vie brisée, en connaître tout le désespoir, pour apprécier la sagesse de cette bienfaisante loi.

» Après neuf mois de mariage, sans préambule, sans motifs, sans raisons, à l'instigation d'une méchante femme (sa mère), mon mari m'a renvoyée dans ma famille. J'ai attendu là quatre mois, dans une désolation inouïe, la naissance de mon fils. On m'a fait entendre alors qu'il était de mon devoir de retourner auprès de lui. J'ai cru à la sincérité de ses regrets, j'ai pardonné du fond de mon cœur, et je me suis reprise à croire au bonheur. Hélas! il n'a pas fallu longtemps pour voir que je m'étais grandement trompée.

» Les mauvais traitements qu'on m'a fait essuyer ont été tels, qu'il m'a fallu retourner et pour toujours auprès de mes parents.

» Je n'avais à me reprocher ni un fait, ni un geste, ni même une pensée, contre mon mari ni sa mère. Il a avoué, d'ailleurs, devant les juges, qu'il n'avait rien, absolument rien, à me reprocher.

» Personne, plus que moi, n'avait été créée pour les tranquilles et saintes joies de la famille. Mon cœur désolé a alors concentré, sur mon enfant, toute sa tendresse.

» A l'âge de sept ans, il m'a été enlevé, par son père.

Alors, je n'ai plus vécu, j'ai été comme une âme en peine, ne sachant plus que devenir.

» Les grands froids de 1870 ont fait mourir nos oliviers ; le phylloxera a tué nos vignes ; mes parents sont tombés dans une grande gêne.

» J'ai dû chercher à me suffire, pour ne plus être à leur charge. Je suis entrée dans une administration et me voilà, seule, à 150 lieues de mes vieux parents.

» Pensez-vous, monsieur, qu'il n'y a pas des jours où l'on est pris d'une lassitude extrême, où l'on aurait presque envie de mourir pour être délivré d'une si triste existence ?

» Pour le bien de l'humanité, l'indissolubilité du mariage doit cesser. Ce n'est plus pour moi que je le désire, puisqu'il est trop tard, mais pour épargner à d'autres les tortures de mon cœur.

» Veuillez me permettre de vous offrir, monsieur le député, l'expression de mon profond respect.

» A. P. »

Et puis encore celle-ci :

« Mon cher monsieur,

» J'ai lu, dans la « Tribune du divorce » de votre numéro du 18 courant, une lettre par laquelle un de vos correspondants engage chaque victime de la séparation de corps à émettre sa pensée dans votre journal.

» C'est à quinze ans juste, l'âge légal, que ma mère qui n'avait d'enfant que moi (mon père, hélas ! n'était plus là...), me maria à M. de ***, qui appartenait à une honorable famille. Cet homme n'avait pour fortune que ses dettes et son nom.

» Moi, riche et dans une position brillante, enfant et inconsciente, je m'engageai par des vœux indissolubles sans comprendre le sacrifice que l'on faisait de moi-même et sans prévoir les malheurs qui devaient me poursuivre à jamais.

» Quelques mois à peine après mon mariage la mauvaise administration de mon mari devint effrayante. En peu de temps ses dettes furent considérables, ses revenus furent saisis et un conseil judiciaire lui fut imposé.

» Tous les excès survinrent, l'inconduite, la brutalité le délaissement; en moins de deux ans il me fallut, à bout de patience, au désespoir, recourir à la séparation de corps, qui fut prononcée contre mon mari.

» Me voilà à dix-sept ans dénuée de toute espérance, sans enfant, sans famille, sans protection, et sans que personne prenne en pitié mon infortune.

» J'étais mariée sous le régime dotal et la séparation qui sépare sans rien défaire me rendait la libre administration de ma fortune. Mais le régime dotal est là qui m'empêche de toucher à rien.

» Quelle belle chose que cette loi sur la séparation de corps !... Mon mari est pourvu d'un conseil judiciaire, et je reste sous sa tutelle ne pouvant ni gérer, ni administrer ma fortune sans son autorisation. La loi le reconnait incapable et elle m'oblige à m'adresser à lui. Et si je vous disais qu'une fois séparée, une fois en possession de la pension que je lui fais, cet homme est devenu une manière de chevalier d'industrie, dupant, escroquant, volant partout ; poursuivi, traqué depuis dix ans à Paris ! Si je vous disais qu'il me faut chaque jour recevoir les plaintes ou les menaces d'un tas de dupes qui s'imaginent que, parce qu'on a été la femme d'un misérable, on doit endosser les conséquences de ses méfaits.

» Si je vous disais que cet être ignoble n'a pas même la reconnaissance de l'estomac ni la pudeur de la digestion, car il marchande les autorisations de forme qu'exige la loi ! et si l'on réfléchissait qu'il me faut subir ses hontes et porter le nom de cet homme qui ne mérite que le mépris et le dégoût !

» Croyez-vous que dans ces conditions ce serait si abominable de voter le divorce qui permettrait à une femme de se marier, de se créer un nouveau foyer, de fonder une famille, de rêver un nouvel avenir de bonheur !...

» Je ne saurais mieux terminer qu'en priant monsieur le député de continuer à défendre cette cause et de faire signer dans les bureaux de l'*Indépendant*, une pétition en faveur du divorce pour la présenter à notre future Chambre.

» Les signatures qui seront ainsi recueillies ouvriront peut-être les yeux des Brisson, des Cazot, des Louis Legrand et autres qui nient l'utilité d'une réforme appelée à rendre la femme plus considérée et la famille plus unie.

» Agréez, monsieur le député, mes salutations.

» M... »

Je pourrais continuer ainsi, car il est immense le nombre des femmes qui m'ont écrit ou m'ont fait connaître de vive voix leur situation pour appuyer ma proposition de loi. Mais aller plus loin serait superflu.

Faits particuliers, diront quelques esprits superficiels. Soit ! *faits particuliers !* mais ce n'est que de faits particuliers que les généralisations sont faites, et les lois que votent sans cesse les parlements de tous les pays ne visent le plus souvent que des faits particuliers.

C'est pour des faits particuliers que sont créées les lois pénales, car heureusement les voleurs et les assassins sont des exceptions. C'est pour des cas particuliers que sont établies les lois sur la retraite des officiers, des sous-officiers, des marins, des employés de tous grades et de tous ordres. Ce sont des cas particuliers que visent celles qui favorisent ou qui entravent certaines industries, et je crois qu'il serait bien difficile d'en trouver une seule qui ne fût pas faite en vue de cas particuliers.

Qu'on laisse donc de côté ces mauvaises raisons ! Qu'on prouve si l'on peut que les souffrances individuelles occasionnées par l'indissolubilité du mariage sont nécessaires à l'intégrité du corps social. Mais si l'on n'y parvient pas, qu'on cesse de s'opposer à ce qu'il soit apporté à ces souffrances le remède qu'elles réclament.

Cette démonstration que l'intégrité du corps social serait compromise par le rétablissement du divorce, on essaye de la faire et l'intérêt de la femme est un des grands arguments que l'on met en œuvre dans ce but.

L'étude impartiale des faits, leur discussion approfondie prouvent surabondamment que cette objection au divorce n'est pas fondée ; que non seulement nous ne sommes pas tenus de conserver l'indissolubilité du mariage en vue d'une garantie à donner à la femme ;

mais que, au contraire, la situation de la femme dans notre société est un des arguments les plus forts que nous ayons le droit d'invoquer en faveur de la législation qui fut abolie en 1816.

CHAPITRE VI

TROISIÈME OBJECTION AU DIVORCE

L'intérêt des enfants

On oppose au divorce un argument tiré de l'intérêt des mœurs et un argument tiré de intérêt de la femme.

Je crois avoir péremptoirement établi dans les chapitres précédents que ce sont là des objections qui se retournent contre leurs auteurs, que la corruption trouverait un frein dans le divorce et trouve, au contraire, un aliment dans le régime actuel ; que ce régime, loin de protéger la femme, la place dans une intolérable situation d'infériorité, de servitude, de souffrance.

Il en sera de même de l'objection tirée de l'intérêt des enfants quand elle sera posée sur son vrai terrain, et ici encore il deviendra évident que, loin de dérouler leurs conséquences en deux séries opposées et contradictoires, l'intérêt des enfants et l'intérêt des parents militent absolument dans le même sens.

En serait-il autrement, la question ne serait pas jugée pour cela. Les droits du père et de la mère ne sont pas moins indéniables, ne sont pas moins imprescriptibles que ceux de leurs enfants. Ceux-ci, d'ailleurs, sont appelés à devenir parents à leur tour, et, à un moment donné de leur vie, ils pourraient accuser la société d'avoir, sous prétexte de garantie à leurs premières années, pesé sur leur existence entière et rendu cette existence insupportable.

Je n'ai, du reste, pas même besoin de me placer à ce point de vue et de me demander qui doit l'emporter des enfants ou des parents, parce qu'il n'y a aucune contradiction réelle entre le bien des uns et le bien des autres, parce qu'aux uns et aux autres l'indissolubilité du mariage est funeste.

Si l'objection que je réfute se pose si souvent et si naturellement à propos du divorce, c'est qu'on commet toujours la même faute de raisonnement, contre laquelle j'ai dû m'élever déjà plusieurs fois : on compare le sort qui est fait aux enfants dont les parents sont unis à celui qui est réservé aux enfants dont les parents seront divorcés, et l'on conclut en faveur de l'union.

Pour que cette argumentation fût scientifique, il faudrait que le rétablissement du divorce eût pour conséquence de multiplier le nombre des ménages qui se désunissent. Alors, en effet, on pourait dire que, en produisant un accroissement dans le chiffre des familles désunies, ce rétablissement priverait des avantages de la vie familiale une certaine proportion d'enfants qui en auraient bénéficié sans cela.

Mais j'ai démontré que si quelque chose tend à accroître les désunions entre époux, c'est l'indissolubilité du mariage; j'ai établi, par des preuves théoriques et par des preuves expérimentales, que, toutes choses égales d'ailleurs, on se sépare moins là où la rupture du mariage est possible que là où la loi permet seulement le relâchement des liens conjugaux.

S'il en est ainsi, la conclusion naturelle à en déduire, relativement aux enfants, c'est que la généralité de ces derniers est intéressée au divorce, puisque, en empêchant de se désunir certains époux qui se seraient désunis sous l'empire de la loi qui nous régit à cette heure, il conserve un foyer domestique à des enfants qui, sans lui, l'auraient perdu.

Sans même aller aussi loin, quelque rationnelle, quelque justifiée que soit la conclusion qui précède, j'ai au moins le droit de dire que quand on discute la question qui nous occupe en ce moment, il faut toujours se garder de la tendance que l'on a à établir un parallèle entre les ménages unis et les ménages divorcés.

Le parallèle, ne cessons pas de le répéter, puisqu'on ne cesse pas de l'oublier, doit être établi entre les ménages divorcés et les ménages séparés de corps.

Les ménages unis ne sont pas en cause : le divorce ne les concerne pas, ne les intéresse pas, ou du moins ne les intéresse qu'au point de vue de ses effets généraux sur la société ; mais il n'est pas fait pour eux.

Le divorce ne concerne directement que les époux profondément divisés qui se séparent de corps et de biens lorsqu'ils ne peuvent pas divorcer. Et, dès lors a question, par rapport aux enfants, doit se poser, ainsi :

Quand ils sont assez malheureux pour qu'une division rofonde, irrémédiable, règne entre les auteurs de leurs jours, que vaut-il mieux pour les enfants? que leurs parents se bornent à relâcher par la séparation de corps les nœuds qui les unissent, ou qu'ils brisent complètement ces nœuds?

Ce qui vaut le mieux, c'est incontestablement la seconde solution.

Les effets du divorce en ce qui touche les enfants, peuvent se diviser en effets légaux et effets sociaux ou moraux.

Les effets légaux sont identiquement les mêmes que ceux de la séparation de corps, et, de ce chef, les enfants n'auraient aucun intérêt à ce que l'une des solutions l'emportât sur l'autre.

Les effets sociaux et moraux, au contraire, diffèrent suivant la législation qui prévaut, et c'est en m'appuyant sur eux que j'affirme que le divorce est préférable pour les enfants à la séparation de corps.

Je dis que les effets légaux sont les mêmes dans les deux cas.

Quelle est la situation faite actuellement par la loi aux enfants des époux séparés?

Cette situation est réglée par les articles 302 et 303 du Code civil. Ces articles portent en substance que, en cas de séparation de corps, les tribunaux ont plein pouvoir pour accorder la garde des enfants à celui des époux qui leur en paraît le plus digne, ou même à une tierce personne, si ni l'un ni l'autre n'en est digne. Ils portent encore que, nonobstant la séparation, les deux époux sont tenus de contribuer, à proportion de leurs facultés, à l'entretien et à l'éducation de leurs enfants, et que, quelle que soit la personne à laquelle les enfants sont confiés, le père et la mère conservent respectivement le droit de surveiller cet entretien et cette éducation.

Qu'on mette le mot *divorce* à la place du mot *séparation*, et rien ne sera changé : les tribunaux décideront encore à qui doit être confiée la garde des enfants, et les parents auront toujours le droit de surveiller l'éducation et l'entretien auxquels ils devront contribuer tous deux proportionnellement à leurs facultés.

Mais, dit-on quelquefois, avec le divorce il naîtra le plus souvent des enfants de plusieurs lits et, par suite, le partage des successions deviendra difficile.

Pourquoi?

Que les enfants soient d'un seul et même lit ou de deux lits différents, ils ont tous un père et une mère, et il suffit de diviser la succession paternelle et la succession maternelle par le nombre des enfants qu'a eus le père et qu'a eus la mère, pour déterminer la part qui revient à chacun d'eux. Cette division ne présente pas plus de difficultés lorsqu'il y a plusieurs mères pour les enfants d'un même père que lorsqu'il n'y en a qu'une ou réciproquement.

Actuellement, d'ailleurs, les veufs et les veuves se remarient journellement. Je connais même des veufs qui se sont remariés jusqu'à trois fois et qui ont eu des enfants de quatre lits consécutifs. Je ne sache pas que cela ait jamais fait naître des difficultés dans les partages de successions, et je ne vois pas pourquoi ce qui est facile dans le cas de secondes noces résultant du veuvage cesserait de l'être quand les secondes noces résulteraient du divorce.

Il est donc bien établi que, du point de vue légal, les

enfants n'ont ni intérêt à ce que le divorce soit substitué à la séparation de corps, ni intérêt à ce que la séparation de corps prévaille contre le divorce.

En est-il de même lorsqu'on envisage la position sociale et morale que leur fait le régime actuel et que leur ferait le régime nouveau ?

Aujourd'hui l'époux qui se sépare ne peut pas se remarier ; demain l'époux qui divorcera pourra contracter une union nouvelle, et il s'introduira un beau-père ou une belle-mère dans la famille, ce qui est impossible avec la législation qui nous régit.

Il s'agit de savoir si cette introduction d'un élément étranger dans la famille est un bien ou un mal.

C'est un mal, répètent à l'envi les adversaires du divorce. Un beau-père, une belle-mère surtout, n'auront aucune affection pour des enfants qui ne seront pas les leurs, et, s'ils en ont à leur tour, ces derniers seront l'objet de préférences dont souffriront leurs frères du premier lit.

Je ne voudrais pas affirmer que jamais ce que l'on redoute là ne pourra se produire. Je ne prétends pas que le bien absolu règnera sur la terre quand le titre VI du Code civil sera rétabli. J'affirme seulement qu'il y aura un peu moins de souffrances qu'aujourd'hui et qu'une étape de plus aura été parcourue sur la voie qui mène le genre humain à son affranchissement total.

Il est possible que, dans certains cas, des enfants aient à souffrir des mauvais traitements d'un parâtre ou d'une marâtre ; mais, dans l'immense majorité des cas, et au point de vue de la surveillance qui leur est due et de l'éducation qu'il est nécessaire de leur donner, les secondes noces seront un bien pour eux au lieu d'être un mal.

Aussi longtemps que les hommes ne seront pas groupés en grandes associations comme celle dont M. Gaudin nous donne un exemple dans son familistère de Guise — ce qui, malheureusement, est encore loin de nous —; aussi longtemps que durera notre état social actuel, basé sur l'antagonisme des intérêts et sur l'isolement des individus, l'éducation des enfants ne pourra recevoir son plein développement qu'au sein de la famille; elle ne pourra être menée à bien que par le concours d'un homme et d'une femme.

Cela étant, on peut logiquement en déduire que quand le faisceau familial est rompu, soit par la mort du père ou de la mère, soit par une séparation de corps et de biens, le mieux pour les enfants est de voir la famille se compléter par un nouveau mariage de celui de leurs parents qui leur reste.

Certes il eût été préférable qu'aucun de leurs parents ne fût mort ou que la séparation n'eût pas eu lieu; mais étant donné cette séparation ou ce veuvage, la solution la plus préjudiciable pour eux est celle qui ne leur donne pour surveillant, pour éducateur, qu'un homme seul ou une femme seule.

L'homme a une vie extérieure. A l'exception des oisifs dont le nombre tend heureusement chaque jour à diminuer, et de ceux qui exercent encore certaines industries morcelées devenues très rares et partout en décroissance, il est obligé de sortir, d'abandonner sa maison; ses occupations l'appellent au dehors. Ouvrier, il est à l'usine; avocat, il est au barreau; médecin, il est auprès de ses malades ; magistrat, il siège au tribunal ;... ce n'est que tout à fait exceptionnellement qu'il est chez lui et qu'il peut veiller sur ses enfants.

Si donc, en cas de séparation de corps, les enfants ont été confiés à sa garde, comment les surveillera-t-il ? Comment les élèvera-t-il ? Riche, il prendra une gouvernante, une femme à gages qu'il chargera du soin de suppléer la mère absente ; pauvre, il n'aura même pas cette ressource, et, obéissant à une dure nécessité, pendant qu'il ira gagner leur pain, il les laissera à l'isolement, à l'abandon.

Riche même, n'eût-il pas mieux valu leur donner une belle-mère qu'une servante ? une belle-mère choisie avec tout le soin que l'on apporte naturellement au choix d'une femme à laquelle on veut unir sa vie ; une belle-mère qui aurait assumé des responsabilités sociales et légales ne présenterait-elle pas plus de garantie que n'en présente une mercenaire sans responsabilité ?

Si c'est à la femme que les tribunaux ou la nature ont confié les enfants, la situation n'est pas différente.

Certes, lorsque les tribunaux accordent la garde des enfants à la femme, l'homme est condamné à servir une pension à leur mère. Mais si l'homme est sans fortune ; s'il s'agit d'un ouvrier qui n'a que son salaire de chaque jour, qui ne possède ni meubles ni immeubles saisissables, qui a la faculté de quitter son atelier dès qu'on cherche à faire opposition sur ce qu'il y gagne et qui peut même disparaître sans qu'on sache ce qu'il est devenu, quelle sera la sanction du jugement qui le condamne ? Cette sanction sera nulle et c'est la femme, la femme seule qui devra pourvoir à l'entretien de la famille.

Mais alors la même vie extérieure s'imposera à elle qui se serait imposée à l'homme, si l'homme eût eu la charge qui lui incombe, et ses enfants, tout comme s'ils étaient restés avec le père, seront abandonnés à tous les entraînements, à tous les mauvais exemples, auxquels sont toujours exposés des enfants qu'on ne surveille pas.

Riche, il est vrai, la femme peut demeurer à la maison et vaquer aux soins de la famille. Mais, dans ces conditions mêmes, qui sont de beaucoup les moins déplorables, peut-on dire que les conseils et l'appui d'un homme lui soient inutiles? Peut-on dire que ces conseils, cet appui ne lui seraient pas d'un grand secours en vue de l'œuvre qui consiste à préparer pour la société des femmes et des citoyens?

Je ne le crois pas.

Il faut aimer les enfants, sans doute, pour les élever; mais il ne faut pas être faible dans l'affection qu'on leur porte. Mieux vaudrait, certainement, ne pas les aimer, tout en remplissant à leur égard les devoirs qui s'imposent à un honnête homme, que de les aimer avec faiblesse, avec déraison et de leur céder sur tous les points.

La femme, malheureusement, surtout lorsqu'elle n'a personne autre à aimer, aime le plus souvent ses enfants avec une passion non raisonnée, je dirais même avec folie. Elle est toujours prête à obéir à leurs moindres caprices; elle est incapable de les punir ou, si elle les punit, d'insister sur la punition qu'elle leur inflige; et l'éducation souffre sinon de cet excès d'amour — car on ne peut pas trop aimer, — du moins de cet amour mal dirigé.

La présence d'un homme auprès d'elle, sans diminuer la somme d'affection qu'elle porte à ses enfants rend celle-ci moins exclusive, moins passionnée, moins violente ; l'affection ne perd rien de son intensité, mais par cela même que tous les instincts de la femme sont satisfaits, elle prend un caractère plus calme, plus réfléchi et les enfants en bénéficient.

Que de veuves je connais qui se sont remariées et dont les enfants ont immensément gagné à ces secondes noces !

Au point de vue social de la surveillance et de l'éducation, il vaut donc mieux pour les enfants, lorsqu'une famille est brisée, une demi-famille résultant d'un second mariage que pas de famille du tout.

L'indissolubilité du mariage les prive de cette demi-famille ; le divorce leur en procure les avantages. Je puis donc déjà affirmer que le divorce est préférable pour eux à l'indissolubilité.

On arrive à des conclusions identiques lorsqu'on considère l'influence du divorce et de l'indissolubilité du mariage sur la moralité des enfants.

Lorsque, sous notre législation actuelle, la guerre intestine éclate dans un ménage et aboutit à une séparation, que celle-ci soit d'ailleurs amiable ou judiciaire, les époux séparés souffrent et se haïssent.

Ils souffrent, car ni l'homme ni la femme ne sont faits pour l'isolement ; car si, pour se soustraire à cet isolement, ils contractent des unions irrégulières, ils s placent par cela même dans un état d'infériorité intolérable qui aggrave leurs souffrances au lieu de les calmer.

Le temps lui-même, loin d'atténuer leur douleur, ne fait que l'aviver, que la rendre plus cruelle.

La solitude, en effet, est plus pénible à supporter dans l'âge mûr que dans la jeunesse, dans la vieillesse que dans l'âge mûr ; et il en est de même, pour ceux qui se sont mis hors la société par une liaison adultérine, des amertunes dont la défaveur qui s'attache à ces sortes de liaisons est pour eux la source.

La nature humaine est d'ailleurs ainsi faite que lorsque nous souffrons, nous éprouvons de la haine pour celui qui nous fait souffrir ; que nous nourrissons vis-à-vis de lui des sentiments de vengeance.

Or, les époux séparés souffrent l'un par l'autre, et par suite, ils se haïssent et ils désirent se venger.

Et comme il n'existe qu'un élément commun qui puisse leur permettre de donner libre cours à ce sentiment détestable : les enfants ; c'est d'eux qu'ils se servent pour assouvir leurs passions haineuses, pour se frapper mutuellement.

La mère, lorsque les enfants sont avec elle, ne manque pas de leur dire que leur père est un scélérat qui a empoisonné son existence ; le père, à son tour, leur répète sans cesse que leur mère est une misérable qui a brisé sa vie.

Ces jeunes intelligences encore incapables de discerner le vrai du faux, en présence de ces accusations contradictoires, commencent par ne pas savoir à qui entendre, par se demander lequel de leurs parents

7.

mérite leur réprobation et leur haine, et finissent par croire qu'ils la méritent tous deux. Ils perdent alors ce respect qu'ils ne peuvent pas cesser de professer à l'égard des auteurs de leurs jours, sans que leur sens moral soit profondément troublé.

Et ce respect s'efface d'autant plus d'heure en heure que bien souvent l'existence de leur père et de leur mère justifie à leurs yeux les sentiments que des discours détestables leur ont inspirés.

Il est rare, je l'ai dit, que l'homme et la femme séparés se résignent à l'austère célibat que la loi leur impose. La plupart — M. Legouvé affirme que ce sont les quatre cinquièmes — s'organisent en ménages libres, lorsqu'ils ne font pas pire, lorsqu'ils ne s'abandonnent pas entièrement à la débauche.

Ceux qui ont de la fortune se créent alors un double foyer. Ceux qui n'en ont pas, les ouvriers, les pauvres, ne pouvant suffire à l'entretien de foyers multiples, étalent leur situation au grand jour : l'amant, la maîtresse, vivent ainsi ouvertement et côte à côte avec les enfants.

Dans le premier cas, les enfants sont presque constamment délaissés, et quelque soin que l'on prenne pour leur cacher la cause de l'abandon dans lequel on les laisse, leur curiosité inquiète ne tarde pas à découvrir toute la vérité.

Dans le second cas, ils n'ont même rien à découvrir. L'immoralité s'étale librement sous leurs yeux.

On a craint d'introduire un beau-père, une belle-mère dans la famille. Le beau-père et la belle-mère s'y sont introduits en dépit de la loi. Seulement, au lieu d'y entrer en apportant avec eux toutes les garanties, tous les gages de moralité que l'on serait en droit d'attendre d'une union légitime, ils y apportent de mauvais exemples, des éléments de démoralisation.

En fait, le divorce que l'on redoute a lieu quand même ; tout ce que la société gagne à la rigidité de la loi, c'est de voir le concubinage s'étaler là où un mariage honorable se serait certainement effectué si la législation avait été plus tolérante, plus libérale, plus humaine.

Or la société flétrit le concubinage. Pour braver la flétrissure de ceux au milieu desquels on vit, il faut ou la supériorité d'une grande âme, assez sûre d'elle-même pour mépriser l'injure imméritée dont on l'accable — ce qui est l'exception, — ou l'infériorité d'une âme vile que le mépris ne blesse point, ce qui est le cas le plus ordinaire. Il en résulte que le plus souvent, le beau-père et la belle-mère illégitimes sont dépourvus de sens moral, et élèvent les enfants dans des sentiments analogues aux leurs, au risque de faire retomber sur eux, plus tard, la répulsion qu'ils inspirent eux-mêmes, de nuire ainsi doublement à leur établissement futur, de ruiner d'avance leur carrière, d'atteindre profondément leur situation dans le monde.

Avec le divorce, au contraire, les époux désunis se remarieraient. Dans les douceurs d'une union mieux assortie, ils ne tarderaient pas à oublier les amertumes de l'union première ; ils cesseraient de se haïr ; ils ne chercheraient plus à se nuire, à se venger l'un de l'autre et ils ne saperaient plus, dans le cœur de leurs enfants, le respect que ces derniers leur doivent à tous les deux.

Les enfants, d'autre part, les respecteraient d'autant plus qu'ils les verraient dans une position honorable, estimés de tous. Ils ne seraient exposés ni aux mauvais exemples naissant de la situation même, ni aux mauvais préceptes naissant de l'indignité de ceux avec qui ils sont en contact. Leur moralité ne subissant aucune atteinte, les lois sociales n'ayant pas été transgressées constamment sous leurs yeux, l'honorabilité de leurs parents rejaillirait sur eux comme aurait rejailli leur indignité dans le cas contraire, et ils entreraient dans le monde avec tous les avantages qui s'attachent à une éducation basée sur des exemples de moralité et de vertu.

Lorsqu'on envisage l'intérêt des enfants au point de vue moral, et aussi au point de vue de la supériorité matérielle que donne dans le monde une moralité non douteuse, on reconnaît donc encore que le divorce est mille fois préférable pour eux à la séparation de corps.

L'argument que les adversaires du divorce croient trouver dans l'intérêt des enfants, à cause du danger qu'entraîneraient, suivant eux l'introduction d'un beau-père ou d'une belle-mère dans la famille, les conduit à une singulière contradiction.

Si, en effet, leur objection portait, comment donc expliquer que la loi, non seulement en France, mais encore dans tous les pays du monde, permette aux veufs et aux veuves de se remarier ?

Quand un veuf se remarie, qui a des enfants, il introduit auprès de ces derniers une belle-mère ; quand une veuve prend un nouvel époux, elle introduit auprès d'eux un beau-père.

Si la présence du beau-père ou de la belle-mère présente les dangers que l'on se plaît à signaler, pourquoi autoriser ces époux à convoler à de nouveaux liens ?

On ne s'évadera jamais de ce dilemme :

Ou les secondes noces sont préjudiciables aux enfants ; et alors pourquoi les permettre aux veufs ?

Ou les secondes noces sont profitables aux enfants ; et alors pourquoi les interdire aux époux séparés ?

La contradiction, l'illogisme de la loi est ici d'autant plus étrange que non seulement il n'y a aucune raison pour prohiber les secondes noces dans un cas et pour les tolérer dans l'autre, mais que s'il avait fallu faire une distinction, on aurait dû adopter une règle inverse de celle qui a prévalu.

Certes ! on aurait tort d'interdire aux veufs un nouveau mariage ; mais on trouverait de meilleures raisons — ou plutôt de moins mauvaises — pour justifier une telle disposition légale, qu'on n'en trouvera jamais pour justifier l'obligation du célibat que l'on impose aux époux séparés de corps.

Lorsqu'un homme meurt qui, toute sa vie durant, a rempli ses devoirs d'époux et de père — et ce que je dis ici de l'homme s'applique également à la femme, — il laisse des sentiments d'une inaltérable tendresse dans le cœur de ses enfants. Il en résulte que, quand ceux-ci voient s'asseoir au foyer familial un étranger qui, quoi qu'il fasse, leur rappelle celui qui n'est plus, il se produit en eux un horrible déchirement.

J'aurais compris à la rigueur que, pour les protéger contre cette douleur profonde, la loi eût défendu à leurs parents de se remarier. A mon sens elle aurait eu tort de le faire ; elle aurait sacrifié des intérêts de premier ordre à des considérations sentimentales d'un ordre secondaire. Mais du moins aurait-elle eu ces considérations sentimentales à invoquer. En est-il de même dans les cas de séparation ?

Lorsqu'il s'agit d'époux dont les discordes ont éclaté, dont les scènes intestines ont été un scandale et ont à ce point compromis la sécurité et la moralité de la famille que, dans un but d'intérêt supérieur, les tribunaux ont dû prononcer la séparation de corps, croit-on que les enfants confiés à la garde de l'époux innocent ressentent pour l'époux coupable la même tendresse qu'ils auraient ressentie pour la mère, pour le père honnête et dévoué dont les aurait séparés la mort ?

Cela n'est pas possible ; le supposer serait méconnaître la nature humaine.

L'enfant ne conservera pour le père qui aura victimé sa mère, pour la mère par qui son père aura été trahi, que des sentiments amers. Et lorsqu'il verra cette mère ou ce père indigne remplacé par une honnête femme, par un honnête homme décidé à remplir les devoirs que n'avait pas su remplir celui des parents dont la loi l'aura séparé, au lieu de déchirement, il ne se produira dans son âme qu'un sentiment de quiétude et de repos.

En outre, l'enfant du divorcé qui se remarie possède bien plus de garanties que celui du veuf qui s'engage dans de nouveaux liens.

Dans le cas du veuf, si les craintes des adversaires du divorce se réalisent, si la belle-mère ou le beau-père fait souffrir les enfants — ce qui est heureusement la grande exception, — ceux-ci seront sans aucune protection, sans aucun appui contre la situation qui leur sera faite, le mort n'étant plus là pour intervenir.

Lorsque, au contraire, c'est un divorcé qui se remarie, après avoir obtenu la garde de ses enfants, s'il se montre indigne de cette faveur, l'autre époux conserve un droit de surveillance, et comme il est vivant, il peut intervenir; il peut faire reviser le jugement premier, en s'appuyant sur les droits que lui confère l'article 303 du Code civil.

M. Albert Millet, dont j'ai eu déjà et dont j'aurai encore l'occasion de citer le livre contre le divorce, parce que c'est celui de mes adversaires qui a serré de plus près la question, M. Millet conteste l'assimilation que j'établis, au point de vue des enfants, entre le veuvage et la séparation de corps.

« Les enfants d'une veuve, dit-il, sont réellement orphelins ; ils sont absolument privés de père, de soutien ; et, par suite, ils peuvent avoir besoin d'un tuteur qui s'occupe de leurs affaires et dirige leur éducation.

» Les enfants d'un veuf restent sans mère et, s'ils sont encore en bas âge, ils ont besoin des soins d'une femme. On peut alors courir la chance de trouver une personne dévouée qui, en épousant le père, s'attache aux orphelins et les soigne avec dévouement.

» En règle générale, les pères ou les mères qui consentent à se remarier après le veuvage, ont en vue l'intérêt de leurs jeunes enfants... » Mais « peut-on concevoir que la mère vivant encore, son enfant soit livré à une marâtre?... »

Je ne crois pas qu'on puisse mieux plaider en faveur du divorce. Il suffit de jeter les yeux sur les causes qui légitiment aujourd'hui la séparation de corps, pour reconnaître que le plus souvent la situation des enfants, après cette séparation comme après un divorce de leurs parents, est identique à celle dont M. Millet a tracé le tableau à propos des enfants des veufs.

Vous dites que les enfants des séparés de corps ne sont pas orphelins, parce qu'en fait ils ont encore un père et une mère.

Descendons dans les détails :

Un homme a des filles ; il obtient le divorce pour cause d'adultère de sa femme, dont les tribunaux décident que ses filles seront séparées, afin de les soustraire aux mauvais exemples qu'elles risqueraient de recevoir d'elle ;

Une femme quitte le domicile conjugal pour ne plus reparaître, abandonnant à jamais mari et enfants...

Dans ces cas, où est la mère ?

Ou bien c'est l'homme qui a chassé son épouse, injure grave qui a permis à celle-ci d'obtenir la séparation de corps et de biens ;

Ou encore la séparation a été prononcée, toujours au bénéfice de la femme, pour cause de condamnation à une peine infamante du mari qui est au bagne...

Où donc, dans ces cas, est le père ?

M. Millet pense qu'il faudrait faire de la « micrographie » pour trouver un cas particulier dans lequel il vaudrait mieux pour les enfants un parâtre idéal qu'un père indigne.

Je crois, au contraire, qu'il faudrait faire de la « micrographie » pour trouver des faits permettant de nier l'analogie qui existe entre les veufs et les séparés, et qui est absolue.

Et si cette analogie est réelle, incontestable; si même, comme je me suis efforcé de le démontrer plus haut, il est vrai que l'on pût trouver de moins mauvaises raisons pour interdire les secondes noces aux veufs qu'aux époux séparés, j'ai le droit de demander à mon pays de rentrer dans la logique.

Il ne le peut qu'en proclamant le veuvage perpétuel ou en rétablissant le divorce, qui dissoudrait d'ailleurs bien moins de mariages que la mort, même pendant la jeunesse des conjoints.

Je dis que le divorce rétabli dissoudrait bien moins de mariages que n'en dissout la mort, même pendant la jeunesse des conjoints.

Je me suis, en effet, attaché à rechercher quel est le chiffre des hommes et des femmes qui, étant encore en âge de se remarier, deviennent veufs chaque année, et à le comparer au chiffre de ceux qui deviendraient aptes à contracter une nouvelle union par le fait du divorce, si la loi de 1816 était enfin abrogée.

Il est, en effet, bien évident que, si les veufs constituent le grand nombre et que les divorcés ne constituent qu'une minorité infime, il devient puéril de redouter pour cette minorité ce qu'on trouve inoffensif lorsqu'il s'agit de l'immense majorité. L'évidence du sophisme devient alors telle qu'elle doit nécessairement s'imposer même à ceux qui sont le moins habitués à suivre un raisonnement philosophique.

Comme je l'avais supposé, c'est ainsi que les choses se passent.

Actuellement, les tribunaux français séparent chaque année 2,500 ménages, soit 5,000 époux. C'est donc 5,000 personnes, hommes ou femmes, qui pourraient se remarier si le divorce était admis, et qui ne le peuvent pas aujourd'hui. Encore est-il bon d'ajouter que sur ces 5,000 époux, près de la moitié sont sans enfants, et, par conséquent, sans intérêt pour nous au point de vue du problème qui nous préoccupe en ce moment.

Par contre, en recherchant, pour l'année 1876, le chiffre des hommes et des femmes devenus veufs, dont le conjoint est mort à un âge variant entre 15 et 50 ans — c'est-à-dire dans les limites d'âge où se produisent généralement les séparations de corps, — je trouve qu'il y en a eu 117,959, dont 44,466 femmes et 73,493 hommes.

5,000 étant contenu 24 fois environ dans 117,959, je suis en droit de dire que 24 fois la société a trouvé inoffensif ce qu'elle a considéré comme gros de périls la vingt-cinquième. A 24 pères ou mères, elle a permis de convoler à de nouveaux liens, sans se préoccuper nullement des inconvénients qui pourraient résulter pour leurs enfants de la présence du nouveau venu, et à un vingt-cinquième, elle a refusé cette autorisation, en alléguant que la présence de ce nouveau venu serait un désastre de nature à porter atteinte au principe même de la famille.

Et cette proportion est encore trop faible. Je l'ai dit plus haut : sur les 5,000 époux séparés annuels, la moitié est sans enfants. Cette étonnante proportion tient à ce que la famille, bien plus que le Code, est le lien qui attache l'un à l'autre le père et la mère, et que c'est surtout parmi les ménages stériles que se recrutent les séparations.

Il n'en est plus de même lorsqu'il s'agit des veufs. La mort n'établit pas de différence entre les ménages qui ont de la famille et ceux qui n'en ont pas ; et, comme les mariages stériles ne constituent pas même le cinquième de la population, on reste en deçà de la vérité en considérant comme ayant des enfants les quatre cinquièmes des 117,959 veufs annuels, c'est-à-dire 94,367.

Au lieu de diviser 117,959 par 5,000, il faut donc diviser 94,367 par 2,500. On trouvera ainsi pour quotient, non plus 24 mais 38. Ce n'est plus seulement à 24 personnes qu'on accorde la faculté que l'on refuse à la vingt-cinquième ; c'est à trente-huit que l'on concède un droit dont on interdit à une trente-neuvième d'user.

Contestera-t-on que tous les veufs soient en âge de se remarier, dont le veuvage résultera de la mort d'un homme ou d'une femme âgé de 15 à 50 ans ?

Mais il faudrait alors ne pas tenir compte non plus des divorcés du même âge, et même de ceux qui dépassent la cinquantaine. Comme la valeur d'une fraction ne change pas lorsqu'on en divise les deux termes par le même nombre, le rapport resterait le même dans ce cas

D'ailleurs, je suis assez riche aujourd'hui pour donner libéralement sans compter. Je consens à faire des concessions, à conserver intact le chiffre des séparés de corps sans enfants et à ne le comparer qu'à celui des veufs de quinze à quarante ans. Je me place ainsi dans des conditions défavorables ; j'abaisse la proportion réelle sur laquelle il m'est permis d'argumenter ; mais, même ainsi abaissée, elle demeure assez forte pour que mon argumentation ne présente pas le moindre flanc à la critique.

Il y a eu, en 1876, 67,352 veufs ou veuves, dont le conjoint décédé avait, au moment du décès, un âge compris entre quinze et quarante ans, et qui avaient par conséquent eux-mêmes sensiblement le même âge.

Le rapport de 67,352 à 2,500 n'est pas, il est vrai, de 38, mais il est encore de 21, et le chiffre de 21 suffit largement à réduire à néant le moyen sur lequel on cherche à s'appuyer pour combattre le rétablissement du divorce.

Qui donc osera encore prétendre que la société sera menacée, que la famille sera compromise, que les enfants seront sacrifiés, lorsqu'on étendra au petit nombre le bénéfice de la loi dont a toujours profité le grand nombre? Qui donc pourra croire qu'une unité de plus, ajoutée à 38 ou, au minimum, à 21 unités, sera capable de rendre dangereux ce qui est absolument sans danger en dehors de cette addition insignifiante ?

Personne assurément, car il s'agit ici de chiffres irréfutables, — personne excepté les éternels sourds qui ne veulent pas entendre, et ceux-là il n'y a pas lieu de perdre plus de temps à les convaincre d'une vérité dont, par système, ils ne veulent pas être convaincus.

Et je n'ai parlé jusqu'ici que des enfants légitimes, de ceux qui sont nés des parents séparés avant leur séparation. Que sera-ce si je fais entrer en ligne de compte les enfants qui naissent des époux séparés après leur séparation et lorsque ceux-ci se sont organisés en ménages irréguliers, de ces enfants qui ne sont pas seulement naturels, c'est-à-dire capables d'être reconnus, mais *adultérins* n'ayant droit ni au nom ni à la fortune de leurs parents, véritables parias frappés avant de naître pour des fautes qui en aucun cas ne sont les leurs, qui le plus souvent sont celles de la société dans laquelle ils vivent bien plus que celles de leurs parents.

M. Emile de Girardin me disait un jour : « Remarquez que notre loi est faite exclusivement en vue des enfants et que — ce qui peut paraître assez étrange — elle met en dehors d'elle toute une classe d'enfants, les enfants adultérins. »

Il y a là un rapprochement curieux. Et je ne pense pas que beaucoup de personnes soient tentées de répondre aux conclusions que j'en tire, comme le fit, le 27 mai 1879, à la Chambre des députés, un de mes collègues qui ne signa pas son interruption : « Ils sont peu intéressants. »

Les enfants adultérins sont aussi intéressants que les autres. Ils sont faibles comme les autres, plus que les autres puisqu'ils n'ont pas de famille, pas de point d'appui, et c'est la faiblesse que la loi a entendu protéger dans les enfants. Je ne sais si l'adultère qui leur a donné naissance est toujours digne d'être flétri. Lorsqu'une loi attentatoire à la liberté humaine vient briser le cœur d'un homme et d'une femme en cherchant à extirper l'amour de leur vie, cet homme, cette femme, sont plus qu'excusables en protestant contre elle au nom des droits imprescriptibles de l'individu. « Si vous votez cette loi, disait Mirabeau, je fais ici le serment de la violer. » Mais si même le crime d'adultère était déclaré toujours et quand même inexcusable, en sont-ils donc coupables les enfants qui en naissent, et ce principe ne domine-t-il pas notre droit, notre morale modernes que les responsabilités doivent être personnelles.

Des métaphysiciens ont quelquefois répondu qu'ils refusaient de s'occuper des enfants adultérins parce qu'ils n'auraient pas dû naître. Ce n'est pas là faire de la politique, de la science sociale. Il ne s'agit pas de savoir s'ils ne devraient pas naître, mais s'ils naissent. Et s'ils naissent, si toutes les législations humaines, et les religions plus puissantes encore, ont toujours échoué en luttant contre ce fait plus fort qu'elles, le devoir du législateur est de s'occuper d'eux.

Or, non seulement les enfants adultérins naissent, mais encore la séparation de corps a pour conséquence fatale d'en augmenter le nombre. Ne pouvant se plier au célibat, les époux s'abandonnent aux amours illégitimes et donnent naissance à des enfants qui, sans notre loi, seraient légitimes, pourraient porter la tête haute au milieu de leurs concitoyens, tandis que grâce à l'indissolubilité du mariage, ils ont à supporter toute leur vie durant les conséquences funestes d'un préjugé qui les écrase et les tue.

On prétend que depuis la révolution française tous les citoyens sont égaux devant la loi dans notre pays. Cette affirmation est un mensonge. Ils ne sont pas égaux, les deux enfants d'un même père dont l'un, légitime, possède un nom, une fortune, l'estime de ses concitoyens et peut aspirer à toutes les alliances, dont l'autre illégitime, sans fortune, sans nom, sera repoussé de tous comme « bâtard ».

Si, encore, ces enfants adultérins étaient vraiment les fils du vice de leurs parents, lesquels auraient aimé dans l'adultère pouvant aimer autrement, on comprendrait de la part de la société l'infériorité qui leur est faite. Cette infériorité serait injuste, mais elle aurait un but, elle répondrait à quelque chose. Elle tendrait à arrêter les parents dans la voie du vice par la considération même de la situation faite à leurs enfants à venir.

Mais lorsqu'il s'agit de parents qui aiment leurs enfants comme nous aimons les nôtres ; qui désireraient au-dessus de tout pouvoir les légitimer ; qui ne font qu'obéir à une nécessité légale qui s'impose à eux, oh ! alors les enfants ont le droit de s'élever contre cette loi inique qui les poursuivra jusqu'à la tombe, de protester contre elle au nom des principes de justice et d'égalité que l'on considère comme la base de nos institutions.

Ainsi, l'indissolubilité du mariage protège moins les enfants légitimes que le divorce et détermine la naissance de toute une classe d'enfants adultérins auxquels nos lois font une situation qui est un crime social.

Voilà ce que répond la logique inflexible à ceux qui opposent au divorce l'intérêt des enfants. Voyons maintenant par des exemples ce que disent les faits. En voici quelques-uns que j'extrais de la volumineuse correspondance que m'a valu depuis quatre ans ma proposition de loi.

Premier fait

J'ai montré plus haut l'inconvénient grave de la séparation de corps qui porte les époux à poursuivre l'un contre l'autre une œuvre de veangeance en y employant leurs enfants au grand préjudice du développement moral de ces derniers. En voici la preuve dans une lettre qu'un père, qui peut avoir souffert, qui peut avoir absolument raison contre sa femme, qui devrait comprendre, cependant, qu'il doit laisser ses enfants en dehors de ses querelles domestiques, mais que la passion égare, écrivait à sa fille, il y a quelques mois à peine, lettre dont il m'a envoyé la copie, et dont je détache les passages suivants :

« Ma chère enfant,

» Le 4 courant, je me suis rendu de nouveau à Lachapelle, pour avoir le plaisir de t'embrasser et pour m'informer de ce qu'est devenue ta sœur depuis mars 1873.

(Le père est un proscrit rentré en France par suite de l'amnistie.)

» Je n'ai pas eu l'avantage de vous rencontrer ni l'une ni l'autre. Par contre, *j'ai eu le dégoût de voir la triste personne que, pour mon indicible malheur, et le vôtre, je suis forcé de nommer ta mère.*

» *Sa tête de Caraïbe et de Gorgonne* n'a point changé, et j'ai de plus en plus peine à concevoir que l'humanité puisse descendre à l'état de dégradation et de folie furieuse dont elle m'a offert le spécimen.

» Ah ! je comprends parfaitement que ma présence à Paris ne la comble pas de joie, attendu que, sur sa dénonciation, j'étais arrêté le 29 juin 1871, à deux heures du matin, par le commissaire de police, qui lui disait, pour lui être agréable : « *Madame, vous pouvez compter que vous êtes débarrassée de votre mari.* »

. . . .
. . . .
. . . .

« Mon enfant, si tu es de ce monde, n'oublie pas que c'est à moi que tu en es redevable, et que mes premiers chagrins avec ta mère sont venus de ses procédés avec *Tom Pouce* (c'est le nom dédaigneux qu'elle te donnait à toi), *qu'elle voulait faire mourir dans la saleté, et qu'elle roulait de coups.* . . . .

. . . .

» J'avais établi dans mon ménage une discipline de fer pour te protéger. Aussi, parlant de moi aux voisines, ta mère disait-elle souvent : « Quel homme ! s'il se
» saoûlait seulement quelquefois, on pourrait s'en-
» tendre. Mais point : il est sobre, ferme et toujours de-
» bout ! »

» Je l'ai frappée souvent, c'est vrai ; mais elle ne le volait pas. Si elle n'était pas si épouvantablement coquine, elle conviendrait bien que c'est elle qui a commencé une nuit à l'époque où elle te portait dans ses flancs, parce que je ne répondais rien à ses mauvaises raisons. Sans sa position intéressante, ma foi, je l'aurais étranglée.

. . . .
. . . .

. . . .

» Je ne te parlerai pas de ma plus jeune fille qu'elle a étouffée en dormant, chez Cosère, notre propriétaire au Pont-Saint-Esprit, en 1863, malgré mes précautions et les recommandations que je lui avais faites pour éviter ce malheur. Je le déclare, à partir de ce moment, tout fut moralement brisé entre nous.

» Malgré l'effronterie épouvantable avec laquelle elle ment, il ne lui sera pas facile de nier que, pendant plus de 9 ans 1/2, je ne vous aie donné des leçons à ta sœur et à toi, sans y manquer un seul jour, pour faire de vous des filles raisonnables, exemptes des préjugés que l'on puise dans l'enseignement de l'Eglise.

» Malgré tout, j'avais presque réussi à faire de Louisa une personne adorable. . . . .

. . . .

« Après 8 ans de proscription, je voudrais bien revoir cette pauvre fille. *Mais je crains bien que les principes dissolus de sa mère n'aient déteint sur elle.*

» Il lui sera peut-être pénible d'avouer que, pendant que j'engageais Louisa à bien faire ses tâches, elle venait se mettre en travers et lui disait : « Ne t'escaouffis » pas pâourotte ! (Mot patois sans doute, — ils sont » soulignés dans la lettre.) QUAND ON EST BELLE COMME » TOI, ON N'A PAS BESOIN DE TRAVAILLER POUR ÊTRE HEU- » REUSE. »

. . . .
. . . .

» Si je l'engageais à travailler, elle me répondait avec de grossières apostrophes, qu'elle ne s'était pas mariée pour cela.

» Elle n'avait pas besoin de travailler, en effet, car *pour dot, elle m'avait apporté des poux, de la crasse et des dettes.*

. . . .

. . . .

» Ma chère petite, je ne t'en dirai pas plus long bien que ce qui est relaté ci-dessus ne soit pas tout. Mais, par ce qui précède, tu peux juger de ce qui doit suivre. L'énoncé de tant de forfaits n'a rien de gai pour moi.

» SEULEMENT, NE SOIS PAS ASSEZ SOTTE POUR ME CROIRE TEL QUE TA MÈRE A EU LE LOISIR DE ME PEINDRE A TES YEUX.

. . . .

. . . .

» A ses yeux, comme aux tiens peut-être, comme à ceux de Louisa, je ne dois être qu'une sorte de bête de Gévaudan, méritant les plus grands supplices. Je vais m'arranger de façon à ce que cela ait un terme.

» Quoi! j'élève les enfants des autres (il est probablement professeur), et, par une fatalité des plus infernales, *cette crasseuse* m'empêcherait plus longtemps de m'occuper des miens? Ce serait trop fort. »

Voilà quel est le langage du père. Quant à celui de le mère, on a quelque droit de supposer, en lisant cette lettre, qu'il n'en diffère pas essentiellement. Que veut-on que pensent de leurs parents des enfants auxquels on tient un pareil langage, et quel excellent naturel ne leur faut-il pas pour lutter contre de telles causes de démoralisation?

Il est certain que l'auteur de la lettre n'aurait pas

songé seulement à l'écrire s'il eût été remarié, libre et heureux.

Et il est non moins certain que la mère aurait cessé de s'occuper de lui, et aurait laissé se développer dans le cœur de ses filles le sentiment du respect filial qu'elle cherche actuellement à en déraciner, si de son côté elle avait eu un nouveau foyer.

Cette lettre est la preuve expérimentale, prise sur le vif, de la supériorité du divorce sur la séparation de corps, par rapport aux enfants. Je considère comme une bonne fortune d'en avoir eu connaissance, et celui qui l'a écrite, et qui désire ardemment le divorce, m'en pardonnera certainement la publication.

Deuxième fait.

Voici maintenant une lettre que m'écrivait un riche négociant en tissus de Marseille à la date du 15 juin 1879 et qui, elle aussi, est significative.

» Il est probable que le récit que je vais vous faire vous a été fait bien des fois déjà par d'autres aussi malheureux que moi. Je vais cependant, en m'efforçant d'être bref, vous raconter mon cas pour grossir votre dossier, et pour que vous puissiez fournir à la commission relative à ta loi du divorce un argument de plus.

» J'avais vingt-deux ans lorsque je me mariai, le 28 août 1859; ma femme en avait dix-neuf. J'étais alors dans l'armée.

» De mon union sont issus quatre enfants, tous quatre vivants, un garçon et trois filles. Le garçon a actuellement sept ans ; les trois filles ont l'une douze ans, la seconde dix-sept, l'autre dix-neuf.

» Après seize années de souffrances, durant lesquelles rien ne m'a été épargné, j'ai dû enfin me résoudre à une séparation de corps, séparation qui a été prononcée en ma faveur en 1875. Le tribunal m'a accordé la garde des enfants.

» Je ne veux pas vous parler de ce que j'ai souffert moi-même pendant seize ans. Ceci n'aurait rien de nouveau pour personne. Ma vie a été empoisonnée ; je suis sacrifié ; soit ! je m'exécute. Mais c'est sur mes enfants que je veux appeler votre attention.

» Le grand écueil que vous rencontrez dans la poursuite du but généreux que vous vous efforcez d'atteindre est l'*intérêt des enfants*. Je crois que c'est surtout le sort des enfants qui exige le rétablissement du divorce et je vais m'efforcer de le démontrer par mon exemple.

» Lorsque, vers la fin de 1874, je formai ma demande en séparation de corps, j'obtins du tribunal, à titre provisoire, que mes enfants me fussent confiés.

» Leur mère, sans parler des mauvais instints qu'elle possède, est dénuée de tout sentiment maternel. Depuis cinq ans bientôt — et quoiqu'elle en ait le droit — elle n'a pas demandé une seule fois à voir ses enfants.

» Or, me trouvant seul à Marseille à la tête de l'une des plus importantes maisons de notre commerce, ne pouvant surveiller mes enfants moi-même, j'ai dû donner une institutrice aux plus jeunes d'entre eux, tandis que je mettais en pension les aînées.

» J'ai, sous ce double rapport, parfaitement réussi. Mes jeunes filles reçoivent une excellente éducation dans un des meilleurs pensionnats du Midi, et mes plus jeunes enfants sont élevés devant moi par une digne femme qui leur tient lieu de mère, et qui a pour eux une affection telle, qu'ils ne se souviennent plus de celle qui leur a donné le jour.

» Jusqu'ici, rien de fâcheux ne leur est arrivé, vous le voyez.

» Mais voici venir l'heure de leur établissement. Ma fille aînée, je vous l'ai dit, va avoir dix-neuf ans. Le moment approche où je devrai songer à lui trouver un mari; mais ce mari où puis-je espérer le rencontrer?

» Ma femme porte encore mon nom. Deux fois déjà depuis notre séparation elle a été arrêtée comme adultère ou complice d'adultère et condamnée comme telle. Elle vit publiquement avec un homme qui a été plusieurs fois frappé par la justice pour des faits déshonorants, qui est marié lui-même et dont elle a eu deux enfants. Sa vie est épouvantable de scandale et je ne veux pas arrêter ma pensée sur les lieux où elle pourrait bien la terminer.

» Elle doit donner son consentement au mariage de mes enfants, et cette formalité obligatoire m'oblige à parler d'elle. Or, dites-moi, monsieur, quel est le mari quel est le père qui voudront ainsi entrer dans une famille à ce point salie par l'un de ses membres.

» Sans doute avec le divorce, il faudrait aussi demander le consentement de la mère pour marier les filles; mais la mère ne porterait plus mon nom; ses débordements ne rejailliraient plus sur ses filles, et par cela même, bien des hésitations disparaîtraient, qui sont fatales avec la loi qui nous régit.

» Et pourtant j'élève bien mes enfants ; je travaille pour eux; ils ont de bons sentiments; mes chagrins ont fortifié leur esprit et leur cœur.

» La femme qui porte encore notre nom — bien qu'elle y tienne peu — et qui le souille — est une entrave vivante à notre bonheur à tous.

» Croyez-vous que le divorce serait ici favorable ou nuisible aux enfants ? Poser la question, c'est la résoudre. La séparation brise l'avenir de mes filles, le divorce les sauverait.

» Je glisse légèrement sur les souffrances morales qu'ont eu à subir mes enfants du fait de notre séparation. Quiconque a vécu près des enfants pourra s'en rendre compte. La méchanceté a été de toutes les époques dans les pensionnats, et les enfants font d'autant plus facilement le mal qu'ils n'en ont pas conscience... Mais passons !

» Mon garçon, mes filles n'avaient plus de mère, et vous savez mieux que beaucoup si jamais le meilleur des pères peut en tenir lieu.

» Cette idée seule m'a fait supporter seize années de tortures avant de me séparer.

» N'ayant plus de mère, elles n'ont plus de compagnes ; on n'est reçu que lorsqu'on reçoit, et quelle mère confierait ses filles, ne fût-ce que pour quelques heures, un chef de famille sans femme à la maison ?

» Donc, plus de société, plus de relations !

» Quoi de plus nuisible à l'établissement, à l'avenir e mes enfants ?

» Et à tout cela vient s'ajouter une complication nouvelle qui rend leur avenir plus compromis encore.

» J'ai donné, je vous l'ai dit, une institutrice à mes plus jeunes enfants. Le garçon n'avait que trois ans au moment de ma séparation, pouvais-je le mettre en pension?

» Je ne pouvais pas d'ailleurs, puisque la loi s'y oppose, remplacer leur mère par une belle-mère.

» L'institutrice qui s'est chargée de diriger mes enfants est de mon âge et appartient à une excellente famille ; elle a reçu une éducation parfaite et une instruction supérieure. Lorsqu'elle est entrée chez moi, elle était séparée depuis cinq ans de son mari. La séparation avait été prononcée à son profit et elle avait un enfant mâle dont le tribunal lui avait confié la garde.

» Son sort serait aussi intéressant à narrer que le mien; mais je ne veux pas allonger cette lettre.

» Je vous dirai seulement qu'elle est seule pour élever son fils, que son mari, après avoir dilapidé la fortune de sa femme, a fait des faux, et que la malheureuse, fuyant son pays devant une pareille honte, est venue se réfugier à Marseille dans une famille honorable, amie de la sienne où je l'ai connue.

» Depuis qu'elle est entrée chez nous, cette jeune femme a rempli vis-à-vis de mes enfants tous ses devoirs comme si elle eût été leur mère; elle les a remplis avec le cœur; mes enfants l'adorent et croiraient manquer à ce qu'ils lui doivent en l'appelant autrement que « *ma mère* ». Quant à celle qui, physiquement, fut leur mère, ils l'ont oubliée.

» Moi, de mon côté, j'ai été un père pour son enfant

à elle. Je le devais par simple gratitude ; mais cette gratitude m'est douce, car l'enfant qui en est l'objet en est digne..

» Si la loi eût été autre ; si, comme les Belges, nous possédions le divorce, nous nous serions mariés. Nos enfants auraient eu les uns et les autres un père et une mère ; et les filles ayant dans la maison une femme estimée autant qu'estimable n'auraient pas été privées de relations et menacées dans leur avenir.

» Mais le mariage est indissoluble en France, et nous n'aurions pu nouer entre nous qu'une union illégitime, qui aurait ajouté à nos souffrance au lieu de les atténuer. D'ailleurs la jeune femme est trop attachée à ses devoirs, trop fière et trop digne, pour vouloir lier des nœuds que la loi ne saurait légitimer. Moi-même, je la respecte trop pour avoir nourri de tels projets une seule minute.

» Mais le monde est soupçonneux, et ce qui n'existe pas il le suppose. Aux yeux de bien des gens, la directrice de mes enfants est ma maîtresse, et ce soupçon injurieux est pour elle une douleur qu'elle cache pudiquement, pour moi une douleur plus grande peut-être.

» Ceux-là mêmes qui ne la soupçonnent pas passent à côté de son dévouement sans le comprendre et ne voient en elle qu'une mercenaire.

» Et cette situation rend les relations de mes filles plus difficiles encore.

» Voilà donc, du fait de la loi, quatre enfants sans mère et un enfant sans père, qui pourraient avoir l'un et l'autre si le divorce existait.

» Que dis-je sans père et sans mère ?

» Mes enfants ont une mère, une mère qui porte encore leur nom et qui en se déshonorant les déshonore.

» Le garçon de mon institutrice a un père, un père criminel qui expie son crime dans un bagne, un père dont il rougit, un père dont à la maison il ne porte plus le nom, ne voulant se souvenir que de celui de sa mère.

» Voilà, monsieur, les effets de la séparation de corps. Voilà le sort qu'elle réserve aux enfants. Voilà comment cette loi protège ceux dont elle entend se préoccuper.

» Est-il utile d'opposer à cette fatalité le bénéfice que tous recueilleraient du divorce ? Je le crois superflu.

» Avec le divorce, cette situation doublement fausse faite à deux familles disparaîtrait. Le monde qui se croit obligé de nous tourner le dos tout en nous désirant, nous rechercherait. Nos enfants seraient reçus partout ils seraient heureux ; leur avenir serait assuré.

» Leurs intérêts matériels dans la succession future de leurs parents ne seraient en rien compromis : leurs parts seraient faciles à établir par notre apport respectif au mariage.

» Et en faisant ainsi le bonheur des nôtres on nous accorderait quelques beaux jours qui nous feraient oublier les mauvais, nous fortifieraient et nous aideraient à travailler en vue d'élever pour le bien une nombreuse famille.

» Ajoutez que la séparation de corps est, au point de vue pécuniaire, la ruine. Le commerçant le mieux accrédité voit son crédit s'effondrer ; le rentier qui vit dans l'aisance voit ses charges augmenter au point de rendre insuffisants ses revenus et de l'obliger à entamer son capital.

» Qu'ont encore à gagner les enfants dans cette ruine ?

» Je vous demande pardon, monsieur, de vous avoir fatigué par une aussi longue histoire ; mais il m'a semblé qu'elle ne serait pas tout à fait inutile au but moralisateur que vous poursuivez.

» Si je me trompe, vous voudrez bien me pardonner le temps que je vous coûte en raison du mobile qui me fait agir.

» En tout état de cause, je vous prie de recevoir l'expression de ma reconnaissance pour l'ardeur que vous mettez à la défense d'une cause juste, et l'assurance de ma parfaite considération...»

Ne me demandez pas pardon, monsieur, répondais-je le 21 août 1879 à l'auteur de cette lettre. Votre situation est éloquente, et éloquente est la lettre touchante et simple qui l'expose. C'est en mettant ainsi les plaies sociales sous les yeux de tous que nous aurons raison de préventions que rien ne justifie. Je vous remercie au nom de tous ceux qui souffrent comme vous et qui, comme vous, attendent la délivrance.

Troisième fait.

En 1859, une jeune femme se marie. Elle est bonne, affectueuse ; elle aime son mari, et, pendant quelques années, elle peut se croire aimée de lui. Elle a de cette union un fils et une fille.

Trois ou quatre ans après le mariage, son mari, qui était dans le commerce, fait de mauvaises affaires, se dérange, s'adonne à la boisson, devient impérieux, jaloux, et finit par se livrer vis-à-vis de sa femme aux plus regrettables excès.

Longtemps celle-ci supporte sans se plaindre les injures et les mauvais traitements, afin de ne pas priver ses enfants des avantages de la famille.

Mais les avantages ne tardèrent pas à devenir des inconvénients et même des dangers. Les enfants se détachaient de leur père parce qu'ils étaient témoins des excès, des violences dont ce dernier se rendait coupable à chaque instant, et lui, qui s'en apercevait, les prenait en aversion, les maltraitait, les battait.

Un jour, il fallut prendre le parti suprême de se séparer : le mari était allé jusqu'à frapper sa femme et ses enfants en public. Sa femme lui intente une action en séparation de corps et de biens et la séparation est prononcée quelques mois après.

Malheureusement les époux s'étaient unis sous le régime de la communauté légale, et, au moment où ils devenaient étrangers l'un à l'autre, l'avoir social était dilapidé.

La malheureuse mère demeurait donc sans aucune ressource avec deux enfants en bas âge, dont l'un, le garçon, avait trois ans, et dont l'autre, la fille, avait deux ans seulement.

Il fallait les élever, les surveiller, les faire vivre, et, pour subvenir à leurs besoins, elle ne possédait plus rien.

Son mari, il est vrai, avait été condamné à lui servir une pension alimentaire ; mais il ne lui restait aucune propriété saisissable, et bientôt il partit avec une concubine, sans laisser de ses nouvelles, et sans qu'on ait jamais pu savoir depuis, malgré d'actives recherches, ce qu'il est devenu.

Il est toujours bien difficile à une femme seule de gagner sa vie tout en vaquant aux soins qu'exige sa famille. Cette difficulté devient bien plus grande encore lorsque, comme c'était ici le cas, elle a eu de la fortune et n'a pas été habituée au travail.

La misère fut bientôt complète. Ne voulant pas en rendre témoins ceux qu'elle avait connus jadis, notre malheureuse séparée vint habiter Paris, où elle espérait trouver une occupation rémunératrice. Mais son espoir fut déçu ; elle ne trouva aucun emploi.

Comme elle était jeune, séduisante, et que la pitié qu'elle inspirait ajoutait encore à ses charmes, un homme veuf, qui avait lui aussi un fils et une fille, lui proposa de l'épouser.

D'abord elle se borna à refuser sous mille prétextes ; puis un jour, pressée de consentir, elle finit par avouer sa triste situation.

L'homme ne se découragea point ; puisque la société ne lui permettait point de se remarier, elle avait le droit de s'unir librement à une personne selon son cœur. Elle ne pouvait être condamnée à la misère, à l'isolement, à la solitude à perpétuité. Il subviendrait aux frais d'entretien du ménage, de ses enfants à elle qui n'auraient plus à supporter des privations sans nombre, et ses enfants à lui, toujours seuls à la maison avec une bonne, auraient au moins une mère pour les soigner. On quitterait, d'ailleurs, le quartier, et l'on se dirait marié là où l'on établirait le nouveau domicile.

Elle consentit et il fut fait ainsi qu'il avait été convenu. Ceci se passait vers 1866. Les deux époux, car en dépit de la loi, c'étaient bien des époux véritables dignes à tous égards du titre honorable que la société leur refusait, vécurent en parfaite intelligence, travaillèrent, acquirent une fortune.

Les enfants, cependant, grandissaient et recevaient une excellente éducation les uns et les autres. Enfin, en 1878, la fille de la femme ayant 18 ans, et celle du mari en ayant 21, on songea sérieusement à les marier.

Un parti avantageux se présenta pour la première, qui était la plus jeune, mais aussi la plus jolie. Tout était décidé, lorsqu'il fallut bien avouer que le père n'était pas mort, que la mère n'était pas mariée, que ce qu'on avait pris jusque-là pour un ménage régulier n'était qu'un simple concubinat. Les négociations furent rompues, et il s'en suivit un tel scandale que la pauvre innocente enfant n'a plus été, depuis, demandée en mariage par personne. Sa sœur — je puis appeler ainsi la fille de celui qui lui avait servi de père — rencontrera probablement aussi beaucoup de difficultés à s'établir, nul ne voulant entrer dans la famille d'une femme qui a vécu 14 ans avec un homme qui n'est pas son mari et que, dès lors, les conventions sociales ne permettent pas d'avouer.

Voilà donc des enfants qui auraient pu être heureux si le divorce avait existé, dont l'une avait trouvé non un parâtre, comme on dit quelquefois, mais un père, dont l'autre avait trouvé une seconde mère, et qui sont à cette heure au ban de la société. Pourquoi y sont-elles? parce que cette société n'a pas permis au père de l'une, à la mère de l'autre de légitimer leur union. S'ils avaient eu ce droit, la situation étant franche, régulière, on les épouserait. Mais la situation est irrégulière, illégale, et personne ne veut consentir à les prendre pour femmes. Où donc trouve-t-on en tout ceci la garantie, la protection que l'indissolubilité du mariage est censée assurer aux enfants ?

Demain peut-être les pauvres filles sentiront le sentiment de l'amour s'éveiller impérieusement en elles et, ne rencontrant point un époux, elles prendront un amant ; comme leurs mères, elles s'engageront dans les liens d'une union illégitime ; après avoir été flétries pour les actes d'autrui, elles le seront pour leurs actes propres. De tout cela, à qui la faute ? à la loi qui proscrit le divorce sous prétexte de ne pas porter atteinte à la famille, et qui, en fait, atteint les enfants dans leurs intérêts les plus chers.

Mais, dira-t-on peut-être, qui forçait cette femme de prendre un amant ?

Qui l'y forçait ? D'abord la misère et ses enfants, à l'entretien matériel desquels il fallait songer ; son cœur de femme ensuite à qui nul n'avait le droit d'interdire les douceurs de l'amour.

A supposer d'ailleurs que sa conduite eût été blâmable, il n'en reste pas moins avéré que, avec le divorce, elle se serait remariée, et que ses secondes noces auraient profité à ses enfants, tandis que, sous l'empire de notre législation, elle ne pouvait offrir à ceux-ci que la déconsidération ou la faim.

Il est difficile de contester que dans ce cas — et il en est de même dans tous les cas analogues — les enfants n'aient été singulièrement sacrifiés par l'indissolubilité du mariage. Il est difficile de ne pas reconnaître que le divorce leur eût été d'un grand secours.

Quatrième fait.

Avant 1850, même après une séparation de corps, les enfants qui naissaient de la femme séparée étaient attribués au mari, et celui-ci n'était admis à en désavouer la paternité que dans les mêmes conditions où il aurait pu le faire si la séparation n'avait pas été prononcée, — c'est-à-dire à peu près jamais.

Depuis 1850, une amélioration notable a été apportée à la législation. Les enfants qui naissent après une séparation de corps sont encore considérés comme appartenant au mari aussi longtemps que celui-ci ne proteste pas. Mais si le mari veut les désavouer, il le peut ; la présomption est alors en sa faveur : ce n'est plus à lui qu'il incombe, pour appuyer son désaveu, d'établir qu'il n'a eu aucune relation avec sa femme, c'est celle-ci qui doit, si elle se porte défenderesse, prouver que des relations entre elle et son mari ont eu lieu.

Les désaveux de paternité deviennent ainsi assez faciles ; toutefois, faut-il encore que le père sache que les enfants qu'il doit désavouer existent. Et comme il n'a plus aucun droit sur la femme, que celle-ci peut s'en aller au loin sans qu'on sache ce qu'elle est devenue, il est très facile de supposer des cas où, après la mort du père, il se présente un certain nombre d'enfants adultérins qui viennent réclamer leur quote-part de la succession paternelle.

Il est bien vrai que, dans ce cas, les intéressés héritent du droit qu'avait le père, et qu'ils sont autorisés à porter devant les tribunaux l'action en désaveu, pendant les deux mois qui suivent la connaissance, par eux, du fait qui motive cette action.

Mais deux difficultés se présentent alors. Si l'on peut supposer que le père a connu la naissance des enfants adultérins et s'est tu, il y a là de sa part une reconnaissance tacite qui enlève tous droits à ses héritiers. Or, il est bien plus facile après la mort du père, que de son vivant, d'établir par de fausses preuves, qu'il savait tout et n'avait pas agi parce qu'il ne voulait pas agir.

Si même les choses ne se passent point ainsi, si même la femme n'est pas défenderesse, les enfants héritiers du père, pour protéger la succession paternelle contre leurs frères adultérins qui, pas plus au point de vue naturel qu'au point de vue légal, n'y ont droit, sont obligés de rendre publique la honte de leur mère. Ils sont placés dans l'obligation ou de perdre leur fortune ou de commettre un acte profondément répugnant.

Ces quelques explications étaient nécessaires pour bien faire comprendre le cas poignant d'un certain M. R... qui s'est trouvé dans cette cruelle alternative et ui a voulu en me faisant part de sa position, que son alheur servît au moins à éclairer ses concitoyens.

Jeune encore il était resté seul avec son père qui

avait obtenu une séparation contre sa mère, et à qui les tribunaux avaient confié sa garde. Il avait 32 ans lorsque son père mourut en lui léguant une fortune de 250,000 francs environ. Quant à sa mère, il n'en avait plus entendu parler.

Mais s'il l'avait perdue de vue, il n'en était pas de même d'elle et des enfant qu'elle avait eus. Quoique en Amérique, ils avaient été tenus au courant des faits et gestes de la famille restée en Europe.

Le père mort, M. R... vit arriver trois enfants adultérins enregistrés sous le même nom que lui, que son père n'avait pas pu désavouer, puisqu'il ignorait leur existence, et qui venaient audacieusement lui réclamer les trois quarts de l'héritage auquel seul il avait droit.

Ils savaient qu'il lui serait facile de les débouter de leur demande; mais ils spéculaient sur son honnêteté, sur la pureté de ses sentiments : ils se disaient qu'ils ne s'exposaient matériellement à aucun dommage en réclamant, que peut-être leur frère répugnerait à l'idée de flétrir la mémoire de sa mère, morte elle aussi, et innocente par conséquent de l'infamie commise, et que dans ce cas ils hériteraient.

Ils ne se trompèrent point. M. R... aima mieux perdre près de 200,000 francs, la presque totalité de sa fortune, que de venir faire étalage en public des faits qui, en salissant celle à qui il devait le jour, l'auraient sali lui-même.

Mais il me faisait remarquer combien funeste avait été la loi à son égard, combien profondément il avait été atteint dans ses intérêts.

« On a interdit à mon père de se remarier, disait-il, afin de protéger ma jeunesse, et l'on m'a placé dans une situation d'où je ne pouvais sortir que par la ruine ou par un acte que tout cœur honnête réprouverait. J'ai préféré la ruine. Mais j'aurais préféré qu'on me protégeât de tout autre manière. Le fait dont je suis la victime, le divorce l'aurait évité. Ma mère se serait remariée peut-être ; quoi qu'il en eût été d'ailleurs, son premier mariage étant complètement rompu, ses nouveaux enfants n'auraient pas pu porter mon nom et jamais les réclamations monstrueuses dont j'ai eu à souffrir n'auraient pu se produire.

» C'est presque toujours l'intérêt des enfants que l'on vous oppose. Peut-être des exemples comme le mien contribueront-ils à faire tomber ces objections sans portée, et vous aideront-ils dans la tâche que vous avez entreprise. »

On m'a demandé quelquefois, et j'y ai répondu, si, le divorce étant établi, les droits de succession seraient respectés. Ce qui précède répond d'une manière assez péremptoire à cette question pour que je croie inutile de rien ajouter.

Je ne puis cependant résister au désir de citer un autre exemple qui conduit à des conclusions identiques.

Cinquième fait.

Il m'a été raconté par un ancien magistrat de Toulon, actuellement avoué à Nice, et qui a été juge dans l'affaire.

Il s'agit de deux jeunes gens habitant Ollioules (Var),

sous le premier Empire, et que, pour la commodité du récit, ne voulant pas donner les noms, nous désignerons par A... et par B...

A... aimait passionnément une jeune fille que j'appellerai X... lorsque, en 1810, il fut appelé à l'armée. Il partit, non sans recommander sa fiancée à B..., son ami intime, pour qu'il veillât sur elle et l'empêchât de l'oublier et de se marier avec un autre.

B... était déjà revenu du service et se croyait libéré. Il remplit délicatement, scrupuleusement sa délicate mission. Mais voilà qu'après nos désastres de 1812 un décret rappelle sous les drapeaux les anciens militaires non mariés. B... fort ennuyé de reprendre le sac et le fusil, imagine pour l'éviter une supercherie innocente. Il va trouver la fiancée de son ami et lui propose de l'épouser. Marié, il ne partira pas et continuera de veiller sur elle. D'ailleurs les deux époux ne seront mariés qu'en apparence ; aucun rapprochement n'aura lieu entre eux; mademoiselle X... restera avec ses parents. Et une fois la paix conclue et A... rentré dans ses foyers, on divorcera par consentement mutuel afin que A... puisse épouser X...

Le marché est accepté. Le mariage a lieu, on le fait même bénir par le prêtre pour mieux déjouer les soupçons de l'autorité.

Deux années s'écoulent ; les événements se pressent ; la première restauration succède à Bonaparte; Bonaparte revient de l'Ile d'Elbe. Enfin, après les Cent-jours, les alliés nous ramènent une seconde fois les Bourbons et l'armée impériale est licenciée.

A..., qui a échappé aux dangers de la guerre, retourne

dans ses foyers. B... et X... font leur première déclaration de divorce par consentement mutuel.

Tout le monde était intéressé à cette solution : A... et X..., qui s'aimaient et brûlaient d'être l'un à l'autre, B..., qui aimait une autre femme, mademoiselle Y..., et désirait aussi l'épouser.

La seconde déclaration suivit la première ; on allait atteindre la fin du délai d'un an imposé par le Code, lorsque la loi du 8 mai 1816 vint supprimer le divorce, avec effet rétroactif pour les instances en cours.

Tous les plans de nos amants étaient déjoués. B... se trouvait irrévocablement marié à X..., qui ne pouvait plus épouser A..., et lui-même était empêché d'épouser Y...

Que faire ? on s'adressa au curé. L'Église a des accommodements pour toutes les situations difficiles. Le mariage était nul à ses yeux, n'ayant jamais été consommé ; le mariage civil est une formalité sans importance ; d'après le concile de Trente, un simple consentement donné devant l'ordinaire suffit en dehors de toute publicité à nouer des liens indissolubles ; nos amoureux se marieraient clandestinement devant l'ordinaire et nargueraient le Code.

Ce qui fut dit fut fait. Le grand vicaire passa et consacra la double union. B..., mari légal de X..., épousa Y..., devant l'Église, et A..., épousa X..., épouse légale de B...

Les deux ménages vécurent heureux et eurent chacun des enfants.

En 1869, B..., le dernier survivant des deux couples,

mourait laissant une assez belle fortune. A... était mort sans rien laisser.

Les enfants de A... appartenaient légalement à B..., puisque B... était l'époux de leur mère, et qu'aucun acte de désaveu ne s'était produit, et n'aurait même pu se produire, les deux couples ayant vécu dans la même ville.

A peine la mort de B... connue, ils accourent, demandent à prendre son nom, et à être mis en possession de son héritage.

C'était un vol odieux, mais la loi était formelle : le tribunal de Toulon dut donner raison à ces spoliateurs, tandis que les véritables enfants de B..., furent dépouillés de leur nom, de leur fortune et devinrent des enfants adultérins.

Ce fait est tellement compliqué, tellement étrange, que je n'y aurais pas cru s'il ne m'avait été raconté, comme absolument certain, ainsi que je l'ai dit, par l'un des juges qui ont connu de l'affaire. N'est-il pas vrai que, dans ce cas comme dans celui qui précède, la fortune des enfants a été singulièrement protégée par l'indissolubilité de l'union conjugale?

Sixième fait.

C'est peut-être le plus touchant. Il m'est raconté par un jeune homme de 15 ans, un enfant qui m'écrit sous le coup de la douleur, de l'indignation qu'il vient d'éprouver. Voici sa lettre telle que la poste me l'a apportée, sans aucune correction, avec les fautes qu'elle renferme et qui donnent de la vie au récit en en garantissant l'authenticité.

« Monsieur.

» Daignez écouter les paroles d'un enfant de 15 ans qui a vu insulter sa mère par un inconu.

» N'écoutant que mon courage devant des propots aussi grossiers, que je ne les retracerais pas par respect, pour ma mère.

» D'enfant que j'étais je suis devenu homme en un instant ne pouvant lutter avec un homme qui me paru de première force. J'avais un marteau de menuisier que j'ai levé pour frapper ; ma mére m'are ta le bra en me disant que j'aitais devant mon père qu'elle me dirai tout.

» C'est alors quelle maprie notre tristes position... et que mon infâme père nous avait abandoner tous deux javai 3 ans. Ma mère a beaucoup pleurer en me révelant un secret qui métait inconnu. Le soir en rentrant au logis ! J'avais le cœur séré il se passait en moi quelque chause d'inexplicable. Jetais triste, je pensais a l'honnête homme que j'appellai mon père celui qui a pris soin de mon enfanse et de ma mère, tout cela me rendait pensife...

» Il saprocha de moi et mendemanda la cause ; ma mère lui raconta ce qui était arrivé, il saprocha alors plus près de moi, et me dis d'un air triste, maintenant que tu connais le secrer de ta naissance ton amitier changera t'il pour moi, je me jetais dans ses bras pour lui prouver toutes mon affections, et lui promis, que je n'aurais jamais d'autre père, que lui, que mon amitier était sincère.

» Il m'enbrassa et il pleurait j'esais de le consoler en parlant du divorce, monsieur le député vous m'excuserez c'est ma première lettre nous nous metont sous votre protection tous, je dis tous parce que jai un frère de 9 ans ; combien le divorce nous rendrait heureux, tout ce que ma mère a souffert et qui mest inconu, excusez encore de la liberté que j'ai ausé prendre en ver vous ne nous abandonnez pas...

» Votre tou dévoué serviteur,

» Henri. »

En voilà assez, je crois, pour établir d'une manière décisive que l'objection tirée de l'intérêt des enfants contre le rétablissement du divorce ne supporte pas l'examen ; que, comme celles tirée de l'intérêt de la femme ou de l'intérêt des mœurs, elle prouve exactement le contraire de ce qu'on entend lui faire prouver; que c'est aussi bien en faveur des enfants qu'en faveur des parents qu'il faut rompre avec le mariage indissoluble.

CHAPITRE VII

QUATRIÈME OBJECTION AU DIVORCE

La liberté de conscience des catholiques.

L'incompatibilité du divorce avec la religion catholique est la seule cause réelle de la législation qui nous régit ; c'est la seule qui ait été invoquée par le législateur de 1816, lorsqu'il abrogea le titre VI du Code civil.
Ni M. de Bonald, ni M. de Trinquelague, ni aucun des orateurs qui prirent alors la parole ne prétendirent que le divorce eût donné lieu à aucun abus grave. Ces orateurs se bornèrent à déclarer que la religion catholique étant la religion de l'Etat, et cette religion interdisant le divorce, le divorce devait être rayé du Code.
Ce qui prouve d'ailleurs surabondamment que l'indissolubilité du mariage n'est que la conséquence du catholicisme, c'est que cette indissolubilité n'est consacrée par la loi dans aucun pays non catholique et que, au contraire, toutes les nations catholiques l'admettent, à l'exception de quelques rares pays où le divorce s'est introduit à la suite de la Révolution française.

Il est arrivé, il est vrai, que bien des intelligences affranchies, par rapport aux dogmes du catholicisme, mais imparfaitement affranchies par rapport aux préjugés moraux que cette religion a répandus dans la société, et qu'elles lui ont empruntés, sans se rendre compte de leur origine, persistent à se montrer hostiles au divorce.

Enveloppés par l'atmosphère catholique, des esprits libres y ont puisé à leur insu des idées fausses.

Et comme d'une part ils tenaient à ces idées — on tient aux préjugés en général — ; comme, d'autre part, étant donnés leurs sentiments à l'égard du catholicisme, ils les auraient répudiées s'ils s'étaient confessés à eux-mêmes quelle en était la source, ils ont dû inventer des raisons quelconques pour les justifier à leurs propres yeux.

De là des objections soi-disant sociales et morales contre le divorce, objections que nous avons dû examiner puisqu'elles ont cours chez nous.

Mais il faut bien établir qu'elles ne se sont pas produites dans les pays protestants, qu'elles ne se seraient pas produites davantage dans les races latines si la réforme y avait triomphé, et que c'est à la domination catholique seule que nous les devons. C'est donc l'objection catholique qui domine la question.

Les écrivains catholiques, les orateurs sacrés, ont écrit, ont prêché contre le divorce. J'ai recherché quels étaient leurs arguements. J'ai assisté aux sermons du R. P. Didon ; j'ai lu le livre de l'abbé Vidieu auquel Alexandre Dumas a si magistralement répondu, ainsi que diverses brochures que leurs auteurs m'ont fait l'honneur de m'envoyer. Je n'y ai rien trouvé, absolument rien qui fût de nature à affaiblir la thèse que je soutiens, et je prétends, contre les auteurs catholiques, en général, et avec le député catholique italien, M. D'Ondes Reggio, que les catholiques eux-mêmes peuvent se joindre aux partisans du divorce pour réclamer une réforme dont ils seront les premiers à profiter.

Mais, dit-on, comment des hommes religieux pourraient-ils accepter une loi que leur dogme condamne?

L'argument serait, en effet, fort embarrassant s'il s'agissait de porter la main sur le sacrement du mariage, d'empiéter de par la loi civile sur le domaine de la conscience, d'imposer aux ministres du culte l'obligation de bénir, contrairement à leur foi, contrairement à leur dogme, les secondes noces d'époux divorcés qui réclameraient la bénédiction nuptiale.

Telle n'a jamais été la pensée des promoteurs de la loi du divorce.

Avant 1789, en ce qui concerne le mariage, la loi civile et la loi religieuse se confondaient. Le mariage était laissé à l'autorité ecclésiastique. De même que les vœux monastiques, c'était un sacrement reconnu par la législation.

Mais en 1789, la société s'est sécularisée. Elle est devenue laïque ; la religion d'Etat a été abolie et, un moment rétablie en 1815, elle a été abolie de nouveau et pour toujours après la révolution de juillet 1830.

Ce jour-là — et sans qu'on ait en rien touché à la conscience religieuse des fidèles — le mariage, au point de vue légal, a cessé d'être envisagé comme un sacrement ; il a été considéré comme une simple convention civile. De là le mariage civil, qui, seul, fait autorité aux yeux de la loi, mais qui n'empêche en rien les époux de réclamer des ministres de leur culte respectif une bénédiction nuptiale. Cette bénédiction, il est vrai, n'est plus obligatoire ; à elle seule, elle n'entraînerait aucun effet civil ; mais elle conserve tout son empire sur la conscience des fidèles.

Il y a donc à cette heure deux mariages — tandis qu'il n'y en avait qu'un avant la Révolution — : le mariage civil et le mariage religieux.

Or, la loi nouvelle touche au mariage civil, mais ne touche en rien au mariage religieux, qui ne relève que des autorités religieuses.

S'il est vrai que le mariage religieux n'est plus coercitif dans ses effets, il est également vrai qu'il est de la nature même de la religion de ne contraindre que par la voie persuasive.

Aussi longtemps qu'un catholique croit aux principes de sa religion, il obéit à ces principes sans y être obligé matériellement. Et le jour où il cesse d'y croire, il cesse par cela même d'être catholique : pourquoi lui imposerait-on alors l'obligation d'obéir à des idées qui ne sont plus les siennes ?

Le divorce, qui a existé chez nous sous la Révolution et sous l'empire, que nous voulons rétablir à cette heure, c'est le *divorce civil*, c'est la faculté de dissoudre, dans certains cas graves prévus par la loi, le mariage civil.

En quoi les catholiques qui fulminent sans cesse contre le mariage civil peuvent-ils donc êtres blessés, si nous dissolvons un lien contre lequel ils protestent et dont ils ne reconnaissent pas la validité ?

Et qu'on ne me dise pas que je leur attribue ici des idées qui ne sont pas les leurs.

J'ai sous les yeux une brochure récemment publiée chez Dentu, intitulée : LE DIVORCE, *réponse à MM. Naquet et Dumas*, brochure anonyme qui est l'œuvre d'un catholique fougueux, et voici ce que j'y lis à la page 13 :

« Or, non seulement l'Eglise n'a pas le droit de tolérer le divorce, mais encore elle fait tous ses efforts pour que les mariages soient religieux, *condition en dehors de laquelle les époux vivent dans un concubinage à jamais déplorable.* »

Si donc, aux yeux des catholiques, le mariage civil n'est qu'un concubinage à jamais déplorable, que leur importe que nous fassions cesser ce concubinage par le divorce, dès l'instant où, pour ceux qui se seront mariés avec le secours de la religion, le sacrement demeurera intact.

Cela est pour eux d'une importance si secondaire que Berryer reconnaissait à la Chambre des députés, en 1831, qu'on était logique en rétablissant le divorce dès qu'on avait aboli la religion d'Etat, et que l'auteur de la brochure citée plus haut, s'élevant avec force contre le mariage civil, reproduit (p. 14) et fait siennes les idées suivantes empruntées du livre de Paul Sauzet : *Mariage civil et religieux*.

« Comment proclamer l'indissolubilité du lien et supprimer le caractère qui peut seul donner cette indissolubilité ? Détruire l'effet et garder la cause, c'est un non-sens manifeste, une insoutenable anomalie... Dans le code Napoléon, tout s'enchaînait, le mariage purement civil et le divorce par consentement mutuel, le mariage contractuel entraînait la rupture contractuelle ; l'un découlait nécessairement de l'autre. Le système était complet dans toutes ses parties, mais supprimer le divorce... et donner à un contrat civil l'indissolubilité, encore une fois c'est un non-sens, une contradiction notoire. »

En d'autres termes, les catholiques réclament le retour à l'ancien régime, le retour à la religion de l'Etat, l'abolition du mariage civil, et en cela ils sont logiques. Mais étant donné que la séparation du spirituel et du temporel, la laïcité de l'Etat, sont des conquêtes sur lesquelles la société n'est pas prête à revenir ; étant donné que le mariage civil ne sera point aboli et que la Restauration elle-même n'a pas osé l'attaquer, j'affirme de nouveau que le divorce, qui en est le complément, ne peut en rien blesser les catholiques, que ceux-ci n'ont pas plus à s'insurger contre cette institution que contre le mariage civil lui-même dont elle est la conséquence.

Si les catholiques résistent, c'est que, au fond, ils sont les adversaires des principes de 1789, de la sécularisation de la société, et du mariage civil qui en découle. Leur but est de remonter l'histoire, de revenir d'un siècle en arrière, de proclamer à nouveau le catholicisme religion de l'État, de restituer enfin la matière des mariages à la seule autorité ecclésiastique.

Or, c'est un mauvais moyen, lorsqu'on veut battre en brèche les principes qui triomphent, que de les laisser dérouler leurs résultats naturels et féconds. Il faut les stériliser afin de les ruiner dans l'opinion publique d'abord et de les faire disparaître de la législation ensuite.

Le divorce est la conséquence naturelle, logique, nécessaire du mariage civil, dont, seul, il fait une institution complète. Son adoption consoliderait le mariage civil, c'est-à-dire l'ennemi. Il ne faut donc pas permettre le rétablissement du divorce.

Le divorce n'existant pas, on peut dire aux simples, aux ignorants : « Voyez comme la religion est plus sage, plus large, plus humaine que le code ; dans bien des cas, elle peut libérer les époux sinon par le divorce que l'Évangile condamne, du moins en déclarant le mariage nul. Le code, au contraire, est d'une rigidité terrible ; si vous voulez vous soustraire à cette rigidité tyrannique, revenez à votre mère l'Église à laquelle la matière des mariages n'aurait jamais dû être soustraite, à laquelle il importe de la rendre... ».

Le divorce rétabli, ce raisonnement n'aurait plus de portée ; voilà pourquoi il faut à tout prix s'opposer au rétablissement du divorce, comme à toutes les conquêtes de la société laïque.

Tel est le but, mais, à part quelques écrivains d'une absolue franchise, comme l'auteur de la brochure anonyme dont je citais des extraits plus haut, on ne l'avoue pas et l'on combat le divorce par des moyens détournés.

Ne pouvant méconnaître que le législateur n'ait le droit de faire les lois qui lui paraissent conformes à l'intérêt social, alors même qu'elles sont en opposition avec les prescriptions de tel ou tel culte, puisque l'État n'a plus de religion, puisqu'il se borne à faire respecter la liberté de toutes sans en protéger aucune, puisqu'il plane au-dessus d'elles, en reconnaissant que les questions philosophiques et religieuses ne sont pas de son domaine ; ne pouvant imposer à la société l'obligation de prendre le droit canonique pour guide et de calquer sur lui la législation civile, les catholiques nous disent :

« Prenez garde ! nous sommes la majorité du pays. A cette heure, nous le reconnaissons, la loi qui proclame l'indissolubilité du mariage est en opposition avec les principes des protestants, des juifs, des libres-penseurs, des musulmans naturalisés. Ces dissidents auraient le droit de se plaindre, quoique à la rigueur ils n'aient qu'à se louer d'une loi qui concourt à leur faire faire leur salut malgré eux. Mais en admettant même, d'après les principes faux qui prévalent, qu'ils puissent se dire opprimés, ce n'est point une raison pour porter atteinte à l'indissolubilité du mariage. Porter atteinte à l'indissolubilité du mariage, ce serait opprimer les catholiques beaucoup plus nombreux que les dissidents. Or, lorsqu'on se trouve placé dans cette alternative d'opprimer le petit nombre ou le grand nombre, il vaut infiniment mieux n'opprimer que petit le nombre. »

Cette argumentation me séduirait peut-être si nous nous trouvions effectivement placés dans l'alternative qu'elle suppose ; mais cette alternative n'existe pas. Il ne s'agit pas de savoir si nous opprimerons le petit nombre ou le grand nombre ; il s'agit de savoir si nous opprimerons quelqu'un ou si nous n'opprimerons personne.

En l'état, il est évident que tous les non-catholiques auxquels leurs opinions philosophiques ou religieuses permettent l'usage du divorce, sont empêchés, de par la loi civile, de divorcer. Et, à moins — ce que nous avons démontré ne pas être — qu'il n'y ait des raisons sérieuses d'ordre social pour le leur interdire, si on ne prononce cette interdiction que pour se plier aux exigences d'un dogme qui n'est pas le leur, ils ont le droit de se dire les victimes d'une oppression religieuse ; ils ont le droit d'affirmer que le principe supérieur de la liberté de conscience est violé en leurs personnes.

Mais si l'indissolubilité du mariage opprime les protestants, les musulmans, les libres-penseurs, le divorce rétabli n'opprimera pas les catholiques.

C'est qu'en effet l'indissolubilité du mariage est une loi coercitive à laquelle il n'est pas possible de se soustraire, tandis que le divorce est une loi facultative dont chacun sera toujours libre de ne pas user.

La loi de 1803 maintenait, bien qu'au fond ce fût inutile, et nous maintenons aussi, la séparation de corps et de biens à côté du divorce. Les époux catholiques auxquels il répugnera de divorcer, et qui seront malheureux en ménage, pourront se borner à se séparer de corps et de biens comme aujourd'hui. Nul ne les contraindra à adopter une solution plutôt que l'autre. En quoi seront-ils violentés?

On me répond que la faculté du choix n'existe que pour l'époux demandeur. Si celui-ci a cessé d'être catholique, il pourra faire prononcer le divorce et l'imposer ainsi à l'époux défendeur, qui peut avoir failli tout en conservant ses sentiments religieux. En outre, l'article 310 du Code civil permet à l'époux défendeur, contre lequel la séparation a été prononcée, de faire, au bout de trois ans, convertir sa séparation en divorce, à moins que son conjoint ne consente à réintégrer le domicile conjugal. L'époux innocent lui-même peut donc être placé dans une situation telle qu'il soit obligé ou de subir une cohabitation devenue intolérable, ou d'accepter le divorce malgré ses convictions et ses répugnances.

Cela est exact; mais cela prouve seulement que le maintien de la séparation de corps était inutile.

Qu'importe, en effet, que le mariage civil soit rompu par le divorce ou simplement relâché par la séparation? Les catholiques qui, même après la rupture du contrat civil, se croient liés par le sacrement, n'ont qu'à ne pas se remarier pour que le divorce vaille pour eux ce qu'aurait valu une simple séparation, et nul ne songe à leur rendre le mariage obligatoire.

Mais, ont dit les catholiques, par la bouche du père Didon, l'article 295 du Code civil, en prohibant tout rapprochement ultérieur des époux divorcés, blesse notre conscience en ce sens que notre religion nous ordonne de viser toujours à ce but : la réconciliation.

A supposer que cet argument eût quelque valeur, il ne pourrait être élevé que contre une disposition spéciale de la loi de 1803 et non contre l'institution même que cette loi consacrait. Du reste, la commission parlementaire dont la Chambre a récemment refusé de ratifier les conclusions, avait enlevé toute portée à cette objection en faisant disparaître de l'article 295 la prohibition absolue que cet article renfermait.

D'ailleurs, quand bien même le divorce blesserait certaines consciences — ce qui n'est pas, — ce ne serait point une raison suffisante de le repousser. Les sentiments religieux doivent céder devant la loi civile. Hésite-t-on à rendre la monogamie obligatoire, et craint-on, en le faisant, de blesser les musulmans et les juifs dont la religion autorise la polygamie?

Affranchirait-on un citoyen du service militaire sous le prétexte que sa religion lui interdit le meurtre?

Permettrait-on à un juré de ne pas siéger dans une affaire d'assassinat parce que ses principes seraient contraires à la peine de mort?

Nullement! Pourquoi donc serait-on préoccupé davantage des catholiques lorsqu'il s'agit du divorce?

Au point de vue de la loi, il n'y a en France ni juifs, ni musulmans, ni protestants, ni catholiques : il n'y a que des citoyens égaux en droits ; ces citoyens peuvent chacun professer librement leur culte, au moins dans celles de ses dispositions qui n'ont rien de contraire à l'ordre public ; mais ils ne peuvent rien exiger de plus.

« Si la loi civile devait repousser le divorce par cette seule considération qu'il est proscrit par le dogme catholique, disait M. Odilon Barrot, en 1832, il est évident tout d'abord que le divorce ne devrait être interdit qu'à ceux-là seuls dont la croyance est incompatible avec lui ; car la loi civile n'aurait aucune raison de se montrer plus sévère pour les non-catholiques que leur loi religieuse. Parmi les catholiques eux-mêmes, ceux-là seulement seraient atteints par la prohibition de la loi religieuse, dont l'union aurait été consacrée par la religion, car le sacrement seul rend le mariage indissoluble. Et si, avant 1789, le sacrement était un élément essentiel du mariage, il n'en est pas de même aujourd'hui que le contrat civil est parfait par lui-même, et que la consécration religieuse n'ajoute rien, aux yeux de la loi, ni à sa force, ni à sa sainteté.

» Et maintenant, cette renonciation au divorce, réduite à ces termes, serait-ce autre chose qu'une question de conscience, une question de foi religieuse, une loi enfin que chacun peut bien s'imposer à soi-même, mais pour laquelle il ne peut exiger des autres la même obéissance, et que le législateur ne pourrait consacrer sans faire d'un acte de foi un devoir civil, d'une prescription religieuse une contrainte légale, sans violer le grand principe de la séparation du temporel et du spirituel, sans rompre cette belle unité de notre loi civile qui est la même pour tous les citoyens, quelle que soit leur croyance, parce qu'elle est faite pour tous les membres de l'Etat et non pour les sectes religieuses? C'est le Français qui contracte devant l'officier de l'état civil; c'est le croyant catholique qui demande au prêtre de bénir son union. Si les obligations que ce dernier impose sont plus rigoureuses que les obligation civiles, n'est-ce pas là le rôle de la religion comme celui de la morale? Leur empire ne se prolonge-t-il pas toujours bien au delà de la limite où s'arrête celui de la loi?

» Et puis, il faut le remarquer, dans aucune matière le dogme catholique et la loi civile ne partent d'un principe plus diamétralement opposé. Pour l'un, le célibat est plus sain et plus parfait que le mariage; l'autre encourage le mariage et tolère le célibat. L'un exige de l'homme qu'il lutte même contre les besoins de sa nature, et lui tient compte pour le ciel de chacune des privations qu'il s'impose ; l'autre met sa perfection à satisfaire tous les besoins de l'homme et à mettre le moins souvent possible la passion individuelle aux prises avec l'ordre social. Aussi, est-ce une objection à peu près abandonnée contre le divorce, que celle de son incompatibilité avec le dogme catholique... »

Oui! c'était une objection à peu près abandonnée au lendemain de 1830 ; mais c'est une objection qui a repris force et vigueur à notre époque grâce aux gigantesques pas... d'écrevisse que nous avons faits depuis cette époque. Il importe donc de ne rien en laisser debout.

Mais d'abord établissons bien le point en discussion.

Un auteur ennemi du divorce (1), mais qui se place au point de vue purement social pour le combattre, m'accuse de l'avoir défendu du point de vue de la liberté religieuse.

« Le parlement, dit-il, dans un pays où est appliquée la liberté des cultes, ne doit point se placer ici sur un terrain religieux. Le « sacrement » est article de foi ; ce n'est point article du code. »

Et plus loin :

« Si l'on demande, en principe, le divorce légal au nom de la liberté des cultes, et de la liberté de conscience, il faut être logique et aller jusqu'au bout. Il n'y a pas de raison pour ne pas réclamer, au même titre, la polygamie et le reste. »

M. Albert Millet aurait raison si j'avais jamais demandé au législateur de rétablir le divorce parce que telle ou telle religion l'admet. Mais je ne suis point tombé dans cette erreur.

---

(1) Albert Millet, déjà cité.

Je me suis borné à répondre aux catholiques qu[i] commettant l'erreur opposée, invoquent la liberté d[es] cultes contre le divorce. Je leur ai montré que la l[oi] n'avait pas à tenir compte de leurs dogmes ; et j'[ai] ajouté que, si même nous acceptions le terrain de di[s]cussion choisi par eux, nous n'aurions pas de peine [à] les battre, puisque le divorce ne les opprime pas, tan[dis] que l'indissolubilité du mariage opprime les dissiden[ts].

Je veux aller plus loin maintenant ; je veux étab[lir] que les catholiques ont, eux aussi, un intérêt de pr[e]mier ordre au divorce, et que cette institution doit, [en] bonne logique, être réclamée par tous ceux d'entre e[ux] qui ont sincèrement pris leur parti du mariage civil.

L'institution civile du mariage, telle que la Révol[u]tion nous l'avait donnée, était une institution complè[te] et très supérieure à celle que nous offrent les cano[ns] de l'Église ; mais, mutilée par la loi de 1816 (1), ce[tte] même institution est imparfaite, boiteuse, et très inf[é]rieure à l'institution canonique qui, elle au moin[s] forme un tout complet.

Toujours portée à être indulgente dans la pratiqu[e] en étant en apparence inexorable sur les principe[s] l'Eglise a proclamé que quand un mariage existe, ri[en] ne peut le rompre.

Mais encore faut-il que le mariage ait existé po[ur] être indissoluble, et il peut se rencontrer telles circon[s]tances où les époux ne s'étant pas trouvés dans l[es] conditions voulues pour recevoir le sacrement, celui[-ci] ne les ait pas atteints. Le mariage est alors considé[ré]

---

(1) La loi du 8 mai 1816 est celle qui a aboli le divorce.

comme inexistant ; il n'est point cassé : il est *annulé*.

Le droit civil admet aussi certaines causes de nullité du mariage ; par exemple, lorsqu'il y a erreur sur la personne physique ou que le consentement de l'un des époux n'a pas été libre. Mais, même dans ce cas, le délai pour demander cette nullité est toujours très limité.

Le droit canonique est très éloigné de cette sobriété. Il admet tous les cas de nullité reconnus par le code. Mais, outre qu'il ne limite aucun délai au delà duquel les intéressés seront forclos, il y ajoute une multitude d'autres causes souvent assez mal définies et qui laissent au juge la plus large carrière.

Ainsi, *l'erreur sur les qualités « essentielles » de la personne ; la condition ; les vœux déclarés solennels par l'Église ; la parenté naturelle jusqu'au 6ᵉ degré ; la parenté spirituelle* naissant du baptême ; le *crime* qui aurait été commis de complicité entre les conjoints avant le mariage ; la *disparité des cultes ; l'ordre*, c'est-à-dire le fait que l'époux est prêtre ; l'*honnêteté*, c'est-à-dire de simples fiançailles antérieures de l'un des conjoints avec le père, le fils ou le frère de l'autre ; l'*affinité* ou l'*alliance* pouvant résulter non seulement du mariage, mais encore de tout commerce illégitime ; la *clandestinité ;* le *rapt*, qu'il ait eu lieu par violence ou par simple séduction ; *l'impuissance naturelle* ou la non *non-consommation volontaire du mariage*, constituent, en droit canonique, des empêchements dirimants au mariage, qui permettent, lorsque celui-ci a été célébré, de le déclarer nul.

Il suffit de jeter les yeux sur cette liste pour voir

combien sont vagues les cas de nullité qu'elle renferme.

L'erreur sur les qualités *essentielles* de la personne ouvre la porte à l'arbitraire le plus absolu.

Il en est de même, toutes les fois qu'il n'y a pas d'enfants, de la non-consommation volontaire du mariage, fait dont la preuve n'est fournie que par l'affirmation des intéressés.

Ajoutez à cela la violence et la parenté physique ou spirituelle, légitime ou illégitime, et je pose en principe qu'il n'est pas un mariage que l'Eglise ne puisse déclarer nul quand elle le juge utile.

Si l'Eglise repousse le mot *divorce*, elle accepte donc en fait la chose d'une manière détournée.

Admettons cependant, par condescendance pour nos adversaires, que ces cas de nullité soient bien des cas de nullité et non des cas de divorce. Il n'en restera pas moins évident, que pour pouvoir bénéficier de tous les empêchements dirimants que reconnaissent leurs canons et que ne reconnaît pas le Code, les catholiques ont le plus grand intérêt à ce que le divorce soit rétabli dans la loi civile. Il faut, en effet, qu'ils puissent rompre le contrat civil, sans quoi la nullité que leur accorde le droit canonique, et que, sans le divorce, le Code ne leur accorde pas, reste lettre morte.

Ainsi, un homme enlève une femme. Plus tard, ils font mauvais ménage, le mari outrage grossièrement son épouse. Si le divorce existait, la femme obtiendrait la faculté de divorcer pour cause d'injure grave, tandis que le tribunal ecclésiastique déclarerait le mariage nul pour cause de rapt, et, devenue libre civilement et religieusement, la femme pourrait se remarier devant l'officier de l'état civil et devant le ministre du culte.

Aujourd'hui, elle peut bien obtenir la nullité du sacrement, mais cette nullité ne lui sert de rien, puisqu'elle ne peut pas en même temps obtenir le divorce, puisque la loi civile ne lui accorde que la séparation de corps, et ne lui laisse par conséquent pas la latitude d'user de la liberté que l'Eglise lui concède.

Ou bien encore, immédiatement après le mariage — il y en a de trop nombreux exemples — un époux quitte l'autre ; le mariage n'est pas consommé.

Ce refus de consommation du mariage, une fois le titre VI du Code rétabli, serait considéré comme une injure grave motivant le divorce. Aujourd'hui, c'est une cause de séparation de corps seulement.

Pour l'Eglise, cependant, c'est un cas de nullité. Mais ici encore, le catholique que sa religion déclare libre est retenu garrotté par le Code.

En un mot : à moins qu'ils ne puissent obtenir de la loi civile qu'elle s'efface complètement devant le droit canonique, la législation de l'Eglise en ce qui concerne les nullités du mariage étant beaucoup plus large que ne l'est la législation civile, un catholique étant souvent empêché par la loi civile d'user de la liberté que lui laisserait sa religion, les catholiques ont intérêt au divorce.

Le divorce existant, ils n'en feront pas usage lorsque l'Eglise ne considérera point leur mariage comme nul ; mais quand ils seront dans un cas de nullité canonique, ils useront du divorce civil afin de reconquérir toute leur liberté.

Non seulement, il n'est donc pas vrai que les catholiques aient à se plaindre de la violation de la liberté des cultes dans leur personne si l'on rétablit le divorce, mais ce qui est vrai c'est, au contraire, que tout comme les dissidents, quoique à un moindre degré, ils ont intérêt au divorce, qui, seul, leur permettra de se mouvoir librement dans les limites où les lois de l'Eglise leur permettent de le faire.

Avant d'aller plus loin, je veux citer quelques faits de nature à lever tous les doutes qui pourraient se produire relativement aux exactitudes de mes affirmations :

Premier fait.

Un homme fort honorable, qui avait été pendant quelque temps receveur général à Avignon, qui appartenait à la noblesse, et dont on trouvera le nom dans les journaux judiciaires, M. le marquis de Grollée-Virville, se mariait, vers 1860, avec une demoiselle fort riche appartenant à la bourgeoisie, mademoiselle Caillard.

Le mariage une fois célébré, mademoiselle Caillard, devenue madame de Grollée, déclara à son mari qu'elle n'entendait avoir avec lui aucune relation conjugale.

Pourquoi alors l'avait-elle épousé, se demandera-t-on?

Il ne m'appartient pas de répondre par des hypothèses. Je me borne à constater le fait.

M. de Grollée, pendant deux années consécutives,

s'épuisa en efforts stériles pour amener sa femme à de meilleurs sentiments. Désespérant enfin d'arriver jamais au rapprochement qu'il poursuivait, il plaida en nullité de mariage devant le tribunal de première instance de la Seine et chargea M. Jules Favre de sa défense. La plaidoirie de M. Jules Favre fut admirable. Jamais le grand orateur ne s'était élevé aussi haut; mais quelque éloquent qu'il fût, il devait perdre son procès et il le perdit. L'acte de madame de Grollée considéré comme une injure grave vis-à-vis du mari entraînait la séparation de corps et de biens qui fut prononcée; mais elle n'entachait pas de nullité le mariage qui fut déclaré valide.

M. de Grollée était jeune, n'avait aucune vocation pour la vie monastique et n'entendait dire adieu ni aux joies de la famille, ni aux joies de l'amour.

Cependant il était marié sans l'être, marié juste assez pour l'empêcher de contracter une union nouvelle ; et en homme moral, en même temps qu'en catholique rigoureux, il répugnait à l'idée du concubinage.

Que faire?

Il se dit que le mariage civil n'ayant aucune valeur à ses yeux, ou n'ayant tout au moins qu'une valeur secondaire, il ne se considérerait pas comme illégalement marié, encore bien que l'officier de l'état civil ne fût pas intervenu dans son mariage, pourvu que celui-ci eût été consacré par l'Église.

Mû par cette idée, après son échec devant le tribunal de Paris, il se rendit à Rome, et là, il demanda au tribunal ecclésiastique la nullité du sacrement. Le sacrement fut annulé pour *non-consommation volontaire du mariage*, et M. de Grollée put épouser religieusement une Italienne, avec laquelle il habite Florence et dont il a plusieurs enfants.

Au point de vue catholique, femme et enfants sont légitimes.

Au point de vue du droit civil français, la femme est une concubine, une complice d'adultère, les enfants sont adultérins, et le mari est peut-être bigame.

Si le divorce avait existé, le tribunal civil de la Seine l'aurait certainement prononcé, et, remarié devant l'officier de l'état civil, comme devant le prêtre catholique, M. de Grollée ne se serait pas trouvé dans une situation anormale dont il n'a pu sortir, et encore n'en est-il qu'imparfaitement sorti, qu'en se faisant naturaliser Italien.

N'est-il pas vrai que l'indissolubilité du mariage civil a été funeste à M. de Grollée ; qu'elle l'a empêché de se refaire une existence honorable par de secondes noces que sa religion autorisait ? N'est-il pas vrai que le divorce lui en aurait donné la faculté ? Et cela ne répond-il pas péremptoirement à toutes les affirmations métaphysiques de nos adversaires ?

Deuxième fait.

Vers 1840, le fils d'un maréchal de France, M. Maisons, épouse mademoiselle de Maugsbourg.

Le mariage célébré, et dès le soir même, M. Maisons déclare à son épouse qu'il demeurera éternellement un étranger pour elle.

Mademoiselle de Maugsbourg était une ravissante jeune fille, aussi bonne que belle. De crainte de faire de la peine à ses parents, elle garda d'abord le silence sur l'horrible malheur qui fondait sur elle. Mais il ne dépendait pas d'elle de n'être pas envahie par une profonde tristesse dont sa santé recevait le contrecoup. Ses parents s'en aperçurent, l'interrogèrent et finirent par obtenir d'elle un aveu qui aboutit à un procès en séparation de corps. La séparation fut prononcée à son profit. Malheureusement, c'est là un expédient qui ne remédie à rien et qui ne permet pas, comme le divorce, à une existence brisée de se reconstituer. Mademoiselle de Maugsbourg — nous n'osons pas l'appeler madame Maisons — ne gagnait en somme aucune liberté nouvelle par ce jugement. Elle demeurait mariée sans époux et, par conséquent, sans enfants, sans famille.

Dix années s'écoulèrent ainsi. Elle était encore jeune; elle avait trente ans à peine. On se dit alors que si l'on pouvait faire annuler son mariage, elle aurait la faculté de se remarier et pourrait ainsi renaître à la vie.

Afin d'avoir un précédent favorable devant les tribunaux, on s'adressa d'abord à l'autorité ecclésiastique. Rome annula le mariage.

Fort de cette décision on porta la cause devant les tribunaux français. Hélas! ceux-ci étaient liés par une loi inéluctable. Le divorce existant, ils auraient, dès le premier jour, déclaré l'union conjugale rompue. Mais le divorce n'existant pas, ils ne pouvaient qu'en relâcher les liens sans la dissoudre; et il leur était impossible de l'annuler, la conduite de M. Maisons ne constituant pas un cas de nullité.

Mademoiselle de Maugsbourg aurait pu faire ce que fit plus tard M. de Grollée : aller se remarier à Rome. Elle ne le voulut pas. Française, elle subit la loi de son pays, et de plus en plus accablée par le désespoir, atteinte dans les sources de la vie, cette délicieuse et ravissante créature s'éteignit, bien avant sa mère qui eut le double malheur de voir mourir sa fille après l'avoir vue longuement souffrir.

Si le divorce eût existé, libérée par lui devant la loi française; libérée par la nullité devant le droit canonique, mademoiselle de Maugsbourg se serait remariée et à cette heure, peut-être, mère de famille heureuse et fière, elle élèverait une famille au plus grand intérêt de la société.

N'est-il pas vrai qu'ici encore, bien qu'elle fût catholique, l'indissolubilité du mariage a été funeste à mademoiselle de Maugsbourg? n'est-il pas vrai que moins libéral que la loi religieuse, le Code civil l'a empêchée de se constituer une famille par de secondes noces que la foi catholique permettait? n'est-il pas vrai que cette liberté que le Code lui a refusée, il la lui aurait accordée si le divorce n'avait pas été aboli en 1816? Et ce fait ne répond-il pas péremptoirement comme le fait précédent aux allégations de ceux qui nous combattent au nom de la liberté de conscience des catholiques?

Troisième fait.

Ce fait-ci est plus récent.

Vers la fin de l'empire, le prince de Monaco avait

épousé lady Hamilton. Lady Hamilton avait, paraît-il, une répugnance très vive à cette union et n'aurait cédé qu'aux sollicitations de sa famille, pressée elle-même par l'empereur Napoléon III. Quelle que fût cette répugnance, elle ne fut cependant pas poussée au point de rendre tout rapprochement entre époux impossible : lady Hamilton donna un enfant à son mari.

Récemment cependant, elle s'avisa de demander à la cour de Rome la nullité de son mariage en s'appuyant sur ce que son consentement n'avait point été libre.

Le défaut de libre consentement est un cas de nullité au point de vue du Code français, comme au point de vue du droit canonique. Mais en droit civil français, la partie intéressée est tenue d'invoquer cette cause dans les six mois. Ce délai expiré, elle est censée avoir ratifié son consentement, et ce n'est pas après 12 ans, et lorsqu'un enfant en est issu, qu'un tribunal français déclarerait un mariage nul.

Il en est tout autrement des tribunaux ecclésiastiques. Sur la demande de la princesse de Monaco, la sacrée congrégation du concile a délégué cinq cardinaux pour juger cette délicate affaire, et ces cinq cardinaux ont déclaré le mariage nul pour cause de violence.

Le prince a interjeté appel. La cause a été portée devant cinq autres cardinaux, et ceux-ci ont confirmé le premier jugement.

Le prince et la princesse de Monaco sont libres et peuvent, l'un et l'autre, à cette heure, s'engager dans de nouveaux liens.

Ils ne sont pas Français ; le mariage civil n'existe pas dans la principauté de Monaco ; rien ne les entrave.

Mais, s'ils étaient Français, le Code civil serait là avec son indissolubilité inexorable, et les secondes noces que l'Église leur permet, il les leur interdirait.

Supposons-les Français pour une minute. Peut-on nier, tout catholiques qu'ils soient, l'intérêt qu'ils auraient eu au divorce?

Voilà la question que, depuis cinq ans, je ne cesse de poser aux auteurs catholiques. Voilà la question que je leur pose encore, et à laquelle ils ne répondront pas plus qu'ils n'y ont répondu jusqu'ici.

Ils n'y répondront pas parce qu'ils ne peuvent pas y répondre, parce qu'ils seraient obligés ou de se joindre à moi pour réclamer le rétablissement du divorce, ou d'avouer qu'ils visent à la suppression du mariage civil. Ils n'y répondront pas parce qu'ils ne veulent ni faire à la société moderne une concession qui irait contre le but qu'ils poursuivent, ni avouer ouvertement quel est ce but.

Mais, s'ils ne répondent pas, la conscience universelle répondra pour eux, et j'aurai avec moi non seulement les libres-penseurs, mais encore tous les catholiques sincères pour lesquels la religion est une affaire de foi, de conscience, et qui ne cherchent point à s'en faire un marchepied, un moyen de domination politique.

Cela me suffit.

CHAPITRE VIII

LE DIVORCE ET L'INTÉRÊT SOCIAL

L'intérêt social est certainement ce qui doit diriger toujours l'esprit du législateur. Il faut sans doute se préoccuper des avantages ou des désavantages que peut présenter une disposition légale à l'égard des particuliers. Il le faut, d'autant plus que, le plus ordinairement, ce qui profite aux individus profite à la collectivité. Mais si, par exception, l'intérêt du corps social se développait en sens inverse de celui d'une catégorie plus ou moins considérable de citoyens, c'est l'intérêt privé qui devrait être sacrifié.

J'ai montré sans difficulté que, dans le mariage, les époux en général, la femme en particulier et même les enfants, sont grandement intéressés à ce que l'indissolubilité soit supprimée.

Reste à savoir si ce ne serait pas d'une utilité de premier ordre pour le corps social que cette indissolubilité fût maintenue. Si cela était, si l'indissolubilité était une condition d'existence pour les sociétés humaines, le divorce devrait être résolument écarté, malgré toutes les raisons que j'ai fait valoir en faveur de son rétablissement.

En est-il ainsi, ou, tout au contraire, la société est-elle intéressée comme les individus au rétablissement du divorce?

La solution du problème ne me paraît pas douteuse. La bonne harmonie de l'organisme social exige, je le crois, tout comme le bonheur des époux, que, dans certaines circonstances, le mariage puisse être légalement dissous.

C'est, qu'en effet, il ne dépend pas de la loi de faire que deux êtres humains puissent s'aimer toujours, ni même d'obtenir d'eux qu'ils remplissent toujours scrupuleusement leurs devoirs.

La morale peut bien flétrir une femme qui trompe son mari, ou un mari qui frappe sa femme. Mais jus qu'ici le pouvoir législatif a été impuissant à empêche ces actes de se produire, comme il est impuissant, tou en les réprimant, à empêcher la perpétration et l'exécu tion des crimes et des délits qui affligent chaque jou la conscience de l'humanité.

Si la loi avait puissance sur les intelligences et su les cœurs, si l'on pouvait décréter la vertu, s'il suffisai de promulguer un article du Code déclarant le mariag indissoluble pour que le mariage fût indissoluble réelle ment, je serais peut-être des premiers à vouloir main tenir la législation actuelle.

Mais les choses se passent malheureusement de tou autre manière. L'indissolubilité du mariage n'est qu'u trompe-l'œil. Quelque rigoureuse qu'elle soit en droi elle n'existe pas en fait. Les époux se quittent quand il le veulent. Je dirai même que quand l'un d'eux veut quitter l'autre sans son consentement, ce dernier n'a aucun moyen efficace de le retenir. De plus, malgré les pénalités contre l'adultère, pénalités très rarement appliquées et le plus ordinairement inapplicables, il n'existe pas plus de moyen pour empêcher les époux séparés de s'engager dans des liens illégitimes qu'il n'en existe pour s'opposer à leur séparation.

La question n'est donc pas de savoir si la société trouve plus d'avantage à ce qu'il se produise des divorces ou à ce qu'il ne s'en produise pas. C'est de savoir si elle est intéressée à ce que les divorces qui se produisent s'effectuent avec ou sans le concours de la loi.

Il me paraît difficile d'admettre qu'il y ait avantage pour la société à ce que la loi soit transgressée.

Les religions posent des principes absolus. C'est leur rôle. Il en est autrement du législateur civil. Celui-ci étudie les conditions de l'existence humaine ; il ne cherche pas à faire plier la loi naturelle devant le droit humain ; il s'efforce au contraire, de mettre le plus possible le droit humain, le droit positif, en conformité avec la loi naturelle ; il n'essaye jamais de déraciner ce que l'expérience de tous les temps a démontré être indéracinable, au risque de tuer le sentiment du respect de la légalité dans les populations, en faisant des lois d'une telle nature qu'elles soient inévitablement violées.

Si donc le divorce n'a jamais pu être empêché, il vaut mieux le reconnaître dans le code que de se donner la vaine satisfaction de le proscrire en apparence alors qu'on ne le proscrit pas en réalité.

Et ce n'est pas seulement par des motifs d'ordre moral que la société est intéressée à ce que les époux mal mariés qui se séparent puissent légaliser leurs nouvelles unions.

Les époux séparés sont en effet nécessairement dans l'une des trois catégories suivantes :

Ou ils observent, après leur séparation, l'obligation de célibat qui leur est imposée ;

Ou, répudiant cette obligation, ils s'organisent en coucubinat, en s'étudiant le plus qu'ils le peuvent à pratiquer les principes de Malthus ;

Ou, s'organisant encore en concubinat, ils s'y comportent comme ils se comporteraient dans une union légitime et mettent au monde des enfants.

Dans ce dernier cas, les enfants qui naissent d'eux sont adultérins, victimes d'une flétrissure imméritée ; leur situation est la négation même de l'égalité devant la loi et de ce principe de la responsabilité personnelle dont nous nous réclamons cependant à tout propos.

Quel bénéfice peut retirer la société de ces situations qui blessent l'instinct de la justice ?

Dans les deux autres cas, les époux sont stériles. C'est ce qui se passe de beaucoup le plus fréquemment.

Croit-on que cette stérilité puisse, en quoi que ce soit, être utile à la France ?

Mais, dans l'état d'insolidarité où sont placées les nations européennes, il ne peut être que nuisible à un pays comme le nôtre de voir sa population devenir stationnaire ou décroître quand celle des pays voisins s'accroît, au contraire, rapidement.

La population de l'Allemagne double en 45 ans ; la

population française ne double qu'en 198 ans. Encore cette progression, si faible qu'elle soit, ne semble-t-elle pas devoir se maintenir, et l'augmentation est-elle déjà remplacée par une diminution dans une grande partie de nos départements.

C'est là pour l'avenir de la nation la menace la plus redoutable, et l'on ne saurait concevoir dès lors que suivant une heureuse expression de Treilhard, « le pays s'appauvrisse systématiquement chaque année d'un grand nombre de familles dont il aurait pu s'enrichir. »

Ajoutons à cela que, s'il est vrai, ainsi que je crois l'avoir surabondamment démontré, que la reconnaissance légale du divorce diminue le nombre des divorces effectifs, la société, qui retire un avantage incontestable de l'union des familles, a tout intérêt à remplacer une législation oppressive qui perturbe la moralité publique par une législation libérale qui moraliserait les citoyens.

Nous ne sommes donc point en présence d'une de ces exceptions où il y a conflit entre l'intérêt des individus et celui de la collectivité. Nous sommes au contraire dans un des cas normaux où ce qui est profitable à l'individu est aussi profitable à la masse ; et l'on est tout aussi mal venu à répudier le divorce au nom de la conservation sociale qu'on est mal venu à le repousser au nom des garanties que réclament la femme et l'enfant.

CHAPITRE IX

LA LÉGISLATION DU DIVORCE EN FRANCE

Dans le chapitre III de cet ouvrage nous avons déjà dit un mot des origines du divorce en France et des deux lois qui ont régi la matière dans notre pays. Nous devons y revenir maintenant, et, ainsi que nous nous y sommes engagé, faire l'historique complet de l'institution du divorce de 1792 à 1816.

La première loi qui a établi le divorce en France est celle du 20 septembre 1792, votée par l'Assemblée législative. Elle partait de ce principe qu'il n'y a pas de mariage véritable sans le consentement des époux ; que là où le consentement de chacun des époux a cessé d'exister, le lien conjugal est essentiellement attentatoire à la liberté et à l'intérêt social bien entendu, et que, par conséquent, le divorce doit être prononcé non seulement pour des faits déterminés, non seulement quand il y a consentement mutuel des deux époux, mais encore lorsqu'il y a volonté persistante d'un seul des époux, encore bien que ce dernier n'allègue aucune cause déterminée autre que l'incompatibilité d'humeur ou de caractère.

Elle s'appuyait sur cette idée, que la liberté individuelle ne peut en aucun cas se concilier avec une union indissoluble, et que le mariage étant devenu un contrat civil, aux termes mêmes de la constitution et de la *Déclaration des droits de l'homme*, la faculté du divorce s'en déduisait naturellement.

La corrélation existant entre la nature purement civile du mariage et la faculté accordée aux époux de divorcer paraissait si évidente, que lorsque Dubayet proposa à l'Assemblée nationale, le 30 août 1792, de décréter le principe du divorce, Guadet combattit la motion de Dubayet comme inutile, parce que, disait-il, le divorce existait déjà. C'est seulement sur la réponse de Mailhe, qu'il valait mieux une loi précise qu'une interprétation plus ou moins élastique, que l'Assemblée décréta le principe du divorce au milieu d'applaudissements extrêmement vifs, et qu'elle chargea son comité de législation de lui présenter le projet de loi qui en réglait le mode et les effets, projet de loi qui devint la loi du 20 septembre 1792.

La Convention nationale, partant des mêmes principes que l'Assemblée législative, trouva même que l loi du 20 septembre 1792 avait imposé trop de res trictions à la faculté de divorcer. Le titre VI du proje de Code civil qui lui fut présenté par Cambacérè étendait beaucoup cette faculté, ce qui n'empêcha pa l'Assemblée, dans la séance du 29 août 1793, de le con sidérer comme trop limitatif encore et d'en repousse les articles 11, 12 et 13, qui admettaient la faculté pou l'époux demandeur en divorce d'invoquer des cause déterminées : *La volonté seule des époux a fait le m riage*, disait-on ; *leur volonté seule doit le rompre sans qu'il y ait lieu, en aucun cas, d'invoquer des causes déterminées, qui sont toujours un objet de scandale*.

La rédaction définitive et la discussion complète du Code civil étant une longue besogne, la Convention rendit, en l'attendant, deux nouveaux décrets, le décret du 8 nivôse an II et celui du 4 floréal de la même année qui firent disparaître certaines dispositions restrictives de la loi de 1792, comme celle qui empêchait les époux divorcés par consentement mutuel de se remarier avant qu'un année ne fût écoulée depuis la déclaration du divorce.

Aux termes du décret du 4 floréal, le divorce fut de droit pour tout époux qui justifiait par acte de notoriété publique d'une séparation effective de six mois.

C'était aller trop loin peut-être ; car un progrès aussi rapide, accompli au milieu d'une société qui n'y était pas préparée, devait nécessairement amener des scandales suivis de rétrogadation.

Et, cependant, je noterai en passant, avec M. Luigi Zamperini (1), que l'abus le plus grand ne se produisit pas dans la masse du peuple, mais seulement dans cette classe qui se distingue surtout par son manque de pudeur, et qui plus tard se montra la plus acharnée contre la loi du divorce.

Après le 9 thermidor, la Convention fit un pas rétrograde. Le 15 du même mois, elle abrogea les décrets du 8 nivôse et du 4 floréal an II et remit en vigueur la loi de 1792 dans son intégralité. Elle chargea en même

(1) Luigi Zamperini. *Il divorsio considerato nella teoria e pratica* di domenico di Bernardo. Verona, 1876.

11.

temps son comité de législation de lui présenter un nouveau projet de loi dans l'espace de dix jours. Mais elle fut si absorbée, qu'elle n'eut plus le temps de s'occuper de cette question.

Avec la période directoriale, la réaction s'accentue. Les catholiques organisent un pétitionnement contre le divorce, et les motions d'ordre succèdent aux motions d'ordre. Toutefois — le divorce étant trop unanimement accepté pour qu'on ose se heurter directement à cette institution — on ne s'en prend, en attendant mieux, qu'à l'une des dispositions de la loi du 20 septembre 1792, celle qui permet le divorce provoqué par la volonté persistante d'un seul des époux sur la simple allégation d'incompatibilité d'humeur.

A partir de 1796, les discussions deviennent extrêmement fréquentes. Le 5 nivôse an V (1), le conseil des Cinq-Cents charge une commission de faire un rapport sur la suspension provisoire de cette disposition, et, le 20 nivôse de la même année, Favart fait, au nom de cette même commission, un rapport favorable au projet.

Ce rapport fut une attaque violente contre la loi 1792. Favart, sans tenir aucun compte des circonstances spéciales qu'on avait traversées, accumula tous les faits scandaleux qu'une recherche partiale put lui fournir, alors même qu'ils ne pouvaient en rien servir sa thèse. C'est ainsi qu'il citait le cas d'une citoyenne qui s'était mariée avec l'assurance de recueillir les biens d'une grand'tante. La loi du 17 nivôse l'ayant privée de cet

---

(1) *Gazette nationale* ou le *Moniteur universel*, n° 97, 7 nivôse an V (27 décembre 1796).

espoir, les deux époux divorcèrent : le mari épousa la grand'tante, âgé de 82 ans, qui lui donna tous ses biens par contrat de mariage, ainsi que la loi le lui permettait, et quand celle-ci fut morte, il se remaria avec sa première femme.

Que prouvaient des faits de ce genre ? ils auraient pu devenir une arme entre les mains d'adversaires qui auraient demandé l'abolition complète du divorce ; ils ne prouvaient rien contre le motif d'incompatibilité d'humeur qu'il s'agissait de combattre. Il est certain que dans l'exemple cité, l'homme qui avait divorcé, puis épousé sa grand'tante, pour se remarier plus tard avec sa première femme, aurait tout aussi bien accompli son projet encore bien que l'incompatibilité d'humeur n'eût pas été une cause suffisante de dissolution du mariage. Il y avait là concert évident entre trois personnes : à défaut d'autre moyen, on aurait formé une demande fondée sur le consentement mutuel des époux, ou même une demande pour causes déterminées, si c'eût été nécessaire, rien n'étant facile comme de faire naître ces sortes de causes, lorsque les deux parties s'entendent.

Mais le rapport de Favart s'étendait complaisamment sur ces faits pour décrier l'institution dans son ensemble ; il usait en cela de la dissimulation que nous rencontrons toujours dans toutes les tentatives rétrogrades, la réaction n'attaquant jamais de front une institution libérale, mais la détruisant par lambeaux.

Le rapport de Favart vint en discussion devant le conseil des Cinq-Cents dans les séances des 4, 5, 11, 12 pluviôse, et dans celles du 3 floréal et du 20 prairial an V.

Dans la séance du 4 pluviôse (1), Mailhe, défendant ce rapport, s'éleva avec force contre l'*incompatibilité d'humeur* considérée comme cause de divorce, et fut combattu par Darracq.

Dans la séance du 5 pluviôse (2) ce fut le tour de Siméon d'attaquer la *cause d'incompatibilité*, et celui de Lecointe de la défendre. — Ce dernier reprochait aux pétitionnaires, « qui avaient les premiers élevé la demande dont le conseil était saisi, d'avoir décelé leur intention, en choisissant précisément le moment où les prêtres réfractaires recouvraient la plus dangereuse influence ».

Dans les séances du 11 (3) et du 12 pluviôse (4), Duprat, Dumolard, Bancal appuyèrent énergiquement le projet de la commission.

Dans la séance du 9 floréal (5), le conseil des Cinq-Cents adopta une résolution interprétative de l'article 10 du paragraphe 3 de la loi de 1792 sur le divorce, que le Conseil des Anciens rejeta comme inutile dans ses séances du 19 floréal et du 20 prairial (6) sur le rapport de Ligeret, et qui n'avait aucune relation avec la grande question des causes du divorce traitée dans le rapport de Favart.

---

(1) *Gazette nationale* ou le *Moniteur universel*, 5 et 6 pluviôse an V (24 et 25 janvier 1797), pp. 500 502, 503, n°˙ 125 et 126.

(2) *Gazette nationale* ou le *Moniteur universel*, 7 et 8 pluviôse an V (26 et 27 janvier 1797), pp. 508 et 510 n°˙ 127 et 128.

(3) *Ibid.*, 14 pluviôse an V (2 février 1797), p. 535 n° 134.

(4) *Ibid.*, 15 pluviôse an V (3 février 1797), p. 539, n° 135.

(5) *Ibid.*, 9 floréal an V (28 avril 1797), n° 219, p 877.

(6) *Ibid.*, 25 floréal et 27 prairial an V (14 mai et 15 juin 1797), n°˙ 235 et 267, pp, 941 et 1068.

Le 20 prairial (1), pendant que le conseil des Anciens rejetait la résolution, dont il vient d'être question, la discussion du rapport de Favart revenait devant les Cinq-Cents. Faulcon et Philippe Delleville prirent la parole, l'un contre, l'autre pour les conclusions du rapport. Faulcon voulait qu'on maintînt l'incompatibilité d'humeur comme cause de divorce, allant jusqu'à dire qu'il deviendrait l'adversaire du divorce lui-même, si cette cause, la meilleure de toutes, était supprimée. Seulement, il voulait qu'on l'entourât de certaines garanties nouvelles et qu'on chargeât une commission d'étudier ces garanties et de les proposer au conseil. Son opinion prévalut.

Le 28 prairial (2), la commission élue en vertu de la proposition Faulcon, et dont Faulcon était le rapporteur, fit adopter par le conseil des Cinq-Cents la proposition suivante :

« Dans toutes les demandes en divorce qui ont été ou seront formées sur simple allégation d'humeur et de caractère, l'officier public ne pourra prononcer le divorce que six mois après la date du dernier des trois actes de non conciliation, exigés par les articles 8, 10 et 11 de la loi du 20 septembre 1792. »

Cette résolution fut ensuite renvoyée au conseil des Anciens : une commission fut chargée de faire un rapport sur ce sujet. Portalis en fut le rapporteur. Son rapport fut déposé dans la séance du 27 thermidor

---

(1) *Gazette nationale* ou le *Moniteur universel*, 26 et 27 floréal an V (14 et 15 juin 1797) n°˚ 266 et 267, pp. 1066 et 1067.
(2) *Ibid.*, 4 messidor an V (22 juin 1797), n° 2° 274, p. 1064.

an V (1) et lu dans la séance du premier jour complémentaire (2) de la même année.

Il concluait au rejet de la proposition. Portalis, adversaire résolu du divorce pour incompatibilité d'humeur, ne voulait pas qu'on le consacrât en cherchant à l'améliorer ; il voulait qu'on attendît la discussion du Code civil pour l'abolir tout à fait. Mais Desmarières combattit les conclusions de Portalis et appuya la résolution déjà adoptée par les Cinq-Cents. Cette résolution passa.

En somme, malgré toute l'agitation qui fut faite contre le divorce pendant la période directoriale, la loi du 20 septembre 1792 demeura intacte et, pour la restreindre, pour faire disparaître le divorce provoqué par la volonté d'un seul sans allégation de motifs déterminés, il ne fallut rien moins que le 18 brumaire et la réaction consulaire et impériale, comme il fallut plus tard l'invasion et la réaction cléricale de 1815 et 1816, pour nous ôter ce que le titre VI du Code civil nous avait laissé de la loi bienfaisante de 1792.

Après le 18 brumaire, l'esprit rétrograde, qui prévalait en toute chose, prévalut aussi relativement au divorce et put lui porter un premier coup, en abrogeant la cause d'incompatibilité d'humeur, en diminuant le nombre des motifs déterminés, en entourant le divorce par consentement mutuel de difficultés et de restrictions de nature à en rendre la pratique fort difficile, en

---

(1) *Gazette nationale* ou le *Moniteur universel*, 1er fructidor an V (18 août 1797), n° 331, p. 1323.

(2) *Ibid.*, 2, 3, 4 vendémiaire an VI (23, 24 et 25 septembre 1797), n°s 2, 3 et 4 pp. 8, 10, et 14.

interdisant aux époux divorcés de se remarier entre eux, etc.

Un orateur, Carion Nisas, sans oser proposer l'indissolubilité absolue du mariage, fit même une charge à fond en faveur de cette indissolubilité (1), le 28 ventôse, an XI, au Tribunat. Il concluait à un système bâtard. Il aurait voulu que les époux désireux de rompre leur union obtinssent d'abord une séparation de corps. Cette séparation obtenue, ils auraient dû adresser une requête au Sénat, demandant le divorce. Ces requêtes auraient été ultérieurement distribuées entre les sénateurs. Ceux-ci, parcourant dans les intervalles des sessions les contrées qui leur étaient dévolues (sénatoreries), auraient instruit les demandes que, sur leur rapport, le Sénat aurait ensuite admises ou rejetées par un sénatus-consulte.

C'est au nom du dogme catholique que Carion Nisas combattait le projet du Code civil qu'il trouvait trop libéral. Mais comme un peu de courtisanerie ne saurait nuire au lendemain des contre-révolutions victorieuses, il alla jusqu'à dire dans son discours qu'on ne pouvait maintenir l'institution du divorce telle que l'établissait le projet de loi, dans un moment où *la France venait de conclure un mariage indissoluble* (le Consulat à vie), *mariage en faveur duquel il faisait les vœux les plus ardents.*

En réalité, son argument se retournait contre lui; car si jamais divorce eût été désirable, utile, nécessaire, c'était, certainement, celui de la France et du premier consul.

(1) *Archives parlementaires* publiées par MM. J. Mavidal et E. Laurent (2ᵉ série), t. IV, p. 398.

Il convient d'ajouter que l'esprit d'adulation n'était pas l'apanage exclusif des adversaires du projet. Le rapporteur du Tribunat, Savoye-Rollin, ne le cédait en rien à Carion Nisas. « Et puisque du sein des orages, disait-il, un génie tutélaire (Napoléon Ier) en a fait sortir une PAIX bienfaisante, puisons dans le calme qu'elle nous donne... etc. »

Aussi semble-t-il, au premier abord, que nous n'ayons rien à emprunter de cette époque si rapprochée de 1789, et qui avait perdu les grandes traditions à ce point de ne savoir plus parler la langue des principes. Nous trouvons cependant encore dans la discussion des auteurs du Code civil des arguments précieux pour nous, par la raison que si Treilhard, Gillet et Savoye-Rollin abandonnaient les idées de la révolution et restreignaient outre mesure le divorce, du moins ils ne le détruisaient pas entièrement et en conservaient assez pour que ce qui était à cette époque une rétrogradation évidente, devienne pour nous un progrès considérable si on consent à nous le rendre aujourd'hui.

Après le rétablissement de la monarchie légitime, après le rétablissement de la religion catholique comme *religion de l'Etat*, il était naturel que le divorce disparût. Ce fut M. de Bonald qui, dans la séance de la Chambre des députés du 14 décembre 1815 (1), demanda : « Que Sa Majesté soit suppliée d'ordonner que les *articles du Code civil relatifs au divorce soient supprimés.* »

La question vint en discussion devant la Chambre le

---

(1) *Archives parlementaires* publiées par M. J. Mavidal et Laurent (2ᵉ série), t. XV, p. 442.

26 décembre de la même année (1) et, après la lecture d'un rapport de M. de Trinquelague, rapporteur de la commission centrale (2), et un discours de M. de Bonald, auteur du projet, la proposition fut prise en considération.

La discussion sur le fond s'ouvrit le 16 février 1816 (3) par la lecture d'un nouveau rapport de M. de Trinquelague, fait au nom de la commission spéciale, chargée d'examiner la proposition (4). Elle se continua dans la séance du 2 mars 1816 (5), séance dans laquelle le projet fut adopté par 195 voix contre 22, après avoir été défendu par MM. Cardonnel et Blondel d'Aubers, et éloquemment combattu par M. Fornier de Saint-Lary dont le gouvernement d'alors jugea à propos de ne pas insérer le discours au *Moniteur*.

Adoptée par la Chambre des députés, la proposition fut présentée à la Chambre des pairs le 12 mars 1816 (6) y vint en discussion le 19 mars (7), fut défendue par deux évêques, M. de LA LUZERNE, évêque de Langres et M. de CLERMONT-TONNERRE, évêque de Châlons, et fut définitivement adoptée.

(1) *Archives parlementaires*, t. XV, pp. 608 et suivantes.
(2) Cette commission se composait de MM.... le vicomte de Rochefoucauld, Fornier de Saint-Lary, le baron de Coupigny, de Trinquelague, le prince de Broglie, le comte Marcellus, Bacot et Pontet.
(3) *Archives parlementaires*, publiées par MM. J. Mavidal et E. Laurent, t. XVI, pp. 192 et suivantes.
(4) Cette commission se composait de MM. Chillaud de la Rigaudie, Chifflet, de Bonald, de Grosbois, Blondel d'Aubers, Piet, de Trinquelague, Royer et le comte Planelli de la Valette.
(5) *Archives parlementaires*, t. XVI, pp. 355 et suivantes.
(6) *Ibid.*, t. XVI, p. 490.
(7) *Ibid*, t. XVI, pp. 621, et suivantes.

Enfin, la loi fut promulguée le 8 mai de la même année.

Il est à remarquer que, si l'on en excepte les déclamations, les lieux communs sans valeur, un seul argument fut produit au cours de cette discussion : *La religion catholique est la religion de l'État. La religion catholique prohibe le divorce. La loi civile ne saurait l'admettre.* »

« Si le mariage est indissoluble par son institution et par sa nature, disait M. de Trinquelague, *si la religion de l'État le déclare tel*, si l'intérêt de la société exige qu'il le soit, comment la loi civile pourrait-elle admettre le divorce ? »

Et il poursuivait : « Pour nous, messieurs, qui avons conservé la foi de nos pères, et pour qui les merveilles de la création sont toujours de saintes vérités, ces lois (les lois constitutives du mariage) ont une source bien plus noble ; elles dérivent de la divinité même. Voyez l'auteur de tous les êtres s'occupant, après avoir créé le roi de la nature, du soin de lui donner une compagne.

« Il ne la tira pas du néant, dit le célèbre avocat gé-
» néral Séguier, discutant la même question que nous
» agitons, il oublie, pour ainsi dire, qu'il peut créer. Il
» la prend dans la propre substance de l'homme et,
» satisfait de son ouvrage, il l'offre lui-même à celui
» pour qui il venait de la former. » Le premier homme reçoit de la main de Dieu sa compagne, et, dans le transport de sa joie, cédant à une inspiration divine, il dicte à sa race la loi de cette ineffable union. « *L'homme quit-*
» *tera son père et sa mère pour s'attacher à son épouse; elle*

» *s'appellera de son nom, et ces deux êtres confondus n'en
» feront plus qu'un.* »

Et plus loin encore formulant nettement sa pensée il ajoutait :

» Aux yeux de cette religion sainte, le mariage n'est point un simple contrat naturel ou civil ; elle y intervient pour lui imprimer un caractère plus auguste. C'est son ministre qui, au nom du créateur du genre humain, et pour le perpétuer, unit les époux, consacre leurs engagements. Le nœud qui se forme prend dans le sacrement une forme céleste, et chaque époux semble, à l'exemple du premier homme, recevoir sa compagne des mains de la divinité même.

Une union formée par elle ne doit pas pouvoir être détruite par les hommes, et de là son indissolubilité religieuse.

» Si ce dogme n'est pas reconnu par toutes les Églises chrétiennes, il l'est incontestablement par l'Église catholique : et la religion de cette Église est celle de l'*Etat;* elle est celle de l'immense majorité des Français.

» La loi civile qui permet le divorce y est donc en opposition avec la loi religieuse.

» Or, cette opposition ne doit point exister ; car la loi civile empruntant sa plus grande force de la loi religieuse, il est contre sa nature d'induire les citoyens à la mépriser.

» Il faut donc, pour les concilier, que l'une des deux fléchisse, et mette ses dispositions en harmonie avec celles de l'autre.

» Mais la loi religieuse appartient à un ordre de

choses fixe, immuable, élevé au-dessus du pouvoir des hommes. *La nature des lois humaines*, dit Montesquieu, *est d'être soumise à tous les accidents qui arrivent, et de varier à mesure que les volontés des hommes changent ; au contraire, la nature des lois de la religion est de ne varier jamais.* C'EST DONC A LA LOI CIVILE A CÉDER, ET L'INTERDICTION DU DIVORCE PRONONCÉE PAR LA LOI RELIGIEUSE DOIT ÊTRE RESPECTÉE PAR ELLE. »

La loi de 1816 fut donc bien une loi de réaction religieuse, tenant à la nécessité de mettre la loi civile en harmonie avec les principes de la religion catholique reconnue RELIGION DE L'ÉTAT.

Aussi, lorsque la deuxième restauration se fut effondrée devant les barricades de Juillet ; lorsque la révolution de 1830 eut fait disparaître la religion de l'État et eut fait prévaloir l'idée de l'État laïque, idée proclamée en 1789, et qui depuis 1830 est redevenue la base de notre législation, était-il naturel que le rétablissement du divorce fût proposé.

Il le fut.

Dans la séance de la Chambre des députés du 11 août 1831 (1), M. de Schonen présenta la proposition de loi suivante :

« Article premier. — La loi du 8 mai 1816, qui abolit le divorce, est rapportée.

» Art. 2. — Les dispositions du titre VI du livre Ier du Code civil reprennent, à dater de la promulgation de la présente loi, leur force et leur vertu. »

(1) *Moniteur universel*, 1831, p. 1352.

Cette proposition fut prise en considération dans la séance du 18 août, après un discours de M. de Schonen, auquel personne ne répliqua (1). Elle revint devant la Chambre pour la discussion du fond dans les séances du 9 (2), du 13 (3) et du 14 décembre (4). Rejetée par la Chambre des pairs qui était cléricale et qui avait subi l'influence directe de la reine Marie-Amélie, la proposition fut reprise en 1832 par M. Bavoux, qui la présenta à la Chambre en ces termes dans la séance du 22 décembre (5) :

« *Article unique.* — Les dispositions du Code civil sur le divorce seront rétablies ; en conséquence, la loi du 8 mai 1816 est abrogée. »

Elle fut prise en considération dans la séance du 9 décembre (6), après un excellent discours de M. Baoux, auquel répondit M. Merlin, combattant la propoition.

Le projet, rapporté par M. Odilon Barrot, fut discuté ar la Chambre des députés dans les séances du 5 (7) t du 23 mars (8) 1833, et adopté dans cette dernière éance.

De nouveau rejetée par la Chambres des pairs, la roposition fut encore reprise par M. Bavoux en 1833.

---

(1) *Moniteur universel* de 1881, p. 1426.
(2) *Ibid.*, pp. 2346 et suivantes.
(3) *Ibid.*, pp. 2381 et suivantes.
(4) *Ibid.*, pp 2390 et suivantes.
(5) *Moniteur universel*, 1832, p. 2217.
(6) *Ibid.*, pp. 2245 et suivantes.
(7) *Moniteur universel*, 1833, pp. 609, 610.
(8) *Moniteur universel*, 1833, pp. 813 et 818.

M. de Schonen en fut nommé rapporteur, et le projet fut accepté sans discussion dans la séance du samedi 25 mai, par 174 voix contre 74, sur 248 votants (1).

Mais la Chambre des pairs ne voulut rien entendre, et rejeta une troisième fois la proposition.

M. Bavoux, avec une constance dont on n'est plus capable aujourd'hui, la reprit une dernière fois en 1834, dans la séance du 24 janvier (2). Prise en considération le 28 janvier (3), elle fut renvoyée à l'examen d'une commission spéciale. M. Coulman, rapporteur de cette commission spéciale, lut son rapport dans la séance du 20 février (4). Les conclusions de ce rapport furent encore adoptées sans discussion, le 24 février 1834 par 191 voix contre 100 (5).

En 1848, la question fut reprise par M. Adolphe Crémieux, alors ministre de la justice, qui, au nom du gouvernement, déposa le 26 mai (6), sur le bureau de l'Assemblée constituante la proposition suivante :

Article 1er. — La loi du 8 mai 1816 est abrogée. En conséquence, les dispositions du titre VI du livre premier du Code civil reprennent leur force à compter de la présentation de la présente loi.

Article 2. — L'article 310 du Code civil est modifié comme il suit :

Tout jugement de séparation de corps devenu défi-

---

(1) *Moniteur universel*, 1833, p. 1482.
(2) *Moniteur universel*, 1834, p. 153.
(3) *Moniteur universel*, 1834, p. 182.
(4) *Moniteur universel*, 1834, p. 378.
(5) *Moniteur universel*, 1834, p. 412.
(6) Compte rendu de l'Assemblée constituante, t. I, p. 469.

nitif depuis trois ans au moins, sera converti en jugement de divorce sur la demande formée par l'un des époux sur requête et assignation à bref délai.

Le jugement qui prononcera le divorce sera rendu à l'audience.

L'époux condamné pour adultère n'est pas admis à réclamer le divorce.

Fait en conseil du gouvernement le 26 mai 1848.

Signé : F. ARAGO, LAMARTINE, MARIE, GARNIER-PAGÈS.

Par la commission du pouvoir exécutif,

Signé : CRÉMIEUX.

Ce projet fut renvoyé à l'examen d'une commission composée de MM. Victor Lefranc, Sauvaire Barthélemy, Baroche, Béchard, Desèze, Nachet, Gavarret, Girerd, Valette, Dupin, Bonjean, Lemonnyer, Charancey, Maurot, Bollangé, de Larcy, Parieu, Conté et Laurent (de l'Ardèche) (1).

Cette commission s'étant montrée défavorable au projet, celui-ci fut retiré dans la séance du 27 septembre (2) et ne vint pas même en discussion.

Depuis cette époque il n'a plus été question du divorce dans les sphères officielles jusqu'au jour où j'ai de nouveau appelé les Chambres à délibérer sur cette question.

Ma première proposition a été déposée le 6 juin 1876.

(1) *Moniteur universel*, 1848. p. 1221.
(2) Compte rendu de l'Assemblée constituante, t. II, p. 223.

Elle était conçue dans un esprit qui se rapprochait beaucoup plus de la loi 1792 que de la loi de 1803.

Renvoyée à une commission d'initiative, elle fut l'objet d'un vote défavorable de cette commission, dont les conclusions furent rapportées par l'honorable ministre de l'interieur actuel, M Constans.

Ces conclusions étaient à l'ordre du jour et allaient être discutées, lorsque le 16 mai, et la dissolution de la Chambre qui s'ensuivit, vinrent réduire à néant toutes les propositions pendantes.

Réélu député en avril 1878, après l'invalidation de mon concurrent victorieux du 14 octobre, M. Zéphirin Silvestre, je déposai de nouveau, sur le bureau de la Chambre, dès le 20 juin 1878, une proposition de rétablissement du divorce. Ma seconde proposition toutefois différait notablement de la première. Au lieu d'une loi nouvelle, calquée sur la législation révolutionnaire, je demandais simplement au parlement de revenir — sauf quelques modifications qui n'en altéraient pas le caractère général — à la législation de 1803, au Code civil.

Ce n'est pas que mes idée se soient modifiées de 1876 à 1878, mais j'avais reconnu l'impossibilité d'obtenir du parlement une loi plus avancée que celle de 1803 et, à défaut du plus que je ne pouvais pas espérer, je voulais réaliser le moins qui constituait déjà un progrès immense.

Faire passer le principe du divorce dans la loi c'est tout en effet.

Cette réforme accomplie, ou elle sera suffisante — ce qui est possible malgré mon opinion contraire, car je n'ai pas la fatuité de croire que je ne me trompe jamais, — ou elle ne suffira pas.

Si elle suffit tant mieux ! Il n'y aura plus rien à faire.

Si elle ne suffit pas, nos neveux le verront bien et l'élargiront ; mais l'élargir présentera moins de difficulté pour eux que n'en présente pour nous la condamnation du principe de l'indissolubilité.

Malgré le soin que j'avais pris de ne demander à mon pays que ce qui est, on peut le dire, à cette heure, dans les mœurs, ma proposition de 1878 eut, devant la commission d'initiative à l'examen de laquelle elle fut renvoyée, le même sort qu'avait eu deux ans auparavant ma proposition de 1876. La commission d'initiative conclut à la non-prise en considération et chargea M. Faure de rapporter et de soutenir ses conclusions.

Ces conclusions, je les combattis dans la séance du 27 mai 1879, et je fus assez heureux pour entraîner la hambre qui, invalidant l'œuvre de sa commission, vota a prise en considération.

A quelques jours de là, une commission fut élue our examiner et rapporter la proposition, elle se omposa de MM. Le Monnier (président), Saint-Martin Vaucluse) (secrétaire), Madier de Montjau, Benjamin aspail, Léon Renault, Alfred Naquet, Neveu, Henri- irault (Cher), Durand (Ille-et-Vilaine), et Agniel.

Elle décida à la majorité de 9 voix contre 2 qu'elle doptait le principe du divorce, et de ses délibérations st sorti un texte assez rapproché de la proposition qui anait de moi. M. Léon Renault, élu rapporteur, l'a oquement défendu dans son remarquable rapport

12

d'abord, puis dans les admirables discours qu'il a prononcés à la Chambre dans les séances des 7 et 8 février 1881.

Mais malgré ces discours et ceux qui ont été prononcés par M. de Marcère et par moi en faveur du divorce que combattaient MM. Louis Legrand, Brisson, et Cazot ministre de la justice parlant au nom du gouvernement, la proposition de loi a été repoussée.

Cette victoire toutefois — je l'ai écrit dès le lendemain — n'est pour les adversaires du divorce qu'une victoire à la Pyrrhus. La plupart des députés républicains qui se sont prononcés contre nous, ne se sont décidés que par des motifs d'opportunité tirés de la proximité des élections générales. Leur vote est acquis dès aujourd'hui pour la prochaine législature, s'ils sont réélus, à la réforme qu'ils n'ont repoussée hier, que parce qu'ils ne se croyaient pas libres de la voter sans avoir consulté leurs électeurs.

CHAPITRE X

LÉGISLATION DU DIVORCE A L'ÉTRANGER (1)

I. — LÉGISLATION DES ÉTATS CATHOLIQUES

Les États catholiques ont en général repoussé le diorce et n'ont admis que la séparation de corps et de biens. C'est le cas pour la France, l'Espagne, le Porugal et l'Italie. Le nouveau Code italien de 1865 déclare le mariage indissoluble (art. 148). Notons, toutefois,

(1) Je dois les renseignements relatifs à l'Autriche, à l'Alleagne, à la Belgique, à l'Angleterre, aux soins obligeants de 'éminent professeur de la faculté de droit de Paris, M. Paul ide, aujourd'hui décédé ; M. Vogt, le savant professeur de Berne, 'a procuré la loi suisse toute complète ; M. G. Mérill, jeune avoat américain établi à Paris, a bien voulu mettre à ma disposition s recueils de lois américaines ; M. Wyrouboff m'a traduit le ode russe, et je dois à M. d'Olivecrona l'indication des ouvrages ù j'ai puisé les détails relatifs aux législations suédoise, norwéienne et danoise. Qu'il me soit permis de leur donner à tous ici témoignage de ma vive gratitude, ainsi qu'à M. Villa, ministre e la justice en Italie, qui a bien voulu me faire tenir dernièreent sa proposition de rétablissement du divorce pendante deant le parlement de Monte-Citorio.

que ce Code a admis la séparation de corps par consentement mutuel. C'est un pas, et un pas qui ne tardera pas à être franchi.

La règle suivant laquelle les États catholiques repoussent le divorce, au moins en ce qui concerne les ressortissants catholiques, n'est cependant pas absolue. Il en est quelques-uns qui l'admettent. Ce sont ceux qui, incorporés d'abord à l'empire français et par suite soumis au Code civil, ne faisaient plus partie de la France lorsque la loi du 8 mai 1816 fut promulguée chez nous, et qui n'ont pas eu à subir les effets de cette loi. Ces États sont la Belgique, la Prusse rhénane et le duché de Bade.

§ I. — *Législation belge.*

La législation belge est peut-être, de toutes celles que nous aurons à citer, la plus propre à convaincre les Français de la nécessité de rétablir le divorce.

La Belgique, en effet, est un pays absolument catholique, plus catholique encore que n'est la France. L gouvernement y a été souvent entre les mains des ca tholiques, et jamais ces derniers n'ont profité de l majorité qu'ils avaient dans les Chambres pour fair abolir le titre VI du Code civil. C'est là, pour les ad versaires de l'indissolubilité du mariage, un argumen d'une grande valeur, qui est de nature à rassurer le consciences les plus timides.

L'étude de la législation belge est très important encore à un autre point de vue. Les Français, disent le adversaires du divorce, n'ont pas l'esprit calme et froi des Anglais ou des Allemands. Telle législation qui peut convenir à ceux-ci ne saurait convenir à ceux-là. Les Anglais et les Allemands peuvent sans danger inscrire le divorce dans leurs lois : ils s'en servent très peu ; nous, nous nous en servirions trop, et le divorce détruirait la famille.

J'ai bien souvent réfuté cette objection en montrant que le divorce avait existé chez nous, et qu'à cette époque la famille était plus respectée, en France, qu'elle ne l'est à cette heure.

L'exemple de la Belgique me fournit un second argument. La Belgique, en effet, cette antique terre gauloise, est identique à la France : même langue, mêmes mœurs, mêmes habitudes.

Il est impossible qu'une législation qui convient à l'un de ces peuples puisse ne pas convenir à l'autre.

Si donc les Belges s'accommodent du divorce, cela seul suffirait à démontrer que les Français s'en accomoderaient aussi.

Or les Belges vivent admirablement avec le divorce ; séparés de la France, en 1815, ils n'ont pas ressenti les effets de la loi du 8 mai 1816, et le titre VI de notre ancien Code civil continue de les régir, absolument comme il continuerait de nous régir nous-mêmes si la Restauration n'avait pas eu lieu. Il n'a même subi aucun changement, si ce n'est quelques modifications résultant du système hypothécaire adopté en Belgique, et sans importance pour le sujet qui nous occupe.

Cette identité entre le titre VI de l'ancien Code civil français et la loi belge actuelle nous évite de résumer ici cette dernière législation ; nous ne pourrions que redire ce que nous avons dit à propos de la loi de 1803.

Mais si nous n'avons pas à entrer dans des détails sur le texte de la loi belge, il nous a paru intéressant d'examiner la statistique des divorces en Belgique, afin de bien établir que la faculté de divorcer est une de celles dont on use dans ce pays et que, si la société n'a point à en souffrir, ce n'est point comme on le dit trop souvent parce que les mœurs corrigent la loi, mais bien parce qu'en fait la société s'accommode parfaitement de l'institution du divorce et s'en accommode même beaucoup mieux que des unions clandestines. On verra au tableau que nous plaçons à la fin de cet ouvrage comme on l'a déjà vu au chapitre IV que les résultat comparatifs de la Belgique et de la France sont absolu ment favorables à la Belgique, c'est-à-dire au divorce

§ II. — *Législation de Haïti.*

La République de Haiti admet le système du titre du Code civil français.

§ III. — *Législation autrichienne.*

En Autriche — il en était de même dans la Saxe le Wurtemberg, jusqu'à la mise en vigueur du Co civil fédéral allemand — la loi varie suivant le cul des époux. Le mariage des catholiques est indiss luble : la loi leur permet seulement la séparation corps, soit pour causes déterminées (et ces causes so beaucoup plus nombreuses que dans la loi français soit même par consentement mutuel (Oesterr. Allg. Gesetzbuch de 1811, §§ 103-109). Pour les chrétiens non catholiques, protestants ou grecs, et pour les individus ne se rattachant à aucun culte reconnu, le divorce est admis dans les cas où l'époux demandeur peut invoquer l'une des causes suivantes :

Adultère ;

Condamnation à cinq années de réclusion (Kerterstraf) ou au-dessus ;

Abandon du domicile conjugal ;

Absence dans le sens juridique du mot (voir Code civil français, art. 112-119) ;

Embûches mettant en danger la vie ou la santé de l'autre époux ;

Mauvais traitements répétés ;

Et dans le cas d'aversion insurmontable et réciproque (divorce par consentement mutuel). Dans ce dernier cas, le divorce ne peut être prononcé qu'après des délais qui varient suivant les circonstances (Gesetzbuch, § 115).

Pour les Israélites, la loi n'admet que le divorce pour cause d'adultère de la femme ou le divorce par consentement mutuel, qu'elle soumet à des formalités spéciales empruntées de la loi mosaïque (Gesetzbuch, §§ 133-136).

Enfin, en cas de mariage mixte, on applique à chacun des époux la loi qui lui est propre. Ainsi, par exemple, si l'époux catholique a fait prononcer sa séparation de corps d'avec l'autre époux par le tribunal ecclésiastique catholique — car toutes ces questions sont du ressort de la juridiction du clergé, — l'autre époux — que nous supposons protestant — pourra se prévaloir de ce jugement devant le tribunal ecclésiastique protestant pour obtenir le divorce (loi du 8 octobre 1856, art. 68 et suivants).

§ IV. *Législation italienne.*

Nous n'avons encore à citer qu'un projet de loi présenté pas le ministre de la justice M. Villa, mais ce projet de loi ne tardera pas à recevoir la consécration des Chambres.

L'agitation en faveur du divorce avait été commencée en Italie par le député Salvator Morelli.

Ce dernier avait, avec une persévérance tout anglaise, reproduit à quatre reprises sa proposition.

Les deux premières fois la Chambre avait refusé d'en voter la prise en considération.

La troisième fois, le 25 mai 1878, la prise en considération avait été votée sans que le gouvernement s'y opposât; mais la commission nommée pour examiner et rapporter le projet avait été hostile et le ministre, M. Conforti, tout en reconnaissant que la question est de celles qui demandent à être discutées, s'était prononcé, par des raisons d'opportunité, contre la solution proposée.

M. Morelli revint à la charge le 8 mai 1880, et, plus heureux qu'il ne l'avait été en 1878, non seulement il vit sa proposition prise en considération, mais il lui fut donné d'entendre le ministre de la justice parler en faveur de la réforme qu'il poursuivait, et s'engager, n'acceptant pas toutes les parties de la proposition soumise au parlement, à présenter un projet de loi au nom du gouvernement.

Ce fut la dernière satisfaction de M. Morelli. La Chambre des députés fut dissoute à quelque temps de là, et, par suite d'un acte inqualifiable de M. de Sanctis qui se présenta contre lui, il ne fut pas réélu. Malade depuis longtemps, il ne tarda pas d'ailleurs à s'éteindre à Pouzzoles, près de Naples, pendant l'automne de 1880.

Mais M. Villa a tenu parole et il a déposé, le 1ᵉʳ février 1881, le projet de loi qu'il s'était engagé à présenter.

Nous ne donnerons pas *in extenso* le projet du gouvernement italien qui renferme 22 articles. Nous nous bornerons à dire que le divorce y est admis :

« 1° Dans le cas où l'un des époux a encouru une condamnation à la peine capitale, ou aux travaux forcés à perpétuité et, pour la Toscane, à la réclusion (all' Ergastolo).

» 2° Dans le cas de séparation de corps et de biens, après cinq ans, s'il y a des enfants issus du mariage, et après trois ans, s'il n'y en a pas, à dater du jour où la sentence qui a prononcé et homologué cette séparation est passée à l'état de chose jugée. »

Le reste est relatif à la procédure.

II. — LÉGISLATIONS DES ÉTATS EN MAJORITÉ NON CATHOLIQUES

§ 1ᵉʳ *Législation suisse.*

En Suisse, jusqu'en 1862, les 22 cantons étaient souverains, quant au règlement du divorce.

Les cantons protestants le réglaient pour leurs ressortissants protestants de telle façon que certains faits déterminés étant constatés, tels qu'adultère, sévices, maladies graves, absence prolongée, le divorce devait être prononcé soit par les tribunaux matrimoniaux, soit par les tribunaux civils, la marche constante ayant été toutefois de faire disparaître les tribunaux matrimoniaux pour charger des procès en divorce les tribunaux civils.

On laissait au juge le pouvoir discrétionnaire de prononcer le divorce pour causes indéterminées, telles que mauvaise conduite d'un époux, mauvais traitement infligé par le mari à la femme..., etc., etc.

Les cantons catholiques s'en tenaient au droit canon, qui ne permet pas le divorce. Ils accordaient la faculté de prononcer la séparation de corps à l'évêque ; les tribunaux civils n'étaient compétents qu'en ce qui concernait les séparations de biens.

Une loi fédérale de 1862 remédia à la situation des ressortisssants des cantons qui n'admettaient pas le di-

Elle statua :

tholique pouvait arriver au divorce en

changeant de religion. Le lien demeurait indissoluble pour l'époux qui restait fidèle au catholicisme, tandis que l'époux converti au protestantisme pouvait se remarier ;

b. — Que les tribunaux fédéraux seraient désormais saisis des procès en divorce.

En résumé, jusqu'en 1874, chaque époux protestant avait le droit de divorcer, s'il y avait quelque motif de désunion entre lui et son conjoint, tandis que pour l'époux catholique le mariage demeurait indissoluble, à moins qu'il n'embrassât le protestantisme.

La loi fédérale du 24 décembre 1874, qui n'est complètement en vigueur que depuis le 1er janvier 1876, mais qui régit toute la Suisse est basée sur les principes suivants :

» Art. 43. — Le procès en divorce a lieu au tribunal civil du domicile du mari ; le tribunal fédéral, en qualité de Cour d'appel, statue en dernier ressort.

» Art. 45. — Si les deux époux demandent le divorce, le tribunal doit l'accorder, s'il résulte des circonstances, de la cause que la vie commune est incompatible avec la nature du mariage.

» Art. 46. — Si l'un seul des époux demande le divorce, le tribunal l'accordera pour les motifs suivants :

» Adultère ;
» Sévices et injures, attentat à la vie ;
» Condamnation à une peine infamante ;
» Abandon malicieux ;
» Maladie mentale incurable.

» Art. 47. — *S'il n'existe aucune des causes du divorce énumérées en l'article 46, et que cependant il résulte des ci-*

constances que le lien conjugal est profondement atteint, le tribunal peut prononcer le divorce ou la séparation de corps. Cette séparation ne peut être prononcée pour plus de deux ans. Si, pendant ce laps de temps, il n'y a pas réconciliation entre les époux, la demande en divorce peut être renouvelée et le tribunal prononce alors librement d'après sa conviction. »

» Art. 48. — Dans le cas de divorce pour cause déterminée, l'époux coupable ne peut se remarier qu'un an après la déclaration du divorce. Le tribunal peut même prolonger ce délai et le porter à trois ans.

» Art. 49. — *La législation cantonale* du canton du mari règle les effets ultérieurs du divorce ou de la simple séparation, par rapport aux droits personnels des deux époux, à leurs biens, à l'entretien et à l'éducation des enfants, et à l'idemnité à laquelle l'époux coupable peut être condamné, s'il y a lieu.

» Art. 52. — Le mariage conclu entre fiancés qui n'avaient pas l'âge requis par l'article 27 (18 ans pour l'homme et 16 pour la femme) ou dont un au moins n'avait pas atteint cet âge, peut être déclaré nul sur la demande de la mère, du père ou du tuteur. Cette action en nullité n'est cependant pas recevable quand les époux ont atteint l'âge légal depuis leur union; quand la femme est devenu enceinte, et quand le père, la mère ou le tuteur ont donné leur consentement au mariage.

« Art. 63. — Les simples séparations de corps, permanentes ou temporaires, prononcées avant la mise en vigueur de la présente loi, peuvent donner lieu à une demande en divorce si les causes qui les ont déterminées sont de celles qui, actuellement, aux termes de la nouvelle loi, sont de nature à autoriser le divorce. »

§ II. — *Législation allemande.*

Jusqu'à la mise en vigueur de la nouvelle loi fédérale sur l'état civil qui, depuis le 1ᵉʳ janvier 1876, régit toute l'Allemagne, quoique le divorce fût généralement admis en principe par tous les États allemands, les détails d'application variaient à l'infini, l'unification des lois civiles — conséquence de l'unification politique — n'ayant reçu un commencement d'application qu'à dater de la promulgation de cette loi.

Le nouveau Code a laissé subsister la plupart des anciennes dispositions relatives au divorce ; il n'en a généralisé que quelques-unes. C'est ainsi que les causes de divorce sont restées pour chaque État ce qu'elles étaient avant sa promulgation.

Nous allons examiner d'abord la législation allemande avant 1876, et nous dirons ensuite quelques mots des modifications apportées à cet état de choses par la loi de 1876.

Législation antérieure à la loi fédérale sur l'état civil.

Avant 1876 comme aujourd'hui, les divers Etats protestants s'accordaient à admettre que les tribunaux pouvaient prononcer le divorce :

Pour adultère ;
Pour abandon ;

Pour sévices ;

Pour embûches ;

Pour condamnation de l'un des époux à des peines emportant à la fois infamie et privation de la liberté (peines afflictives et infamantes).

Quelques-uns de ces États, — Hesse électorale, Schleswig-Holstein, Mecklembourg, Brunswick, Weimar, Cobourg-Gotha, Meiningen et Anhalt, — permettaient, en outre, au chef de l'Etat, d'accorder le divorce par un rescrit, même en dehors des cas spécifiés par la loi.

La PRUSSE, dont la législation exerce en Allemagne une influence prépondérante, se distinguait des autres Etats protestants par la latitude avec laquelle elle admettait le divorce.

D'après l'Algemeinen Landrecht prussien (II, 1, § 669 et suivants), le divorce était permis non seulement pour les causes admises par les autre Etats et ci-dessus mentionnées, mais encore dans les cas :

D'impuissance survenue postérieurement au mariage ;

D'infirmités dégoûtantes et incurables ;

De démence ou de fureur ;

D'insultes grossières ou d'outrages ;

De querelles vives ;

De fausse dénonciation de l'un des époux contre l'autre ;

D'acquisition d'un gain déshonnête ;

De conduite déréglée ;

D'aversion profonde et invincible de l'un des époux pour l'autre ;

En cas de consentement mutuel s'il n'y avait pas d'enfants issus du mariage ;

Enfin, dans le cas de l'article 695 ainsi conçu :

« Si l'un des époux, par sa manière d'être, pendant ou après la vie en commun, empêche sciemment d'atteindre le but légal de cette vie, l'autre époux a un droit légal au divorce (1). »

Sans aller tout à fait aussi loin que le Landrecht prussien, le Code de Saxe et les lois de Gotha, Altemburg, Schwarzburg, Londerhausen, s'en rapprochaient cependant par la facilité relative avec laquelle ils permettaient le divorce.

Ces causes de divorce n'étant pas plus reconnues par le droit canon protestant que par le droit canon catholique, il est arrivé quelquefois que les ecclésiastiques, même protestants, ont refusé la bénédiction nuptiale aux époux divorcés qui voulaient se remarier.

Le Landrecht prussien régissait tous les sujets prussiens, quelle que fût leur religion.

Il n'en était pas de même dans quelques États mixtes non soumis au Landrecht prussien, tels que la *Saxe* et le *Wurtemberg*. Dans ces deux derniers États, comme en Autriche, les lois sur le mariage n'étaient pas les mêmes pour les protestants et pour les catholiques : la séparation prononcée par les tribunaux valait, comme imple séparation de corps pour l'époux catholique, et

---

(1) Ein Ehegathe, welcher durch sein Betragen, bei oder nach er Beiwohnung, die Erreichung des gesetzmässigen Zweckes erselben vorsätzlich hindert, giebt dem andern zur Scheidung echtmässigen Anlass.

comme divorce pour l'époux protestant. (Voir le Rechtslexicon par Holtzendortf, 2ᵉ édition, Leipzick, 1875-1876, — et das Recht der Eheschlüssung, par Sohm, Weimar 1875.)

Législation allemande depuis la promulgation du Code civil fédéral.

Les dispositions générales qui résultent de la loi fédérale sur l'état civil, sont les suivantes :

Art. 33. — Le mariage est défendu... 5° entre une personne divorcée pour adultère et son complice, sauf dispense (1).

Art. 35. — Une femme veuve ou *divorcée* ne peut conclure un nouveau mariage que dix mois après la dissolution du mariage antérieur. — La dispense est admissible (2).

Art. 55. — Lorsqu'un mariage aura été déclaré dissous ou annulé par le divorce, ce jugement sera mentionné au registre des mariages, en marge, à côté de l'inscription constatant le mariage.

Cette disposition ne modifie pas les lois particulières

---

(1) Cet article est la reproduction de l'article 298 de l'ancien Code civil français. — L'article 295 de ce Code, qui interdit aux époux divorcés de se remarier entre eux, n'a pas été adopté. Il se trouve par conséquent aboli pour les pays rhénans où il était encore en vigueur.

(2) Le but de cet article est d'empêcher qu'une femme ne se remarie étant enceinte. La dispense doit être accordée par le ministère ou par le juge (selon la législation particulière), si un médecin ou une sage-femme atteste qu'il n'y a pas grossesse.

arrondissement, ou devant le juge qui en fera les fonctions, et lui feront la déclaration de leur volonté en présence de deux notaires amenés par eux.

Art. 5. — Le juge donnera lecture aux époux réunis, en présence des deux notaires, du Titre IV de la présente loi qui règle les *effets du divorce*, et leur développera toutes les conséquences de leur démarche.

Art. 6. — Si les époux persistent dans leur résolution, après avoir entendu cette lecture, il leur sera donné acte par le juge de ce qu'ils demandent le divorce et y consentent mutuellement, et ils seront tenus de produire et déposer à l'instant, entre les mains des notaires, outre les actes mentionnés au articles 2 et 3 : 1° les actes de leur naissance et celui de leur mariage; 2° les actes de naissance et de décès de tous les enfants nés de leur union.

Art. 7. — Les notaires dresseront procès-verbal détaillé de tout ce qui aura été dit et fait en exécution des articles précédents; la minute en restera au plus âgé des deux notaires, ainsi que les pièces produites, qui demeureront annexées au procès-verbal.

Art. 8. — La même déclaration devra être réitérée une seconde et une troisième fois, à des intervalles qui ne pourront être moindres de trois mois, de telle sorte qu'ils se soit écoulé six mois au moins entre la première et la troisième. Procès-verbaux seront également dressés par les deux notaires de la deuxième et de la troisième déclaration.

Art. 9. — Si l'un des deux époux ne persiste pas et refuse de s'associer, soit à la deuxième, soit à la troisième déclaration, l'instance rentrera dans la catégorie du divorce par la volonté d'un seul, et les déclarations déjà faites bénéficieront à l'époux qui maintient la demande.

Art. 10. — Dans la quinzaine du jour où seront révolus les six mois, à compter de la première déclaration, les époux assistés chacun de deux témoins, se présenteront ensemble et en personne devant le président du tribunal ou le juge qui en fera les fonctions ; ils lui remettront les expéditions en bonne forme des trois procès-verbaux renfermant leur consentement mutuel et de tous les actes qui y auront été annexés, et requerront du magistrat, chacun séparément, en présence néanmoins l'un de l'autre et des quatre témoins, l'admission du divorce.

Art. 11. — Aussitôt après, il sera donné acte aux époux de leur réquisition et de la remise par eux faite des pièces à l'appui. Le greffier du tribunal dressera procès-verbal, qui sera signé tant par les parties (à moins qu'elles ne déclarent ne savoir ou ne pouvoir signer, auquel cas il en sera fait mention), que par les quatre témoins, le juge et le greffier.

Art. 12. — Le juge mettra immédiatement au bas de ce procès-verbal son ordonnance portant que, dans les trois jours, il sera par lui référé du tout au tribunal en la chambre du Conseil, sur les conclusions par écrit du ministère public, auquel les pièces seront, à cet effet, communiquées par le greffier.

Art. 13. — Si le ministère public trouve dans les pièces la preuve que le consentement mutuel a été exprimé trois fois dans le cours des six mois, après les préalables ci-dessus prescrits et avec toutes les formalités requi exigent, pour la dissolution du mariage, une déclaration et attestation devant le fonctionnaire de l'état civil (1).

Art. 76. — Les tribunaux ordinaires seuls sont compétents pour les causes matrimoniales et de fiançailles. Il n'y aura pas de juridiction ecclésiastique ou spéciale aux adhérents d'une religion quelconque (2).

Art. 77. — Dans tous les cas où, d'après les lois en vigueur jusqu'ici, il y aurait eu lieu de prononcer la séparation de corps, il sera désormais prononcé le divorce.

Si, avant le jour de la mise en vigueur de cette loi, la séparation de corps a été prononcée, et si les époux ne sont pas réunis, chacun d'eux peut demander le divorce par voie de procès ordinaire en se basant sur le jugement de séparation (3).

§ III. — *Alsace-Lorraine.*

La loi du 27 novembre 1873 a rétabli le divorce dans ces provinces. Voici cette loi :

Art. 1er. — la loi du 8 mai 1816 qui a prononcé l'abolition du divorce **est** abrogée. Les dispositions législa-

---

(1) Ce second alinéa a pour but de laisser intact l'article 264 de l'ancien Code civil français en vigueur dans les pays rhénans.

(2) Cet article ne vise que la forme du mariage et du divorce sans rien changer quant aux causes légales du divorce.

(3) Le deuxième alinéa de cet article a pour but de permettre aussi à ceux qui ont été séparés avant le 1er janvier 1876 de se remarier.

tives que cette loi a déclarées sans effet sont remises en vigueur, en tant qu'elles ne sont pas contraires aux lois promulguées depuis la réunion de la province à l'Empire d'Allemagne.

Art. 2. — Les faits qui, suivant les prescriptions du Code civil, autorisent une demande en divorce, conservent cet effet alors même qu'ils sont antérieurs à la promulgation de la présente loi.

Art. 3. — Ceux qui, sous l'empire de la loi du 8 mai 1816, ont obtenu la séparation de corps, peuvent, en se fondant sur la décision obtenue, demander le divorce par une procédure régulière, pourvu qu'il ne soit intervenu aucune réconciliation.

Dans les instances pendantes, la demande en séparation de corps peut être transformée en demande en divorce : la procédure ne subira pas de modification.

§ IV. — *Législation anglaise.*

Dans la première édition de cet ouvrage, nous donnions sur la législation anglaise les renseignements suivants que nous devions à l'obligeance du regretté M. Gide

« L'Angleterre avait, jusqu'en ces derniers temps, abandonné la matière des mariages à la juridiction des tribunaux ecclésiastiques. Or le clergé anglican n'admettait que la séparation de corps, qu'il appelait *Divortium a thoro et mensa*, et rejetait le divorce proprement dit, même pour cause d'adultère, contrairement à la doctrine des autres communions protestantes.

» Mais le *divorce act* de 1857 (statut 20 et 21, Victoria, c. 85) a introduit les réformes suivantes :

» La connaissance des nullités ou dissolutions de mariage est retirée à la juridiction ecclésiastique et attribuée à une Cour nouvelle appelée *Court for divorce and matrimonial causes* ; — le divortium a thoro et mensa est distingué du divorce proprement dit et prend le nom de séparation judiciaire : — la nouvelle Cour peut prononcer le divorce proprement dit, c'est-à-dire impliquant la liberté de contracter un nouveau mariage, dans les cas suivants :

» 1° En faveur du mari en cas d'adultère de la femme ;

» 2° En faveur de la femme si le mari s'est rendu coupable d'inceste, de bigamie, de rapt, de sodomie, d'adultère accompagné de sévices assez graves pour pouvoir motiver à eux seuls une demande en séparation de corps, ou d'adultère accompagné d'abandon du domicile conjugal pendant deux ans au moins.

» Toutefois, même dans ces divers cas, la Cour refusera le divorce si l'époux demandeur a colludé avec le défendeur, ou lui a pardonné ses torts, ou s'en est rendu complice, ou s'est lui-même rendu coupable de torts graves. (Voir pour les autres dispositions du divorce act, suite du divorce, etc. — Stéphen's Commentaries, t. II, p. 280 ; 7ᵉ édition, 1874). »

Nous complétons aujourd'hui cet exposé par la citation suivante de l'ouvrage de M. Glasson (1) :

« Jusqu'au règne actuel, dit M. Glasson, et avant le statut 20 et 21 c. 85, la séparation de corps que les An-

---

(1) Glasson. — *Le mariage civil et le divorce dans les différents pays de l'Europe*, p. 95.

glais appellent *divorce a mensa et thoro* était seule prononcée par la Cour ecclésiastique, toutes les fois que la vie commune devenait intolérable, notamment en cas de sévices du mari, d'adultère de l'un ou de l'autre des conjoints, d'abandon prolongé, de maladie incurable, d'outrage contre nature. Quant au divorce proprement dit, les cours ecclésiastiques, sous l'influence du droit canonique ne l'admettaient pas, mais il pouvait être prononcé par acte du parlement, le plus souvent pour cause d'adultère de la femme, « l'usage s'étant établi, nous dit Stephen, de la part du parlement, de mettre, par exception, son autorité souveraine au service du mari offensé ». Toutefois il n'était pas d'usage, à la Chambre des pairs, de passer un statut à cet effet, à moins que le divorce *a mensa et thoro* n'eût été d'abord prononcé par la Cour ecclésiastique, et que le complice de la femme n'eût été préalablement condamné par une Cour de Common Law au payement de dommages intérêts pécuniaires envers le mari. Le parlement n'accordait le divorce pour cause d'adultère du mari que dans des circonstances exceptionnelles et odieuses, comme par exemple, en cas d'adultère incestueux, de rapt, etc. Les causes matrimoniales ont été, depuis 1857, enlevée aux Cours ecclésiastiques et attribuées à une Cour spéciale. Cette Cour des divorces a été, à son tour, par u acte récent, réunie à d'autres pour en constituer un nouvelle ayant des attributions fort étendues, et statuant à deux degrés. Cette nouvelle Cour suprême n fonctionne que depuis fort peu de temps, la réform judiciaire entreprise en Angleterre ayant soulevé de difficultés qui en ont retardé l'application. C'est un section de cette nouvelle Cour qui remplace la Cour des divorces, et l'on porte devant elle les nullités de mariage, les questions de filiation, les séparations de corps, les demandes en divorce. *Tant que les divorces furent soumis au parlement ils restèrent excessivement rares.* La compétence du parlement présentait le grave inconvénient de coûter fort cher de sorte que le divorce n'était accessible qu'aux classes riches. D'ailleurs, *depuis l'acte de 1857, il n'a été commis aucun abus en Angleterre.....* »

Nous avons souligné les dernières parties de notre citation parce que, émanée d'un esprit plutôt hostile que favorable au divorce, elles répondent péremptoirement à ceux qui prétendent que le divorce très fréquent autrefois en Angleterre, avait dû être restreint par la loi et que, même ainsi restreint, il produit encore des abus considérables.

La vérité c'est que le divorce n'existait pas à proprement parler dans ce pays avant 1857, que le parlement anglais l'a établi à cette époque, et qu'il ne donne lieu à aucun abus.

§ V. — *Législation des États-Unis d'Amérique.*

Aux États-Unis la législation varie d'un Etat à l'autre, non seulement quant aux causes qui peuvent entraîner le divorce, mais encore quant aux pouvoirs qui peuvent le prononcer.

Dans la Virginie et la Caroline du Sud, le divorce ne peut être prononcé que par le pouvoir législatif. Il résulte non d'un jugement, mais d'une loi. Encore, pour

13.

le vote de cette loi, la majorité obligatoire est-elle des deux tiers des suffrages exprimés.

Il en était de même autrefois dans le Tennesse, la Caroline du Nord, l'Arkansas, le Michigan, l'État de New-York, la Floride, le New-Jersey ; mais aujourd'hui, dans tous ces Etats le parlement est dessaisi et ce sont les Cours de justice qui sont autorisées à prononcer le divorce.

Les cours de justice sont également compétentes en cette matière dans les Etats du Maine, du New-Hampshire, des Massachussets, du Connecticut, du Vermont, de la Pensylvanie, du Delaware, de l'Ohio, de l'Indiana, de Kentucky, de l'Illinois, du Mississipi, du Missouri, de la Géorgie, de l'Alabama.

Dans l'État de New-York (1), les divorces peuvent être prononcés et les mariages peuvent être dissous par la cour suprême toutes les fois que l'adultère a été commis par tout mari ou femme (husband or wife), pourvu que les deux époux habitent l'État, ou que, le mariage y ayant été conclu, la partie lésée l'ait habité au moment où l'injure lui a été faite ou au moment où la plainte a été déposée, ou bien encore lorsque, sans que le mariage y ait été conclu, l'offense a été commise dans l'État même et que la partie lésée l'habitait à ce moment-là (§ 54).

Toutefois, quoique l'adultère soit prouvé, la Cour peut refuser le divorce dans les cas suivants :

---

(1) Revised statutes of the state of New-York, prepared by Amasa y Parker, George Wolford and Edward Wade, vol. III. — 5ᵉ édition, page 235, chap. VIII : of the domestic relations. — Art. third : of divorce dissolving the mariage contract.

1° S'il est reconnu que l'offense a été commise avec la connivence du plaignant ;

2° Si l'offense paraît avoir été pardonnée par la partie lésée, le pardon résultant, comme preuve, de la cohabitation volontaire des parties après la connaissance du fait ;

3° Si, sans qu'il y ait eu pardon prouvé par la cohabitation, la partie intéressée a, depuis la découverte du fait, laissé passer cinq ans sans donner suite à l'affaire ;

4° S'il est prouvé que l'époux demandeur s'est de son côté rendu coupable d'adultère dans des conditions telles que cela aurait permis au défendeur — s'il eût été innocent — de provoquer le divorce (§ 55).

Lorsqu'un divorce est prononcé, le demandeur a le droit de se remarier du vivant du défendeur ; mais le défendeur convaincu d'adultère ne peut se remarier qu'après la mort du demandeur.

A côté du divorce proprement dit se place la nullité du mariage qui peut être prononcée par la cour suprême (p. 233) :

Si l'une des parties n'a pas l'âge voulu pour rendre le consentement valable ;

Si, au moment où le mariage est contracté, l'un des époux est déjà marié, que son conjoint ne soit pas mort et que son premier mariage n'ait été ni annulé, ni dissous par le divorce ;

Si l'un des époux est idiot ou fou ;

Si le consentement des parties a été obtenu par fraude ou violence ;

Enfin, si l'un des époux était physiquement incapable d'accomplir l'acte du mariage au moment où il s'est marié.

La législation de l'État de New-York admet, en outre, la séparation de corps et de biens dans les cas de traitement cruel et inhumain de la femme par le mari, d'abandon de la femme, d'actes du mari qui soient de nature à rendre la femme malade.

En résumé, dans l'État de New-York, les cas de nullité de mariage, plus nombreux qu'en France, s'étendent à la démence, à la folie, à l'impuissance ; le divorce peut être prononcé pour cause d'adultère, sauf les exceptions que nous avons indiquées ; enfin la séparation de corps et de biens est maintenue pour toutes les circonstances dans lesquelles le divorce n'est pas admis, quoique la cohabitation des époux soit reconnue impossible.

Dans l'État des Massachussets (1) le mariage est annulé toutes les fois : 1° que les époux sont parents l'un de l'autre à un degré tel que le mariage leur soit interdit ; 2° que l'un d'eux est déjà marié ; 3° que l'une des parties est démente ou folle ; 4° que l'une des parties n'ayant pas l'âge exigé par la loi pour pouvoir donner un consentement valable, et les époux ayant été séparés jusqu'à la fin de sa minorité, il n'y a plus eu ensuite cohabitation.

Dans le cas où il y a eu fraude supposée, le mariage peut être dissous par *le divorce*. *Le divorce* peut encore être prononcé :

(1) The general statutes of the Commonwealth of Massachussets. — Boston 1860 ; — titre VII : of domestical relations ; chapitre 107, — *Du Divorce*, — page 531.

1° Pour adultère ou impuissance de l'un des époux ;

2° Lorsque l'un des époux s'affilie à une secte religieuse qui proscrit les relations matrimoniales, et y demeure affilié pendant trois ans, en refusant, pendant ce temps, de cohabiter avec son conjoint (1) ;

3° Lorsque l'un des époux est condamné aux travaux forcés, ou à l'emprisonnement, ou à la détention dans une maison de correction quelconque à perpétuité ou pour cinq ans ou plus. La grâce accordée après le divorce n'annule pas ce dernier (§ 6) ;

4° Lorsqu'un des époux a abandonné l'autre pendant cinq années consécutives, à moins que l'abandon n'ait été causé par la cruauté de la partie abandonnée, ou, si c'est la femme, par la négligence du mari de pourvoir à son entretien, bien qu'il fût en état de le faire (§ 7).

La séparation de corps et de biens peut être prononcée pour cause de cruauté, d'ivrognerie, de sévices graves..., etc. Cinq ans après, si les époux ont vécu séparés, le divorce peut être accordé sur la demande de la partie en faveur de laquelle le jugement est intervenu. Si la séparation a duré dix ans, il peut être accordé sur la demande de l'une quelconque des parties (§ 8).

Les époux divorcés qui vivent comme mari et femme ou habitent la même maison, sont passibles des peines dont la loi punit l'adultère (§ 24).

L'époux en faveur duquel le divorce a été prononcé peut se remarier ; l'autre ne le peut, à peine d'être poursuivi comme bigame, à moins que, sur sa demande,

---

(1) Une telle secte existe dans l'État des Massachussets.

la haute Cour ne lui en ait formellement donné l'autorisation, ce qu'elle n'a pas le droit de faire si l'adultère a été la cause du divorce (§ 25 et 26).

Dans le Connecticut (1) la loi accorde plus largement encore le divorce. Le divorce, en effet, peut être obtenu dans les cas : 1° d'adultère ; 2° de contrat frauduleux ; 3° d'abandon volontaire prolongé pendant trois ans avec négligence d'accomplir ses devoirs ; 4° d'absence sans nouvelles prolongée pendant sept années au moins ; 5° d'intempérance habituelle ; 6° de cruauté intolérable ; 7° d'emprisonnement à vie ; 8° de condamnation à la prison pour manquement au devoir conjugal ; 9° enfin d'actes, de quelque nature qu'ils soient, qui puissent porter atteinte au bonheur du demandeur.

Dans la Louisiane (2), les causes de divorce sont : 1° L'adultère ; 2° l'ivrognerie ; 3° les excès ; 4° la cruauté ; 5° les outrages de nature à rendre la vie commune insupportable ; 6° la condamnation à une peine afflictive et infamante ; 7° l'abandon volontaire pendant cinq ans.

Dans tous ces cas — sauf celui d'infamie légale où le divorce doit être prononcé immédiatement, — il doit s'écouler un an entre le jour où le divorce est demandé et le jour où il est accordé.

Si l'adultère est la cause du divorce, celui des deux époux qui s'en est rendu coupable ne peut plus se remarier du vivant de son conjoint.

---

(1) General statutes 1875.
(2) Code civil de la Louisiane, 1867, p. 20. Loi du 14 mars 1855.

Dans la Pensylvanie (1), le divorce peut être obtenu :

1° Pour cause d'adultère ;

2° Quand l'un des époux, sans cause valable, a abandonné l'autre pendant deux ans.

3° Quand le mari, par de mauvais traitements, a mis en danger la vie de sa femme, ou qu'il a rendu, par ses indignités, sa condition intolérable ;

4° Lorsqu'un des époux a été condamné à deux ans au moins de prison ;

5° Lorsque la femme, par ses mauvais traitements, a mis en danger la vie de son mari, ou a rendu sa situation intolérable.

Quand le divorce a été prononcé pour cause d'adultère, l'époux coupable ne peut pas se marier avec la personne avec qui l'adultère a été commis.

La séparation de corps et de biens existe à côté du divorce.

Dans l'Illinois (2), le divorce peut être obtenu :

1° Pour impuissance datant d'avant le mariage et se continuant après :

2° Lorsqu'un des deux époux est lié par un premier mariage ;

3° Pour adultère ;

4° Pour abandon volontaire, et sans cause valable, de l'un des époux par l'autre ;

5° Pour ivrognerie habituelle s'étant continuée pendant deux ans ;

---

(1) Digest of the laws of Pensilvania, 1862, 9° édition. p. 345.
(2) Revised statutes of the states of Illinois, 1874. — Illinois *Journal campany*, 1874, p. 420.

6° Pour attentat par l'un des conjoints à la vie de l'autre par le poison ou autrement.

7° Pour cruauté extrême et répétée ;

8° Pour félonie ou crime infamant.

S'il appert que l'offense a été commise avec l'assentiment de la partie lésée, en vue d'obtenir le divorce, ou s'il appert, dans le cas où l'adultère est la cause invoquée, que le plaignant s'est lui-même rendu coupable d'adultère, le divorce ne sera pas prononcé.

La législation des autres États est à peu de chose près calquée soit sur celle de l'État de New-York qui n'admet qu'une seule cause de divorce : l'adultère ; soit sur celle des autres Etats que nous venons de citer (Massachussets — Connecticut — Louisiane — Pensylvanie et Illinois).

Les États dont la législation est calquée sur celle de l'État de New-York sont : le Tennessee, l'Arkansas et la Floride.

Les États qui ont une législation analogue à celle des Massachussets, du Connecticut, de la Louisiane, de la Pensylvanie et de l'Illinois sont : le Maine, le New-Hampshire, le Vermont, le Delaware, l'Ohio, l'Indiana, le Michigan, le Kentucky, le Mississipi, le Missouri, la Géorgie et l'Alabama.

Je n'ai pu me procurer aucun renseignement sur les autres États de l'Union, M. Mérill n'ayant pas dans sa collection les codes de ces États ; mais il est certain que leur législation ne s'écarte guère de celles que j'ai passées en revue.

§ VI. — *Législation russe.*

En russie, un mariage peut être *annulé* (art. 37) :

1° Si le consentement a été obtenu par la violence ou si l'un des conjoints était atteint, au moment où il a donné ce consentement, d'aliénation et de démence;

2° Quand il a été contracté entre les parents à des degrés assez rapprochés pour que la loi leur refusât le droit de se marier entre eux ;

3° Quand les deux époux, ou l'un deux, étaient liés par un premier mariage non légalement dissous ;

4° Quand les deux époux, ou l'un deux, avaient antérieurement perdu le droit de se marier ;

5° Dans le cas de mariage de mineurs (au-dessous de 18 ans pour l'homme et de 16 ans pour la femme) ;

6° Dans le cas de mariage avec une femme âgée de plus de 80 ans ;

7° Dans le cas de quatrième mariage ;

8° Dans le cas de mariage des moines ;

9° Dans le cas de mariage de chrétiens avec des non chrétiens.

Les personnes dont le mariage a été annulé, sauf celles qui sont condamnées au célibat perpétuel, peuvent se remarier (art. 29).

Le *Divorce* proprement dit doit être prononcé par un tribunal ecclésiastique à la demande de l'un des époux (art. 45) :

1° Dans le cas d'adultère ou d'impuissance ;

2° Dans le cas où l'un des époux a été condamné à

une peine entraînant la perte des droits civils et politiques ;

3° Dans le cas où l'absence de l'un des époux est légalement reconnue.

La demande en divorce pour cause d'impuissance n'est recevable que trois ans après la conclusion du mariage (art. 48). En aucun cas elle n'est recevable si l'impuissance n'est pas antérieure au mariage (art. 49).

La demande en divorce pour cause d'absence doit être admise lorsque l'un des époux a quitté l'autre depuis cinq ans au moins, sans qu'on puisse découvrir le lieu de sa résidence. Cependant si l'époux absent est militaire et qu'il ait été fait prisonnier de guerre, le divorce ne peut être prononcé qu'après dix ans.

Telles sont en substance les dispositions du dernier Code civil russe.

Il faut toutefois remarquer que le mariage étant, d'après la loi russe, un acte religieux, et non un acte civil, tous les procès en annulation de mariage ou en divorce sont jugés par les tribunaux ecclésiastiques. Ces tribunaux se règlent sur une loi canonique spéciale différente de la loi civile et quelquefois opposée à cette dernière loi. C'est par cette étrange contradiction qu'on peut expliquer le nombre considérable de divorces que l'on constate en Russie, et la facilité avec laquelle le divorce y est obtenu malgré la précision du texte du Code.

§ VII. — *Législation norwégienne.*

En Norwège, le divorce existe, comme dans tous les pays non catholiques. Voici les principales dispositions de la loi qui le régit :

Art. 59. — Les causes du divorce sont les mêmes pour le mari et pour la femme.

Art. 60. — Chaque époux peut demander le divorce pour cause d'adultère de son conjoint.

Art. 61. — L'absence, pendant trois années entières et consécutives, de l'un des époux sans le consentement de l'autre, donne à l'époux délaissé le droit d'intenter une action en divorce.

Art. 62. — L'absence, qui a commencé sans intention d'abandon, devient une présomption de mort si, depuis sept ans, il n'est parvenu aucune nouvelle de l'absent. Le divorce peut être alors demandé.

Art. 63. — L'impuissance naturelle et toute maladie dégoûtante et incurable sont aussi des causes de divorce, mais seulement lorsque ces causes ont préexisté à la conclusion du mariage.

Art. 64. — La condamnation de l'un des époux aux travaux forcés à perpétuité donne à l'autre époux le droit de demander le divorce, à moins que le condamné ne soit gracié par le roi dans un délai de sept ans.

Art. 66. — Le divorce peut être prononcé, par autorisation du roi, dans le cas de consentement mutuel ; mais si cette autorisation n'intervient pas, la demande doit être rejetée.

Art. 67. — Les époux qui divorcent par consentement mutuel sont tenus de demander d'abord aux autorités civiles la permission de demeurer séparés de corps pendant trois ans (*quoad thorum et mensam*). Cette permission n'est accordée qu'après des représentations et des exhortations faites aux époux par le curé de leur paroisse et par les autorités civiles. Les époux sont tenus de convenir de tout ce qui a trait à l'entretien et à l'éducation de leurs enfants communs.

Art. 68. — Si, après l'expiration des trois années, pendant lesquelles les époux ont acquis le droit de vivre séparés, ils persistent dans leur détermination de divorcer, la dissolution définitive du mariage sera accordée par le roi après une déclaration nouvelle. Chacun des époux ainsi divorcés a besoin d'une permission spéciale pour se remarier.

Art. 70. — Les époux qui ont divorcé ne peuvent se réunir que par un nouvel acte de célébration.

En dehors du divorce, le mariage peut être annulé :

Art. 55. — 1° En cas d'erreur dans la personne ;

2° S'il y a prohibition légale de mariage entre les contractants.

§ VIII. — *Législation suédoise.*

En Suède, le divorce est régi par les dispositions légales ci-dessous :

Art. 1ᵉʳ. — La femme, dont le mari a commis un adultère, peut demander la dissolution du mariage, si elle n'a pas couché (*sic*) avec lui après avoir eu connaissance de ce fait. Si le divorce est prononcé, le mari perdra, au profit de sa femme, la moitié du giftorœt (ou droit dans la communauté).

Il en est de même de la femme, si c'est elle qui a commis l'adultère. Elle sera privée en outre du don du lendemain.

Si le mari et la femme se sont rendus l'un et l'autre coupables d'adultère, et qu'il n'y ait pas eu de réconciliation après la faute de l'un des conjoints, la dissolution du mariage ne pourra pas être prononcée.

Art. 2. — L'époux adultère divorcé ne peut pas se remarier avant la mort de l'autre, à moins que ce dernier ne se soit lui-même remarié ou ne donne son consentement.

Art. 3. — Lorsqu'il n'y a eu aucune convention spéciale, l'époux demandeur en divorce garde les enfants, sauf au tribunal à en ordonner autrement en cas d'incapacité pécuniaire de sa part.

Art. 4. — Lorsque l'un des époux a abandonné l'autre, l'époux abandonné fait publier des bancs par lesquels il somme son conjoint de revenir ; si, au bout d'un an, ce dernier n'est pas revenu, l'époux demandeur peut faire prononcer le divorce. L'absent perd alors sa part dans la communauté. Si l'absence du mari a été occasionnée par des fonctions publiques, mais qu'elle se soit ensuite prolongée sans raison au delà du temps que ces fonctions exigeaient, la femme peut aussi faire prononcer le divorce, pourvu que le mari ne démontre pas qu'il a fui à cause de la vie dissolue de sa femme. Si, après le divorce suivi d'un second mariage, le premier mari revient, il peut reprendre sa femme, dont le second mari devient libre de contracter un nouveau mariage.

Art. 5. — La fornication de la femme avant le mariage, découverte après le mariage, est une cause de divorce.

Art. 6. — Sont également considérées comme des causes de divorce l'impuissance et les maladies contagieuses que l'on aurait cachées au moment du mariage.

§ IX. — *Législation danoise.*

EN DANEMARK, d'après les chapitres I, II, III, IV du Code de 1856, l'adultère, l'abandon, l'impuissance et les maladies contagieuses datant d'avant le mariage, la condamnation à la prison ou aux travaux forcés à perpétuité sont des causes de divorce.

Dans le cas de condamnation, le divorce ne peut être prononcé qu'après trois ans si la condamnation est infamante, et après sept ans si elle ne l'est pas.

L'adultère de l'époux demandeur rend sa demande non recevable ; sa demande ne serait pas davantage recevable s'il avait lui-même provoqué l'adultère de son conjoint par des fautes graves ou autrement.

Elle ne le serait pas non plus s'il y avait eu réconciliation avant la demande.

Le divorce peut être obtenu par le consentement mutuel des époux. Ceux-ci obtiennent d'abord l'autorisation de rester séparés et, après trois ans, s'ils persistent, ils font prononcer le divorce.

L'époux adultère ne peut se remarier que trois ans après le divorce.

§ X. — *Législation hollandaise.*

En Hollande, d'après la loi de 1856, le mariage se dissout :

1° Par la mort ;

2° Par l'absence de l'un des époux pendant dix ans et le mariage de l'autre époux ;

3° Par un jugement prononcé à la suite d'une séparation de corps, lorsque l'un des époux le demande cinq ans après que la séparation a été prononcée, et cela sans que l'autre s'y oppose ;

4° Par le divorce.

Le divorce ne peut, en aucun cas, être obtenu par le consentement mutuel des époux.

Il est prononcé :

1° Pour cause d'adultère ;

2° Pour cause d'abandon malicieux ;

3° Pour les autres causes reconnues par l'ancien titre VI du Code civil français.

Toutefois, pour que les sévices permettent de prononcer le divorce, il faut qu'ils aient mis en péril la vie de l'époux demandeur ou aient entraîné des blessures dangereuses.

§ XI. — *Législation grecque.*

La Grèce n'a pas encore de Code civil, et le mariage civil a contre lui de tels préjugés, qu'il n'est pas même admis dans le projet de Code qui s'élabore en ce moment. L'acte de mariage n'est donc là, dit M. Emilien Combier, dans son remarquable *Essai sur le Divorce et la Séparation de corps*, que la constatation de la célébration religieuse. Les empêchements ont été réglés selon les cultes et ce sont les tribunaux civils qui sont appelés à connaître des oppositions au mariage.

Le divorce est reconnu par le Code et réglé à peu près comme au titre VI du Code civil. Mais il n'est admis que pour des causes déterminées ; pour incompatibilité d'humeur, on ne permet que la séparation de corps.

§ XII. — *Monténégro.*

Le Code dit de Daniel Ier admet le divorce et la séparation. Comme causes de divorce, il reconnaît l'aversion insurmontable et la désunion entre le mari et la femme. L'article 75 dispose que lorsque le mari ne voudra pas vivre avec sa femme, les époux pourront se séparer ; mais que si celle-ci se livre à l'inconduite, le mari est dispensé de lui servir une pension.

Le mariage est considéré en principe comme indissoluble, quelle que soit la forme de séparation adoptée, que ce soit le divorce ou la séparation. Mais le mariage se dissout cependant par les causes que prévoient les règles canoniques de l'Eglise orthodoxe orientale.

Le Code prévoit un autre cas curieux : celui où la femme vole trois fois son mari. Les deux premières fois, elle subit la peine de l'emprisonnement ; la troisième fois, elle subit un châtiment corporel, la séparation est prononcée, et son mari est autorisé à contracter un nouveau mariage, tandis qu'elle ne l'est pas.

« La séparation, dit M. Combier, est fréquente chez les Monténégrins. A en croire un commentateur (V. Popovio), la cause paraît en être :

1° La coutume des fiançailles entre enfants ;
2° L'orgueil de l'homme ;
3° L'entêtement de la femme.

Une loi de Pierre Ier a réglé les formes de la séparation. Elle peut être demandée par chacun des époux. C'est le seigneur qui est compétent. Celle des parties qui a fait à l'autre la première offre de séparation paye 50 thalers en signe de honte ; pour la femme, c'est le père qui paye : celui-ci restitue en outre au mari les frais occasionnés par le mariage, lorsque la femme s'est enfuie du domicile marital. La présence d'enfants rend la séparation plus difficile. Quand le mari surprend sa femme en adultère le divorce a lieu sans retard, mais le prix n'est pas payé dans ce cas. Après le divorce, les deux parties peuvent se remarier. Il faut remarquer, en effet, que si le Code de Daniel proscrit, par l'article 67, le divorce pour ne plus admettre que la séparation, l'ancienne coutume a néanmoins subsisté.

§ XIII. — *Serbie*.

Le divorce est reconnu par la loi serbe qui l'admet pour les trois causes énoncées dans notre Code civil et, en outre, pour *abandon malicieux* et *abjuration de la foi chrétienne* par l'un des époux.

L'absence simple est une cause de divorce après quatre ou six ans, suivant les cas. L'époux présent peut faire citer l'absent à comparaître dans l'année, et si l'absent ne se présente pas, l'autre époux peut contracter un nouveau mariage que ne peut rompre le retour de l'absent, à moins que l'absence n'ait eu pour cause l'esclavage, ou des affaires dont l'autorité a été prévenue. Dans ces deux cas, l'absent qui reparaît peut à son choix faire revivre son ancien mariage ou en contracter un autre.

CHAPITRE XI

DANS QUELS CAS LE DIVORCE DOIT-IL ÊTRE ADMIS?

La question qui fait l'objet de ce chapitre peut être traitée au point de vue de la vérité en soi, ou des possibilités pratiques immédiates. On peut se demander ou bien ce que l'état des mœurs, les idées générales, permettent raisonnablement d'espérer de la majorité de la nation ou bien ce que la raison voudrait que l'on appliquât si l'on avait le pouvoir absolu non seulement de décréter, mais encore de convaincre.

— Je dis « non seulement de décréter, mais encore de convaincre », parce que les lois les plus salutaires sont condamnées dès leur origine qui sont en opposition violente avec l'opinion publique ; parce que, en vue du progrès réel, mieux vaut une réforme incomplète, qui demeurera, façonnera les mœurs et préparera l'avenir, qu'une réforme complète appelée à disparaître en peu de temps devant une réaction triomphante.

En 1792, le pouvoir était aux mains d'une assemblée de philosophes, qui ne s'inquiétaient pas assez de la nécessité politique de faire fléchir souvent la vérité intégrale devant l'état des esprits, qui ne tenaient pas assez de compte de l'obligation où se trouve l'homme d'Etat de ne servir le vrai aux populations que pour ainsi dire « tranche à tranche » et à proportion de ce qu'elles sont susceptibles de supporter. C'est à la fois ce qui a fait la grandeur de la Révolution française et ce qui en a déterminé l'avortement partiel.

Les législateurs de 1792 poussèrent le respect de la logique jusqu'au bout et édictèrent, pour régir la matière du divorce, la loi du 20 septembre que, pour ma part, je considère comme un modèle idéal.

Ce fut peut-être un malheur. Cette loi fit apparaître au grand jour une foule de situations qui existaient avant elle, qui ont continué d'exister après elle, mais qui, avant ou après, demeuraient ignorées. Ce qui n'était qu'un effet de mise en lumière a été pris pour un effet corrupteur. Le pays n'étant pas préparé, une réaction s'est produite et cette réaction a été poussée si loin que, depuis cinquante ans, c'est elle qui a empêché le rétablissement du titre VI du Code civil, bien que ce titre VI n'ait rien de commun avec la loi de 1792. Ce n'est que depuis peu qu'on est enfin parvenu à distinguer la législation consulaire et impériale de la législation révolutionnaire et que, continuant à repousser celle-ci, l'opinion publique s'est enfin prononcée d'une manière non douteuse pour le retour à celle-là.

Voilà pourquoi — je l'ai déjà dit — après avoir commis la faute en 1876 de me placer sur le terrain de l'absolu, et de réclamer le retour à la loi de 1792 ou à une législation analogue, je me suis borné en 1878 et je me borne encore à demander le retour à la loi de 1803.

Les adversaires du divorce triomphent de cet aveu de ma part. « Vous voyez, s'écrient-ils ! le divorce n'est pour M. Naquet qu'une étape. Il vous demande aujourd'hui de revenir au Code civil, demain il vous demandera de rétablir la loi de 1792 et, après-demain, reprenant les principes de son livre, *Religion, Propriété, Famille*, il vous proposera l'abolition du mariage. »

Cette argumentation peut produire de l'effet sur les intelligences naïves ; mais elle manque absolument de loyauté.

Lorsqu'une réforme est proposée, on n'a pas à se préoccuper du but secret de son auteur mais de la proposition elle-même. S'il en était autrement, on ne réformerait jamais rien, car il n'est pas de vote législatif qui satisfasse à un égal degré tous ceux qui l'émettent, et qui ne soit pas aux yeux de quelques-uns, une étape vers un idéal supérieur. On a dit avec raison que le régime libéral est le régime des transactions. Où seraient les transactions si, parmi ceux qui s'unissent en vue d'un effort commun, les idées étaient complètement identiques ? Qui dit transaction dit différences de vues et union de ces vues différentes dans une moyenne équitable. La loi de 1803 réalise cette moyenne équitable entre ceux qui reconnaissent l'impossibilité de conserver l'indissolubilité du mariage, tout en ayant pour ce régime des prédilections non douteuses, et ceux qui préféreraient le régime de large liberté que la révolution française avait inauguré, mais qui reconnaissent aussi que ce régime est impossible à appliquer actuellement.

Il en est de la loi de 1803, par rapport à la matière des mariages, comme de la République constitutionnelle de

1875 par rapport à la monarchie contractuelle et à la République idéale.

Si, en 1875, on avait dû regarder aux intentions de ceux qui donnaient une voix de majorité à l'amendement Wallon, la République n'aurait certainement pas été votée. Le nombre, en effet, était petit des membres de l'Assemblée qui acceptaient comme définitives les lois constitutionnelles qu'ils sanctionnaient de leurs suffrages. Les uns — j'étais de ce nombre — résolument ennemis du système des deux Chambres, mais préférant encore la République avec un Sénat à la monarchie, votaient l'amendement qui instituait un Sénat, tout en nourrissant la secrète pensée d'une revision future qui supprimerait ce qu'ils contribuaient à édifier.

Les autres, M. Buffet par exemple, voyant combien il était difficile de rétablir tout de suite la monarchie, se résignaient à constituer une République aussi rapprochée que possible de la monarchie constitutionnelle, en se réservant, eux aussi, une clause de revision dont ils espéraient que la monarchie sortirait tôt ou tard.

Cela a-t-il empêché tous ces hommes d'opinions si diverses de s'unir et de voter la constitution du 25 février ?

On m'objectera peut-être que les monarchistes ont fait un pacte de dupes en cette circonstance. Mais rien ne serait plus difficile à établir, et il s'est passé une période de deux années pendant lesquelles nous avons pu craindre que le pacte de dupes n'eût été conclu par nous. Peut-être, de guerre lasse, l'Assemblée nationale se serait-elle dissoute sans constituer si l'amendement Wallon avait été rejeté, et peut-être jouirions-nous à cette heure d'une république plus en harmonie avec les principes démocratiques que celle que nous possédons ?

Nous ne pouvons du reste pas arguer de ce qui serait advenu si l'on avait fait autre chose que ce que l'on a fait. La vérité est que l'on se trouvait alors dans une situation difficile que tout le monde a été heureux de dénouer par la transaction de Février.

Les mêmes principes sont applicables à la question du divorce. Peut-être s'acheminerait-on plus rapidement vers la liberté complète en ne décrétant pas le retour au Code civil ; mais on s'y acheminerait par la corruption, par les unions illégitimes, au grand préjudice de la société. Voilà pourquoi sur ce terrain du Code civil peuvent se rencontrer loyalement ceux qui ne veulent pas aller trop loin tout en reconnaissant qu'il faut faire quelque chose, et ceux qui reconnaissent que la société n'est pas prête — à supposer qu'elle doive le devenir — à supporter une législation plus large, bien que, par eurs aspirations intimes, ils désirassent aller plus oin.

Quant à l'avenir, il ne dépend pas des désirs intimes 'aucun d'entre nous, mais des besoins du corps so- ial.

Ainsi que je le disais dans un chapitre précédent, la oi de 1803 suffira ou ne suffira pas.

Si elle suffit, les partisans d'une loi plus large renon- eront à leurs idées ou ne rencontreront pas d'écho arce que la société sera satisfaite. Si elle ne suffit pas os petits-neveux compléteront notre œuvre, mais le ésir de tel ou tel des promoteurs de la loi actuelle 'entrera pour rien dans les décisions qu'ils prendront.

Voilà pourquoi modifiant, en 1878, ma proposition de 1876, je n'ai demandé au parlement, voilà pourquoi je ne lui demanderai, si je suis réélu, à la prochaine législature, que le rétablissement du Code civil, sans que ce changement dans mon attitude *politique* ait en rien coïncidé avec un changement correspondant dans mes idées générales.

Mais, en déposant une proposition de loi sur le bureau de la Chambre des députés, je fais œuvre de législateur. En écrivant un livre, au contraire, je fais œuvre de penseur ; et si là je dois tenir compte des difficultés pratiques, ici je n'ai à me préoccuper que de ce que je crois être la vérité.

C'est ce qui fait, malgré la différence capitale entre ma proposition de loi de 1876 et ma proposition de loi de 1878, que je ne modifie en rien le présent chapitre, et que je reproduis simplement, quant aux cas dans lesquels philosophiquement le divorce devrait être admis, ce que j'écrivais lors de la publication de la première édition de cet ouvrage.

J'ai établi que le divorce est en conformité avec les principes fondamentaux de notre droit moderne ; J'ai réfuté les objections diverses qu'on oppose à son rétablissement et prouvé entre autres choses que l'intérê des enfants, loin de militer en faveur de l'indissolubilité du mariage, est un des plus forts arguments qu'on puisse invoquer contre cette indissolubilité.

J'ai rappelé enfin que la législation française pen dant vingt-trois ans et sept mois, sous la Révolution e sous le premier empire, a admis le divorce ; que de no jours la plupart des États de l'Europe et les États-Uni d'Amérique l'admettent, et cela, sans que la famille y soit moins respectée qu'elle ne l'est chez nous aujourd'hui. Il me reste à rechercher maintenant dans quelles conditions le divorce doit pouvoir être obtenu.

Doit-il être réservé à des cas graves prévus par la loi, comme cela est admis par les législations du plus grand nombre des États de l'Amérique du Nord ?

Doit-il être accordé lorsqu'il est demandé par les deux époux simultanément (divorce par consentement mutuel), comme c'est actuellement le cas en Allemagne pour les époux sans enfants, comme c'était jadis le cas chez nous, que les époux eussent ou non des enfants, lorsque l'ancien titre VI du Code civil était en vigueur ?

Doit-il être prononcé sur la demande d'un seul des époux, en dehors de toute cause déterminée, lorsque le magistrat, armé d'un pouvoir absolu en cette matière, juge que la vie commune est devenue intolérable, ainsi que cela se pratique en Prusse et en Suisse ?

Enfin, doit-il être accordé lorsqu'un seul des époux le demande sans spécifier de cause déterminée et démontre sa volonté persistante par une série de formalités que la loi indique, ainsi que cela se pratiquait en France sous l'empire de la loi du 20 septembre 1792 ?

A ces questions s'en ajoute une autre : la séparation de corps et de biens doit-elle être maintenue à côté du divorce, comme l'avait voulu la loi de 1803, ou doit-elle être abolie, comme l'avait voulu la loi de 1792 ?

En ce qui me concerne, je n'hésite pas. Je suis pour 'abolition pure et simple de la séparation de corps, t je me prononce, relativement au divorce, pour la olution la plus large.

Je suis pour l'abolition pure et simple de la séparation de corps, parce que cette institution me paraît inutile et immorale : inutile en ce qu'il est toujours facultatif aux époux divorcés de ne pas se remarier, si leur conscience s'y oppose, et de faire que leur divorce vaille comme simple séparation ; immorale parce qu'en entraînant des unions extra-légales, des naissances illégitimes, et, en général, toutes les conséquences développées plus haut, elle nuit au développement et à la bonne harmonie de la société.

Je suis pour la solution la plus large relativement au divorce, par la raison que plus on multiplie les entraves à la faculté de divorcer et plus on se rapproche de la loi actuelle, en diminuant d'autant les heureux effets que la loi du divorce ne peut manquer d'apporter. Je suis pour la solution la plus large, parce que j'ai au plus haut degré le respect de la liberté individuelle et que je ne saurais admettre, en aucun cas, que la loi puisse contraindre les citoyens corporellement dans un ordre de choses où, en dehors de la libre volonté, il n'y a plus que dégradation, immoralité révoltante. Je suis enfin pour la solution la plus large parce qu'en imposant aux époux qui veulent divorcer l'obligation d'exciper de causes déterminées, on les incite à commettre les actes blâmables qui leur fournissent les motifs de divorce exigés par la loi.

Il est un premier point indiscutable, c'est que le divorce par consentement mutuel doit être conservé ; j'en ai fourni une démonstration irréfutable dans le troisième chapitre de cet ouvrage. Treilhard en avait d reste péremptoirement établi la nécessité dans le passage suivant de son rapport :

« Citoyens législateurs, parmi les causes déterminées de divorce, il en est quelques-unes d'une telle gravité, qui peuvent entraîner de si funestes conséquences pour l'époux défendeur (telles, par exemple, que les attentats à la vie), que des êtres doués d'une excessive délicatesse préféreraient les tourments les plus cruels, la mort même, au malheur de faire éclater ces causes par des plaintes judiciaires. Ne convenait-il pas, pour la sûreté des époux, pour l'honneur des familles toujours compromis, quoi qu'on puisse dire, dans ces fatales occasions, pour l'intérêt même de toute société, de ne pas forcer une publicité non moins amère pour l'innocent que pour le coupable?

» L'honnêteté publique n'empêcherait-elle pas une femme de traîner à l'échafaud son mari, quoique criminel? Faudrait-il aussi, toujours et nécessairement, our terminer le supplice d'un mari infortuné, le contraindre à exposer au grand jour des torts qui l'ont lessé cruellement dans ses plus douces affections et ont la publicité le vouera cependant à la malignité ublique? L'injustice, sans doute, est ici du côté du ublic : mais se trouve-t-il beaucoup d'hommes assez orts, assez courageux pour la braver? Est-on maître e détruire tout à coup le préjugé, et ne faut-il pas énager un peu l'empire de cette opinion quelquefois juste, j'en conviens, mais qui peut aussi, sur beaucoup de points, atteindre et flétrir, quand elle est bien irigée, des vices qui échappent aux poursuites des is?

» Si le divorce pouvait avoir lieu dans des cas semblables, sans éclat et sans scandale, ce serait un bien on serait forcé d'en convenir.

» . . . . . »

Ces arguments sont sans réplique. Pourquoi donc le même homme qui les fait valoir proposait-il, dans la loi de 1803, de rendre le divorce par consentement mutuel impossible : 1° quand le mariage est conclu depuis moins de *deux ans;* 2° lorsqu'il est conclu depuis plus de *vingt ans;* 3° lorsque la femme a dépassé sa quarante cinquième année ; 4° lorsque les époux n'obtiennent pas le consentement de leurs parents quatre fois-reproduit ?

Est-ce qu'une femme, dont le mari a attenté à la vie six mois après son mariage, sera moins intéressante que si elle était mariée depuis deux ans, et sera moins arrêtée par cette « honnêteté publique qui empêche une femme de traîner son mari à l'échafaud, quoique criminel » ?

Est-ce qu'un mari, dont la femme a été adultère aura moins souci de l'opinion publique parce que so mariage datera de vingt ans, ou parce que sa femm aura dépassé sa quarante-cinquième année ?

Enfin, qu'ont à voir les parents en cette matière ?

On comprend à la rigueur que le consentement de parents soit exigé lorsqu'il s'agit de conclure un mariage, parce que, à l'abri des entraînements de la pasion, ils peuvent ainsi empêcher des unions désastreuses ; et cependant la loi ne leur permet pas d'empêch mais seulement de retarder un mariage en renda nécessaires certaines formalités.

Mais lorsqu'un mariage est conclu et que la vie entre époux est intolérable, qui donc est le meilleur juge? les parents ou les parties intéressées? Ne se peut-il même pas que les époux ne veuillent pas, par délicatesse, mettre leurs parents dans la confidence des faits qui dictent leur détermination? Et cependant, quoique cette intervention ne s'explique plus ici, le législateur de 1803 faisait de ce consentement des parents, qui n'est pas une condition indispensable lorsqu'il s'agit d'un mariage à conclure, une condition indispensable lorsqu'il s'agissait d'un mariage à dissoudre par voie de consentement mutuel.

C'était une contradiction que l'on pouvait justifier par des considérations d'opportunité politique, mais qui, vue de haut par le philosophe, ne se justifie pas.

Reste cette question : quand le divorce est demandé par un seul des époux, faut-il exiger que cet époux, invoque des motifs déterminés par la loi, ainsi que le voulait le Code civil?

Faut-il n'admettre comme cause de divorce, ainsi que le voulait la Convention nationale, que l'affirmation d'une volonté persistante, en enlevant à l'époux demandeur la faculté de motiver sa demande?

Faut-il lui permettre de choisir entre l'allégation de causes déterminées ou la simple affirmation de sa volonté persistante, comme l'avait voulu la loi du 20 septembre 1792?

Je suis pour la solution de 1792, quoique les deux termes dont elle se compose aient donné lieu à de sérieuse controverses.

Ainsi qu'on peut le voir en lisant le compte rendu

des séances de la Convention nationale, une vive discussion s'éleva en 1793, dans le sein de cette grande assemblée, sur le point de savoir si la faculté d'alléguer des causes déterminées devait être conservée, et la question fut résolue dans le sens de la négative.

Le grand argument invoqué contre l'allégation de motifs déterminés était que cette allégation de motifs, le plus souvent honteux, est une cause permanente de scandale ; qu'en mettant à nu les vices des parents elle leur enlève le respect de leurs enfants ; qu'enfin, elle est inutile, la volonté devant suffire à briser un nœud que la volonté seule a établi.

Ces arguments seraient fondés si le contrat de mariage n'entraînait pas pour les époux des effets autres que la nécessité de cohabiter, de vivre ensemble.

Mais il en entraîne d'autres. Il y a les enfants ; il y a aussi les intérêts matériels, les avantages pécuniaires que les époux peuvent s'être reconnus.

Qu'adviendra-t-il des enfants ? qu'adviendra-t-il des avantages reconnus par l'un des époux à l'autre ?

Telles sont les questions qui se posent et qui exigent pour l'époux demandeur en divorce le droit de pouvoir exciper de motifs déterminés.

En dehors, en effet, du divorce par consentement mutuel, où tout est réglé à l'amiable, ces intérêts peuvent, doivent même le plus souvent devenir l'objet d'un litige.

Comment le résoudre ?

Par le principe qui régit tous les contrats.

Quand il n'y a pas consentement mutuel, quand la dissolution du mariage est demandée par un seul des époux, il est juste que celui-là perde les avantages qui résultaient pour lui du contrat qui en rend la résiliation nécessaire.

Celui-là conservera donc les enfants qui aura résisté au divorce, si le divorce est provoqué par la volonté d'un seul des époux, à moins que cet époux ne puisse démontrer qu'il a été contraint à cette dure nécessité par des circonstances spéciales, telles par exemple qu'inexécution des clauses du contrat par son conjoint, et c'est ici qu'interviennent les motifs déterminés de divorce.

En outre, quelle que soit la liberté légale reconnue à chacun de nous, il est clair que les mœurs continueront de condamner les personnes à amours légères qui du mariage et du divorce se feraient un caprice et un jeu, et il est dès lors parfaitement juste qu'un époux puisse, en faisant connaître les motifs qui dictent sa détermination, se justifier de toute accusation de légèreté.

Il faut donc conserver le divorce pour causes déterminées, et je pense même qu'il faudrait accroître le nombre des causes déterminées pour lesquelles le divorce doit pouvoir être demandé ; qu'à celles qui étaient admises par la loi française de 1803, il serait bon d'ajouter celles qui sont admises par les lois prussienne, suisse et américaine.

Quant au divorce sans cause déterminée, provoqué par la volonté persistante d'un seul des époux, il n'a jamais été reconnu légalement que dans les lois de la période révolutionnaire et n'a été discuté qu'à cette époque.

Il fut contesté à la Législative, en 1792, par Sedillez.

Sedillez s'appuyait sur ce que, quand un contrat a été accepté par deux personnes agissant en pleine liberté, il ne saurait être loisible à l'autre de le rompre sans motifs sérieux, la résiliation d'un contrat ne pouvant résulter que du consentement mutuel des parties, de l'inexécution par l'une des parties des clauses acceptées par elle, ou de certaines conditions prévues par le contrat lui-même.

Cette argumentation serait irréfutable si le mariage était un contrat comme un autre; mais c'est, ainsi que je l'ai établi dans le premier chapitre de cet ouvrage, un contrat spécial, un de ces contrats que le droit moderne repousse, en ce sens qu'il contraint les individus corporellement, un *contrat personnel*.

Or, il est contraire au principe de notre civilisation actuelle qu'un homme ou une femme puisse être contraint corporellement; les contrats personnels n'ont d'autre sanction que la condamnation à des dommages-intérêts ou des condamnations analogues, jamais l'*obligation de faire*.

Le divorce est donc de droit lorsqu'un des époux l'exige, alors même qu'il ne s'appuie sur aucun motif légal pour l'exiger.

Seulement, alors, il est juste, puisque c'est lui qui rompt l'union conjugale, qu'il perde les avantages qui avaient pu lui être faits dans la communauté et que la garde des enfants soit confiée à son conjoint, ce dernier ne pouvant souffrir dans ses intérêts les plus chers d'une décision que rien de sa part n'a justifiée.

A côté de ces arguments juridiques, il est facile d'invoquer en faveur du divorce provoqué par la volonté d'un seul — de la répudiation, comme l'appelait Sedillez, — des arguments rationnels.

La vie entre époux peut être intolérable sans que le mari ni la femme puisse alléguer un des faits graves que la loi qualifie *cause déterminée ;* et cependant, il est possible que, dans ces conditions, l'un des époux ait un intérêt suffisant à s'opposer au divorce pour qu'il refuse avec obstination son consentement. C'est en vue de ces cas que la loi suisse et la loi prussienne ont armé la justice d'un pouvoir discrétionnaire.

Mais la justice n'est pas toujours compétente; elle n'est pas toujours capable de fournir un jugement éclairé.

Prenons un exemple. Dans beaucoup de législations, l'impuissance est une cause de divorce. Or, sauf un très petit nombre de cas, l'impuissance ne peut pas être médicalement établie. Comment donc le juge prendra-t-il une décision lorsque l'époux défendeur refusera soit de consentir au divorce, soit de se reconnaître impuissant, et lorsque l'art ne pourra pas établir l'impuissance? Le juge sera obligé de prendre une décision négative, et l'époux demandeur, dont les griefs seront de ceux que loi admet, ne pourra pas en bénéficier, uniquement parce que la démonstration lui sera impossible à faire.

Et si l'un des époux a attenté à la vie de l'autre, à plusieurs reprises, par jalousie; si, d'ailleurs, mû par une passion ardente, il se refuse à consentir au divorce, l'autre époux se trouvera-t-il moins placé dans cette alternative cruelle dont parle Treilhard, de courir les plus grands dangers ou de livrer son conjoint à la vindicte des lois?

En toute chose, il faut être conséquent : si, admettant le divorce, nous voulons être conséquents, au moins dans le domaine spéculatif, il faut que nous allions jusqu'où étaient allées la Législative et la Convention nationale.

Qu'objecte-t-on au point de vue purement rationnel à la possibilité du divorce provoqué par un seul des époux sans cause déterminée ?

Que l'un des époux qui n'aime plus ne saurait être admis à jeter le désespoir dans l'âme de son conjoint qui aime encore ; que l'intérêt des enfants doit être sauvegardé ; que s'il dépendait d'un seul des époux d'obtenir le divorce sans alléguer aucun grief déterminé, les divorces seraient trop nombreux et auraient pour conséquence la dissolution de la famille.

Sur les deux premiers points, M. Léon Richer, dans son livre, *le Divorce*, répond avec une logique serrée par le passage suivant que je ne saurais mieux faire que de reproduire :

« Le devoir veut qu'un homme, qu'une femme à qui répugnent les obligations conjugales, ne restent pas soumis honteusement aux *servitudes* (ce ne sont plus que des servitudes) qu'impose forcément la cohabitation.

» Et je parle, en m'exprimant ainsi, non seulement au nom du devoir moral, mais encore au nom du devoir religieux.

» J'ajoute que je parle au nom de la pudeur.

» Si quelqu'un ose me contredire sur ce dernier point, je me charge de lui répondre !

» Mais j'entends formuler une autre objection ; celle-là, je l'avoue, m'émeut et me touche.

» C'est toujours du devoir qu'il s'agit, mais du devoir entrevu sous un autre aspect.

» Deux jeunes époux se sont liés l'un à l'autre, ils ont consenti librement, volontairement, une union basée tout à la fois sur les convenances et leur mutuelle affection ; ils se plaisaient, ils s'aimaient. L'un d'eux peut-il donc, plus tard, sous prétexte d'autonomie, de dignité, de respect de soi, exiger une rupture qui, peut-être, va jeter le désespoir dans l'âme de celui qui continue toujours d'aimer ?

» Oui ! répondrai-je.

» Pas plus, entendez-vous bien, que vous n'êtes tenu, par bonté de cœur, d'épouser l'homme ou la femme qui vous aime, mais que vous n'aimez pas, je ne vous regarde pas comme obligé de rester la femme ou le mari de l'être que vous avez cessé d'aimer, — que vous haïssez peut-être !

» Est-ce que vous tenez compte, avant le mariage, de cette délicate question de l'amour non partagé ? Vous jetez-vous généreusement dans les bras de la personne qui vous aime, pour lui éviter les larmes ? Non : vous détournez la tête, si vos affections vous portent ailleurs, et vous ne vous croyez pas bien cruel pour cela.

» La réponse peut paraître fort dure, je ne me le dissimule pas ; mais qu'on veuille bien y réfléchir, et l'on verra qu'au fond j'ai raison. Mon esprit se refuse à comprendre qu'un époux malmené par l'autre (la désaffection ne vient guère sans que des causes sérieuses l'aient amenée), ou même un époux qui n'aime plus —

qui aime ailleurs, si vous voulez — soit contraint de se sacrifier au bon plaisir de son conjoint; c'est, il me semble, pousser un peu loin le dévouement et l'abnégation. »

Quoi de plus juste ? Quoi de plus vrai ?

L'amour seul enlève aux relations sensuelles le caractère de brutalité et de débauche, les moralise et les purifie.

Dès qu'un homme se donne à une femme ou une femme à un homme sans amour, avec un sentiment de répulsion, quand bien même ce serait par dévouement, il y a prostitution, dégradation.

Aucun homme délicat n'accepterait qu'une femme lui dît : « Je ne t'aime pas, mais, puisque tu m'aimes, je me livre à toi pour t'éviter une souffrance, quoique de mon côté je ne partage pas ton amour. » Il trouverait, dans cet abandon sans amour, une cause de souffrance mille fois plus grande que dans les tourments d'une passion non satisfaite. Et cependant il s'agirait ici d'un sacrifice consenti ; que serait-ce donc s'il s'agissait d'un sacrifice imposé ?

L'idée d'imposer à une femme ou à un homme le *devoir conjugal* est si odieuse, si directement opposée au sentiment de la pudeur, qu'on a peine à comprendre comment une idée pareille a pu passer dans la législation à une époque de barbarie, comment elle s'y est conservée à une époque de civilisation, et comment on peut hésiter à l'en faire disparaître à cette heure.

Je reprends la citation de M. Léon Richer :

« Soit, dira-t-on, une femme ne doit rien au mari qui la maltraite ou qu'elle n'aime plus ; un mari ne doit rien à la femme qui lui rend la vie commune odieuse ou seulement insupportable ; mais n'y a-t-il pas pour vous, dans certaines circonstances, obligation morale de supporter les inconvénients d'un ménage mal assorti, pour sauver de l'abandon et de l'isolement les enfants que vous avez mis au jour ? Vous êtes père, vous êtes mère, vous devez bien quelque chose au petit être innocent qui tient de vous la vie. Dégagé de toute obligation à l'égard des autres, vous ne l'êtes pas au même degré vis-à-vis de lui. Votre tâche, tâche sacrée ! est de l'élever. Ici le devoir est impérieux, il n'admet pas de restrictions. Tant qu'il n'est pas rempli, vous ne vous appartenez pas.

» Voici ma réponse :

» Si les obligations de la parenté sont grandes, ce que je ne nie pas, vous n'avez à vous préoccuper que d'une chose : la manière dont je les remplirai. Pourvu que je ne déserte pas la tâche qui m'incombe, le droit que je possède, et que vous ne pouvez me contester, de disposer de mes affections et de ma personne, reste entier. Il ne faut pas, sous prétexte du droit de l'enfant, annuler le droit du père, fouler aux pieds celui de la mère. Un droit en vaut un autre. Et si l'enfant est garanti, la société n'a rien à demander de plus.

» Nous nous devons à nos enfants, mais nous nous devons aussi à nous-mêmes.

» Sauvegarder ces deux droits, voilà tout le problème.

» Mais il serait mauvais, il serait immoral que l'un étouffât l'autre.

» Le droit du père est égal au droit du fils ; le droit de la mère vaut celui de la fille.

» Ici, encore une fois, le devoir se confond, s'identifie avec le droit. C'est en se respectant soi-même, en ne prostituant ni son âme, ni son corps, qu'on élève le niveau moral de la famille. »

M. Léon Richer aurait pu ajouter qu'en cette matière les mœurs sont plus puissantes que la loi et que, en rendant la loi libérale, on ne supprime pas les garanties que nous donnent les mœurs, ces dernières s'exagérant au contraire à mesure que les prétendues garanties légales diminuent.

Le mariage n'est point une loi coercitive. Les citoyens ne sont point obligés de se marier et les unions libres ne sont point punies par notre législation lorsqu'elles ne se compliquent pas d'adultère.

Pourquoi se marie-t-on? pourquoi enchaîne-t-on sa liberté, quand dans la loi rien n'y oblige?

Parce que l'obligation qu'on ne rencontre pas dans la loi, on la rencontre dans les mœurs.

Parce que la femme est déconsidérée lorsqu'elle se donne ouvertement à un homme en dehors du mariage et que nul ne se déconsidère de propos délibéré.

Le jour où vous aurez établi le divorce dans les conditions les plus larges, vous n'aurez pas supprimé les mœurs, vous n'aurez pas supprimé l'opinion publique; et comme l'opinion publique frappera d'autant plus les unions légères que l'indissolubilité du mariage ne sera plus là pour les justifier, vous trouverez en elle des garanties supérieures à celles que vous perdrez du côté de la loi.

Je dis supérieures et je le prouve.

De nos jours l'adultère est plus fréquent que les unions libres entre jeunes gens non mariés. En voici la raison : Qu'un homme non marié fasse la cour à une jeune fille ; celle-ci lui répond : « *Épousez-moi ou retirez-vous.* »

Mais qu'un homme marié fasse la cour à une jeune fille, ou un jeune homme à une femme mariée ; comme la loi ne leur permet pas le mariage, si l'amour existe, on se livre l'un à l'autre, un adultère est commis. Dans ce cas, les enfants qui naissent sont inscrits sous le nom d'un homme qui n'est pas leur père, ou n'ont aucune garantie contre l'abandon dans lequel leurs vrais parents peuvent les laisser d'autant plus facilement que, leur liaison étant clandestine, l'opinion publique n'est pas appelée à contrôler leurs actes.

Si le divorce existait, et s'il était très facile à obtenir, l'adultère deviendrait plus rare encore que les unions libres entre gens non mariés ; le nombre des liaisons clandestines irait en diminuant et, avec elles, diminuerait aussi le nombre des enfants que cette clandestinité prive de toute garantie.

Quant à la dernière objection que l'on invoque contre le divorce provoqué par la volonté persistante d'un seul des époux : que le nombre des divorces serait trop considérable ; qu'il était très considérable, en effet, sous le régime institué en 1792, elle ne me touche pas du tout.

D'abord, il ne m'est point démontré que le divorce soit un mal plus grand que la vie en commun d'êtres qui se haïssent. Je crois, pour ma part, le contraire.

Quelle que soit d'ailleurs l'opinion que l'on professe sur ce point, il est difficile de ne pas voir qu'une loi permettant aux époux de se quitter et de se remarier ne ferait pas naître les situations qu'on redoute, mais se bornerait à les faire apparaître au grand jour, à les enregistrer, et les atténuerait en les régularisant.

De nos jours les séparations judiciaires sont les seules dont la statistique nous permette de connaître le nombre. Pour toutes les autres, j'ai déjà insisté sur ce point, il existe un voile qui les couvre et, ne les voyant pas, nous nous berçons de l'illusion qu'elles n'existent pas.

Elles existent cependant et, si l'on comprend parmi elles non seulement les cas où les époux sont complètement séparés, mais à l'amiable, sans l'intervention de la justice, jusqu'à ceux où, tout en habitant la même maison, ils ont cessé toute relation conjugale et se sont donné, la femme un amant, le mari une maîtresse, nous ne dépasserons pas la vérité en disant que, pour une séparation légalement constatée, il y a dix séparations, *dix divorces* qui ne le sont pas.

Où donc serait le mal de rendre patent cet état de choses actuellement latent ? où serait le mal de le régulariser, de le légaliser, pour faire cesser au moins ce que ces situations, aujourd'hui hétéroclites, ont de plus mauvais : la stérilité, l'abandon des enfants, la charge d'enfants qui n'appartiennent pas au mari auquel ils incombent, l'adultère et la bâtardise ?

Pour moi, je ne verrais en tout cela que des côtés avantageux et essentiellement moralisateurs. Peu enclin aux procédés de l'autruche, qui, dit-on, cache sa tête sous son aile pour ne pas voir le danger qui la menace, je n'aime pas à m'endormir dans une vaine sécurité ; je n'aime pas à voiler la vérité et à me déclarer satisfait parce que je ne vois plus le mal qui nous dévore.

On ne sortira pas de ce dilemne :

Ou cette espèce de *papillonne*, qui pousse les hommes et les femmes à se prendre et à se quitter malgré les lois qui le leur défendent, est le résultat fatal, et sans inconvénients, des erreurs impossibles à éviter dans le mariage, et alors pourquoi donner des inconvénients graves à ce qui n'en aurait pas sans les entraves qu'on y apporte?

Ou bien cette papillonne est un mal auquel il est urgent de remédier. Et alors il est nécessaire de la laisser s'étaler librement, car c'est seulement lorsqu'on connaîtra l'étendue du mal qu'on comprendra la nécessité d'y porter remède et qu'on trouvera dans l'opinion publique, agissant sur l'homme comme elle agit de nos jours sur la femme, le seul remède possible et efficace.

Malgré toutes ces considérations, j'avais un moment hésité, même en 1876, en rédigeant ma proposition de loi, à y maintenir le divorce provoqué par la volonté d'un seul des époux sans cause déterminée. J'étais convaincu qu'un grand nombre de mes collègues ne me suivraient pas jusque-là, et, préoccupé du succès de ma proposition, je m'étais demandé, dès cette époque, si je ne ferais pas mieux, par esprit de transaction, de me borner au divorce par consentement mutuel et au divorce pour causes déterminées, sauf à affirmer dans ce livre la généralité du principe.

Je n'avais pas cru alors devoir m'arrêter devant cette considération.

« La prise en considération d'une proposition de loi,

me disais-je, ne préjuge pas l'adoption dans son ensemble par la Chambre du projet qui lui est soumis. Elle signifie seulement que la Chambre accepte le principe général sur lequel ce projet repose.

» Si donc la Chambre des députés de 1876 prend en considération ma proposition de loi, la Commission qu'elle élira dans ses bureaux demeurera libre de l'amender, de la modifier. Je puis, par conséquent, sans nuire en aucune manière au succès de ce qui est dans la conviction de mes collègues comme dans la mienne, présenter la proposition de loi qui répond le plus complètement à mes vues, laissant d'ailleurs à la Chambre le soin de juger et d'accepter ce qui est actuellement compatible avec ses sentiments propres et les sentiments de ses électeurs. »

En agissant ainsi, je demeurais dans la logique des oppositions, dont le rôle est non seulement d'introduire des propositions actuellement réalisables, mais encore de préparer l'avenir en posant les questions au sein des assemblées délibérantes et en les y défendant, pour que le pays, à son tour, les mûrisse et donne dans une élection future à ses élus le mandat formel de les traduire en lois.

Voilà pourquoi, dans ma première proposition, j'avais consacré, tout comme dans la loi du 20 septembre 1792 et dans le projet de Code civil de la Convention, un paragraphe spécial fixant les conditions du divorce sans causes déterminées provoqué par la volonté persistante d'un seul des époux.

La Chambre de 1876 n'admit pas cette manière de procéder et, constamment elle repoussa les propositions qui ne répondaient pas à son sentiment dans la forme, alors même qu'elle en admettait le principe général. C'est ce qui fait que, voulant obtenir un résultat, j'ai renoncé, en tant que législateur, ainsi que je l'ai expliqué plus haut, à un système sans issue, et que je propose aujourd'hui ce que je sais pouvoir aboutir, réservant à la discussion philosophique, au livre, la défense de l'ensemble de mes idées.

CHAPITRE XII

LOI DU 20 SEPTEMBRE 1792; PROJET DE CODE CIVIL ET DÉCRETS DE LA CONVENTION SUR LE DIVORCE

I

LOI DU 20 SEPTEMBRE 1792 (1)

L'Assemblée nationale, considérant combien il importe de faire jouir les Français de la faculté du divorce, qui résulte de la liberté individuelle dont un engagement indissoluble serait la perte; considérant que déjà plusieurs époux n'ont pas attendu, pour jouir des avantages de la disposition constitutionnelle suivant laquelle le mariage n'est qu'un contrat civil, que la loi eût réglé les effets du divorce, décrète qu'il y a urgence.

L'Assemblée nationale, après avoir décrété l'urgence, décrète sur les causes, le mode et les effets du divorce, ce qui suit :

§ Ier — *Des causes du Divorce.*

Article premier. — Le mariage se dissout par le divorce.

(1). *Moniteur universel*, 1792, t. I, p. 1202, n° 284.

Art. 2. — Le divorce a lieu par le consentement mutuel des époux.

Art. 3. — L'un des époux peut faire prononcer le divorce sur la simple allégation d'incompatibilité d'humeur ou de caractère.

Art. 4. — Chacun des époux peut également faire prononcer le divorce sur des motifs déterminés, savoir : 1° sur la démence, la folie ou la fureur de l'un des époux; 2° sur la condamnation de l'un d'eux à des peines afflictives ou infamantes; 3° sur les crimes, sévices ou injures graves de l'un envers l'autre; 4° sur le dérèglement de mœurs notoire; 5° sur l'abandon de la femme par le mari ou du mari par la femme, pendant deux ans au moins; 6° sur l'absence de l'un d'eux sans nouvelles au moins pendant cinq ans; 7° sur l'émigration dans les cas prévus par les lois, notamment par le décret du 8 avril 1792.

Art. 5. — Les époux maintenant séparés de corps par jugement exécuté, ou en dernier ressort, auront mutuellement la faculté de faire prononcer leur divorce.

Art. 6. — Toutes demandes et instances en séparation de corps non jugées sont éteintes et abolies : chacune des parties paye ses frais. Les jugements de séparation non exécutés ou attaqués par l'appel, demeurent comme non-avenus; le tout, sauf aux époux à recourir à la voie du divorce, aux termes de la présente loi.

Art. 7. — A l'avenir, aucune séparation de corps ne pourra être prononcée; les époux ne pourront être désunis que par le divorce.

§ II. — *Modes du divorce.* — *Divorce par consentement mutuel.*

Article 1ᵉʳ. — Le mari et la femme qui demanderont conjointement le divorce, seront tenus de convoquer une asssemblée de six au moins des plus proches parents, ou d'amis, à défaut de parents ; trois des parents ou amis seront choisis par le mari, les trois autres seront choisis par la femme.

Art. 2. — L'assemblée sera convoquée à jour fixe et en convenu avec les parents ou amis : il y aura au moins un mois d'intervalle entre le jour de la convocation et celui de l'assemblée ; l'acte de convocation sera signifié par un huissier aux parents ou amis convoqués.

Art. 3. — Si au jour de la convocation un ou plusieurs des parents ou amis convoqués ne peuvent se trouver à l'assemblée, les époux les feront remplacer par d'autres parents ou amis.

Art. 4. — Les deux époux se présenteront en personne à l'assemblée, ils y exposeront qu'ils demandent le divorce. Les parents ou amis assemblés leur feront les observations et représentations qu'ils jugeront convenables ; si les époux persistent dans leur dessein, il sera dressé par un officier municipal, requis à cet effet, un acte contenant simplement que les parents et amis ont entendu les époux en assemblée dûment convoquée, et qu'ils n'ont pu les concilier : la minute de cet acte signée des membres de l'assemblée, des deux époux et de l'officier municipal, avec mention de ceux qui n'auront su ou pu signer, sera déposée au greffe de la municipalité, il en sera délivré expédition aux époux gratuitement, et sans droits d'enregistrement.

Art. 5. — Un mois au moins, et six mois au plus, après la date de l'acte énoncé dans l'article précédent, les époux pourront se présenter devant l'officier public, chargé de recevoir les actes de mariage, dans la municipalité où le mari a son domicile; et, sur leur demande, cet officier public sera tenu de prononcer leur divorce sans entrer en connaissance de cause ; les partie et l'officier public se conformeront aux formes prescrite à ce sujet dans la loi sur les actes de naissances, ma riages et décès.

Art. 6. — Après le délai de six mois, mentionn dans le précédent article, les époux ne pourront êtr admis au divorce, par consentement mutuel, qu'en ob servant de nouveau les même délais et les mêmes for malités.

Art. 7. — En cas de minorité des époux ou de l'u d'eux, ou s'ils ont des enfants nés de leur mariage, le délais ci-dessus indiqués, d'un mois pour la convocatio de l'assemblée de famille et d'un mois au moins aprè l'acte de non-conciliation, pour faire prononcer le di vorce, seront doubles; mais le délai fatal de six mois après l'acte de non-conciliation, pour faire prononce le divorce, restera le même.

ode du divorce, sur la demande d'un des époux, pour simple cause d'incompatibilité.

Art. 8. — Dans le cas où le divorce sera demandé par un des époux contre l'autre, pour cause d'incompatiilité d'humeur ou de caractère, sans autre indication e motifs, il convoquera une première assemblée de paents, ou d'amis à défaut de parents, laquelle ne pourra voir lieu qu'un mois après la convocation.

Art. 9. — La convocation sera faite devant l'un des fficiers municipaux du domicile du mari, en la maison ommune du lieu, aux jour et heure indiqués par cet fficier ; l'acte en sera signifié à l'époux défendeur, avec a déclaration des noms et demeures des parents ou amis, u nombre de trois au moins, que l'époux demandeur ntend faire trouver à l'assemblée, et invitation à l'époux éfendeur de comparaître à l'assemblée et d'y faire rouver, de sa part, également trois, au moins, de ses arents ou amis.

Art. 10. — L'époux, demandeur en divorce, sera tenu e se présenter en personne à l'assemblée ; il entendra insi que l'époux défendeur, s'il comparaît, les repréentations des parents ou amis, à l'effet de les concilier ; i la conciliation n'a pas lieu, l'assemblée se prorogera à eux mois, et les époux y demeureront ajournés ; l'ofcier municipal sera tenu de se retirer pendant les exlications et le débat de famille ; en cas de nou-conciation, il sera rappelé dans l'assemblée pour en dresser cte, ainsi que de la prorogation dans la forme prescrite par l'article 4 ci-dessus ; expédition de cet acte sera délivrée à l'époux demandeur qui sera tenu de le faire signifier à l'époux défendeur, si celui-ci n'a pas comparu à l'assemblée.

Art. 11. — A l'expiration des deux mois l'époux demandeur sera tenu de comparaître de nouveau en personne ; si les représentations qui lui seront faites, ainsi qu'à son époux, s'il comparaît, ne peuvent encore les concilier, l'assemblée se prorogera à trois mois, et les époux y demeureront ajournés ; il en sera dressé acte, et la signification en sera faite, s'il y a lieu, comme au cas de l'article précédent.

Art. 12. — Si, à la troisième séance de l'assemblée à laquelle le provoquant sera également tenu de comparaître en personne, il ne peut être concilié, et persiste définitivement dans sa demande, acte en sera dressé ; il lui en sera délivré expédition, qu'il fera signifier à l'époux défendeur.

Art. 13. — Si, aux première, seconde ou troisième assemblées, les parents ou amis indiqués par le demandeur en divorce ne peuvent s'y trouver, il pourra le faire remplacer par d'autres à son choix ; l'époux défendeur pourra aussi faire remplacer à son choix l[es] parents ou amis qu'il aura fait présenter aux premièr[es] assemblées, et enfin l'officier municipal lui-même chargé de la rédaction des actes des ces assemblée[s] pourra, en cas d'empêchement, être remplacé par u[n] de ses collègues.

Art. 14. — Huitaine au moins ou au plus dans les si[x] mois après la date du dernier acte de non-conciliatio[n] l'époux provoquant pourra se présenter pour faire pr[ononcer]

noncer le divorce devant l'officier public chargé de recevoir les actes de mariage dans la municipalité où le mari a son domicile ; il observera, ainsi que l'officier public, les formes prescrites à ce sujet dans la loi sur les actes de naissances, mariages et décès ; après les six mois, il ne pourra y être admis qu'en observant de nouveau les mêmes formalités et les mêmes délais.

Mode du divorce sur la demande d'un des époux pour cause déterminée.

Art. 15. — En cas de divorce demandé par l'un es époux pour l'un des sept motifs déterminés, indiués dans l'article 4 du paragraphe 1er ci-dessus, ou our cause de séparation de corps, aux termes de l'aricle 5, il n'y aura lieu à aucun délai d'épreuve.

Art. 16. — Si les motifs déterminés sont établis par es jugements, comme dans les cas de séparation de orps ou de condamnation à des peines afflictives ou nfamantes, l'époux qui demandera le divorce pourra e pourvoir directement pour le faire prononcer devant 'officier public chargé de recevoir les actes de mariage ans la municipalité du domicile du mari ; l'officier pulic ne pourra entrer en aucune connaissance de cause ; 'il s'élève devant lui des contestations sur la nature ou validité des jugements représentés, il renverra les arties devant le tribunal de district, qui statuera en ernier ressort et prononcera si ces jugements suffisent our autoriser le divorce.

Art. 17. — Dans le cas de divorce pour absence de

cinq ans sans nouvelles, l'époux qui le demandera pourra également se pourvoir directement devant l'officier public de son domicile, lequel prononcera le divorce sur la présentation qui lui sera faite d'un acte de notoriété constatant cette longue absence.

Art. 18. — A l'égard du divorce fondé sur les autres motifs déterminés, indiqués dans l'article 4 du paragraphe 1er ci-dessus, le demandeur sera tenu de se pourvoir devant des arbitres de famille en la forme prescrite dans le Code de l'ordre judiciaire pour les contestations d'entre mari et femme.

Art. 19. — Si, d'après la vérification des faits, les arbitres jugent la demande fondée, ils renverront le demandeur en divorce devant l'officier du domicile du mari pour faire prononcer le divorce.

Art. 20. — L'appel du jugement arbitral en suspendra l'exécution ; cet appel sera instruit sommairement et jugé dans le mois.

§ III. — *Effets du divorce par rapport aux époux.*

Art. 1er. — Les effets du divorce, par rapport à la personne des époux, sont de rendre au mari et à la femm leur entière indépendance, avec la faculté de contracte un nouveau mariage.

Art. 2. — Les époux divorcés peuvent se remarier ensemble. Ils ne pourront contracter avec d'autres u nouveau mariage qu'un an après le divorce, lorsqu'il été prononcé sur consentement mutuel, ou pour simpl cause d'incompatibilité d'humeur ou de caractère.

Art. 3. — Dans le cas où le divorce a été prononc

pour cause déterminée, la femme ne peut également contracter un nouveau mariage avec un autre que son premier mari, qu'un an après le divorce, si ce n'est qu'il soit fondé sur l'absence du mari depuis cinq ans sans nouvelles.

Art. 4. — De quelque manière que le divorce ait lieu, les époux divorcés seront réglés par rapport à la communauté de biens ou à la société d'acquêts qui a existé entre eux, soit par la loi, soit par la convention, comme si l'un d'eux était décédé.

Art. 5. — Il sera fait exception à l'article précédent pour le cas où le divorce aura été obtenu par le mari contre la femme pour l'un des motifs déterminés, énoncés dans l'article 4 du paragraphe 1er ci-dessus, autre que la démence, la folie ou la fureur ; la femme, en ce cas, sera privée de tous droits et bénéfices dans la communauté des biens ou société d'acquêts ; mais elle reprendra les biens qui y sont entrés de son côté.

Art. 6. — A l'égard des droits matrimoniaux emportant gains de survie, tels que douaire, augment de dot ou agencement, droit de viduité, droit de part dans les biens meubles ou immeubles du prédécédé, ils seront, dans tous les cas de divorce, éteints et sans effet. Il en sera de même des dons et avantages pour cause de mariage, que les époux ont pu se faire réciproquement ou l'un à l'autre, ou qui ont pu être faits à l'un d'eux par les père, mère ou autres parents de l'autre. Les dons mutuels, faits depuis le mariage et avant le divorce, resteront aussi comme non-avenus et sans effet. Le tout, sauf les indemnités ou pensions énoncées dans les articles qui suivent.

Art. 7. — Dans le cas de divorce pour l'un des motifs déterminés, énoncés dans l'article 4 du paragraphe 1ᵉʳ ci-dessus, celui qui aura obtenu le divorce sera indemnisé de la perte des effets du mariage dissous et de ses gains de survie, dons et avantages, par une pension viagère sur les biens de l'autre époux, laquelle sera réglée par des arbitres de famille, et courra du jour de la prononciation du divorce.

Art. 8. — Il sera également alloué par des arbitres de famille, dans tous les cas de divorce, une pension alimentaire à l'époux divorcé qui se trouvera dans le besoin, autant néanmoins que les biens de l'autre époux pourront la supporter, déduction faite de ses propres besoins.

Art. 9. — Les pensions d'indemnité ou alimentaires énoncées dans les articles précédents, seront éteintes si l'époux divorcé qui en jouit contracte un nouveau mariage.

Art. 10. — En cas de divorce pour cause de séparation de corps, les droits et intérêts des époux divorcés resteront réglés, comme ils l'ont été par les jugements de séparation et selon les lois existantes lors de ces jugements, ou par les actes et transactions passés entre les parties.

Art. 11. — Tout acte de divorce sera sujet aux mêmes formalités d'enregistrement et publication que l'étaient les jugements de séparation, et le divorce ne produira à l'égard des créanciers des époux que les mêmes effets que produisaient les séparations de corps et d biens.

§ IV. — *Effets du divorce par rapport aux enfants.*

Art. 1ᵉʳ. — Dans le cas du divorce par consentement mutuel, ou sur la demande de l'un des époux pour simple cause d'incompatibilité d'humeur ou de caractère sans autre indication de motifs, les enfants nés du mariage seront confiés, savoir : les filles à la mère, les garçons âgés de moins de sept ans également à la mère, au-dessus de cet âge, ils seront remis et confiés au père ; et néanmoins, le père et la mère pourront faire à ce sujet tel autre arrangement que bon leur semblera.

Art. 2. — Dans tous les cas de divorce pour cause déterminée, il sera réglé en assemblée de famille auquel des époux les enfants seront confiés.

Art. 3. — En cas de divorce pour cause de séparation de corps, les enfants resteront à ceux auxquels ils ont été confiés par jugement ou transaction, ou qui les ont à leur garde et confiance depuis plus d'un an ; s'il n'y a ni jugement ou transaction, ni possession annale, il sera réglé en assemblée de famille auquel du père ou de la mère séparés les enfants seront confiés.

Art. 4. — Si le mari ou la femme divorcé contractent un nouveau mariage, il sera également réglé en assemblée de famille si les enfants qui leur étaient confiés leur seront retirés et à qui ils seront remis.

Art. 5. — Soit que les enfants, garçons ou filles, soient confiés au père seul ou à la mère seule, soit à l'un et à l'autre, soit à des tierces personnes, le père et la mère ne seront pas moins obligés de contribuer aux frais de leur éducation et entretien ; ils y contribueront en proportion des facultés et revenus réels et industriels de chacun d'eux.

Art. 6. — La dissolution du mariage par divorce ne privera, dans aucun cas, les enfants nés de ce mariage des avantages qui leur étaient assurés par les lois ou par les conventions matrimoniales, mais le droit n'en sera ouvert à leur profit que comme il le serait si leurs père et mère n'avaient pas fait divorce.

Art. 7. — Les enfants conserveront leur droit de successibilité à leur père et à leur mère divorcés ; s'il survient à ces derniers d'autres enfants de mariages subséquents, les enfants des différents lits succéderont en concurrence et par égales portions.

Art. 8. — Les époux divorcés, ayant enfants, ne pourront en se remariant faire de plus grands avantages, pour cause de mariage, que ne le peuvent, selon les lois, les époux veufs qui se remarient ayant enfants.

Art. 9. — Les contestations relatives au droit des époux d'avoir un ou plusieurs de leurs enfants à leur charge et confiance ; celles relatives à l'éducation, aux droits et intérêts de ces enfants, seront portées devant des arbitres de famille, et les jugements rendus en cette matière seront, en cas d'appel, exécutés par provision.

II

PROJET DE CODE CIVIL DE LA CONVENTION (1)

1° *Partie se rapportant au divorce du rapport de Cambacérès sur le Code civil.*

« Le pacte patrimonial, — disait Cambacérès, dans le rapport qu'il fit le 9 avril 1793 à la Convention nationale, au nom du comité de législation, sur le premier projet de Code civil, — doit son origine au droit naturel ; il a été perfectionné et fortifié par les institutions sociales ; la volonté des époux en fait la substance ; le changement de cette volonté en opère la dissolution ; de là le principe du divorce, *établissement salutaire* longtemps repoussé de nos mœurs par l'effet d'une influence religieuse, et qui deviendra plus utile par l'attention que nous avons eue de simplifier la procédure qu'il nécessite et d'abréger les délais qu'il prescrit.

» Les conventions matrimoniales subsistent par la volonté des parties ou par l'autorité de la loi.

» La volonté des contractants est la règle la plus absolue ; elle ne connaît d'autres bornes que celles qui sont placées par l'intérêt général. Ainsi, les époux ne euvent, dans le pacte matrimonial, ni éluder les mesu-

---

(1) *Gazette nationale* ou le *Moniteur universel*, 23 et 24 août 1793 . 1000 et 1003, n°ˢ 235 et 236.

res arrêtées pour opérer la division des fortunes, ni contrevenir au principe qui a consacré l'égalité dans les partages....., etc.. etc. »

Le principe du divorce paraissait alors si salutaire, il était si peu contesté, que Cambacérès procédait par voie d'affirmation et non par voie de discussion, en rapportant le projet de loi qui en réglait les conditions et les effets.

Voici ce projet de loi.

2° Projet de Code civil dans ses parties [relatives au divorce.

LIVRE PREMIER

DE L'ÉTAT DES PERSONNES

TITRE I

DISPOSITIONS GÉNÉRALES

« Art. 1. — Les mariages, naissances, *divorces*, adoptions et décès sont constatés dans les registres publics.

TITRE II

DU MARIAGE

» Art. 2. — Le mariage peut être dissous par la seule volonté persévérante des époux.

TITRE III

DU DROIT DES ÉPOUX

1. Des conventions matrimoniales.

» Art. 5. — La loi défend aussi de stipuler aucune restriction à la faculté du divorce.

TITRE VI

DU DIVORCE

§ 1er. Dispositions générales.

» Art. 1er. — Le mariage se dissout par le divorce.
» Art. 2. — Le divorce a lieu par le consentement mutuel des deux époux ou par la volonté d'un seul.

§ 2. Mode du divorce.

» Art. 3. — Le mari et la femme qui demanderont conjointement le divorce, seront tenus de faire convoquer un conseil de famille composé de six de leurs parents.

» Trois d'entre eux seront choisis par le mari, les trois autres le seront par la femme, et, à leur défaut, ils seront remplacés par des amis ou des voisins.

» Art. 4. — Le conseil de famille aura lieu devant un officier public, il sera convoqué à jour fixe, quinzaine au moins après la notification de la demande.

» Art. 5. — Les époux se présenteront devant le conseil de famille ; ceux qui le composeront leur feront les représentations qu'ils jugeront convenables.

» Si les époux persistent, ils pourront, quinze jours après, présenter le procès-verbal du conseil de famille à l'officier public qui prononcera le divorce.

» Art. 6. — Si le divorce est demandé par un seul des époux, il notifiera à l'autre sa demande et convoquera le conseil de famille.

» Art. 7. — Si les époux se rendent au conseil de famille et si celui qui demande le divorce ne change pas de dessein, il en sera fait mention dans le procès-verbal, et quinze jours après, sur la présentation de cet acte, l'officier public prononcera le divorce.

» Art. 8. — Si l'époux, contre lequel le divorce est demandé, n'a pas paru ni personne de sa part, au conseil de famille, l'officier public nommera pour lui des parents ; et, après avoir notifié cette nomination, il sera indiqué, quinze jours après, une nouvelle assemblée du conseil ; l'époux sera invité à s'y trouver.

» Art 9. — Dans tous les cas, il sera fait par le conseil de famille de nouvelles représentations à l'époux qui avait demandé le divorce ; si elles n'ont aucun effet, le procès-verbal en fera mention.

» Sur le vu de cet acte, le divorce sera prononcé sur-le-champ

» Art. 10. — Si les deux époux ne font pas prononcer le divorce pendant les dix mois qui suivront ces formalités, il ne le pourront plus, sans les remplir de nouveau et sans observer les mêmes délais.

» Art. 11. — Dans les cas où l'époux demandeur

allèguerait pour motif de divorce l'une des causes suivantes :

» 1° La démence ou la fureur ;

» 2° Une condamnation à peine afflictive ou infamante ;

» 3° Des crimes ou de mauvais traitements de la part de l'autre époux envers lui ;

» 4° Le dérèglement notoire des mœurs ;

» 5° La fuite de la maison conjugale par la femme avec un autre homme, ou par le mari avec une autre femme ;

» 6° L'expatriation pendant deux ans sans nouvelles ;

» 7° L'émigration, dans le cas où celui des époux qui en serait prévenu, n'aurait pas réclamé contre les listes, définitivement arrêtées, sur lesquelles il aurait été orté.

» Si les faits sont constatés, l'officier public pronoera le divorce sur la réquisition d'un des deux époux près néanmoins qu'il lui aura apparu que la demande n divorce aura été notifiée à l'autre époux, s'il n'est pas bsent.

» Art. 12. — Dans les cas où les faits ne seraient pas rouvés, le demandeur en divorce pourra convoquer e conseil de famille, en observant de faire nommer rois parents par l'officier public pour l'autre époux, 'il est absent ; et si les faits sont reconnus par une délibération unanime, le divorce sera prononcé sur la eprésentation du procès-verbal du conseil de famille.

» Art. 13. — Dans le cas où les faits ne seraient pas connus, l'époux sera obligé d'attendre les délais fixés ar les articles 4, 5, 6, 7, 8, 9, et 10 ci-dessus.

» Art. 14. — Celui des époux qui provoquera le divorce, pourra, dès qu'il aura notifié sa demande, faire constater l'état et la situation de la communauté, et faire les actes conservatoires que les circonstances exigeront.

§ 3. Effets du divorce par rapport aux époux.

» Art. 15. — Les effets du divorce par rapport à la personne des époux sont de rendre au mari et à la femme leur indépendance, avec la faculté de contracter un nouveau mariage.

» Art. 16. — Les époux divorcés peuvent se remarier ensemble. L'épouse ne pourra se remarier avec un autre que dix mois après le divorce, à moins qu'elle ne soit dans le cas prévu par l'article 9 du titre IV.

» Art. 17. — Si le divorce a été prononcé pour cause d'absence du mari pendant deux ans, ou s'il est constaté que le mari ait abandonné depuis un an son domicile et sa femme, celle-ci pourra contracter un nouveau mariage aussitôt après le divorce.

» Art. 18. — Dans le cas de divorce, si l'un des épou est dans l'indigence, l'autre est obligé, s'il le peut, lui fournir les aliments qu'il est hors d'état de se pr curer. Cette obligation cesse lorsque celui-ci a contract un nouveau mariage.

§ 4. Effets du divorce par rapport aux enfants.

» Art. 19. — Dans le cas de divorce par consentement mutuel ou sur la simple demande de l'un de époux, sans indication des motifs, les enfants nés du mariage dissous seront confiés, savoir : les garçons, de préférence au père, après qu'ils auront atteint leur septième année, et les filles, à la mère. Néanmoins le père et la mère pourront faire à ce sujet tel autre arrangement que bon leur semblera.

» Art. 20. — Lorsque le divorce aura lieu pour cause déterminée, s'il suscitait quelques difficultés entre les époux relativement à leurs enfants, il y sera pourvu par le conseil de famille.

» Art. 21. — Si le mari ou la femme divorcé contractent un nouveau mariage, le conseil de famille règlera s'ils conserveront les enfants qui leur auront été confiés et à qui ils seront remis.

» Les jugements rendus par le conseil de famille sur les difficultés élevées entre les époux, après le divorce, ne sont en aucun cas sujets à l'appel.

III

DÉCRET DU 8 NIVOSE AN II (1) TENDANT A CE QUE LE MARI DIVORCÉ PUISSE SE REMARIER IMMÉDIATEMENT APRÈS LE DIVORCE ET L'ÉPOUSE DIX MOIS APRÈS.

MERLIN DE DOUAY. — En décrétant le Code civil, la Convention adopta une disposition qui portait, relativement au divorce : que l'époux divorcé pourrait se remarier aussitôt après sa prononciation, et l'épouse,

---

(1) *Gazette nationale* ou le *Moniteur universel*, 9 nivôse an II (29 décembre 1793), p. 399. n° 99.

dix mois après. Le Code civil est renvoyé à la revision d'une commission : mais je crois qu'il ne peut y avoir d'inconvénient à faire exécuter dès à présent cette disposition.

Je demande donc, comme, il a été déjà décrété, que l'époux divorcé puisse se remarier aussitôt après la prononciation du divorce et l'épouse dix mois après.

Cette proposition est décrétée.

IV

DÉCRET DU 4 FLORÉAL AN II (1) PERMETTANT LE DIVORCE POUR CAUSE DE SÉPARATION EFFECTIVE PENDANT SIX MOIS.

Oudot, *au nom du Comité de législation.* — Citoyens, il est dans l'esprit du gouvernement révolutionnaire de dégager de toutes entraves l'exécution des lois qui règlent l'état et les droits des citoyens : il faut faire cesser les querelles minutieuses, les contestations frivoles qu'enfante souvent l'esprit tracassier des gens d'affaires et les difficultés et les incertitudes qui naissent de l'insuffisance de quelques-unes de nos institutions nouvelles qui ne peuvent, à la vérité, se compléter et acquérir de perfection que par l'expérience. Placés au centre de la République, jugeons toutes les réclamations et tâchons de ne laisser aucun prétexte plausible à la malveillance de calomnier la Révolution.

Nous sommes à la veille de vous présenter le Code

---

(1) *Gazette nationale* ou le *Moniteur universel*, 6 floréal an II (25 avril 1794), p. 876, n° 216

civil; mais, en attendant qu'il soit décrété, laisserons-nous des époux qui ont manifesté le désir de se désunir, dans l'impossibilité de le faire, lorsque nous pouvons aplanir, par quelques articles additionnels, les difficultés que leur présente en ce moment la loi très incomplète du 20 septembre 1792, sur le divorce?

La différence des opinions a causé, depuis la Révolution, une multitude de divorces, et certes, ce sont les mieux fondés en raison; car si l'on a dit autrefois qu'un mauvais mariage était le supplice du mort attaché au vif, combien cette comparaison n'est-elle pas frappante lorsqu'il s'agit du lien qui attache une esclave de la tyrannie au sort d'un vrai républicain?

La Convention doit donc s'empresser de faciliter l'anéantissement de ces sortes de chaînes; elle le doit surtout à des époux qui, outre les travaux de la Révolution, ont eu sans cesse à combattre dans leur propre maison, et sous le nom le plus cher, un ennemi de la République.

J'ai dit qu'il y avait une multitude de divorces; mais pour que la malveillance n'en tire pas de conséquence contre cette salutaire institution, je dois ajouter que sur cent on en voit à peine un qui ait lieu entre personnes mariées depuis la loi qui l'établit.

Les difficultés qui s'élèvent sur l'exécution de la loi du 20 septembre, viennent fréquemment de ce qu'elle désigne le domicile du mari, comme le seul lieu où peut être demandé le divorce.

Or, il arrive souvent que le mari lui-même ou les deux époux ont quitté ce domicile.

Comment veut-on qu'une pareille règle puisse con-

17

venir pendant une Révolution qui a presque déplacé tous les individus ?

Quand les époux sont séparés de fait depuis plusieurs mois ou plusieurs années, qu'ils ont formé des établissements aux extrémités de la République ou que l'un d'eux a passé en Amérique ou aux Indes, faut-il qu'ils reviennent au lieu du domicile du mari, pour opérer leur divorce? Cette question ne paraît pas devoir être sérieusement proposée.

Le divorce est une conséquence du premier des droits de l'homme ; il est incontestable qu'on ne peut contraindre aucun individu à rester attaché au sort d'un autre, et qu'il suffit de la volonté d'un des époux pour rompre leurs liens. Cependant le mariage est une institution trop importante au bonheur des familles et au maintien des mœurs, pour qu'on puisse permettre de le dissoudre sans formalités, et en quelque sorte *ipso facto*, par la seule séparation des époux.

Il est absolument nécessaire d'exiger qu'il ne puisse s'opérer qu'avec une sorte de solennité, et d'après des formes qui assurent que celui qui le demande y a mûrement pensé, et qu'il a une volonté bien persévérante et bien décidée de le faire.

Mais, lorsque les époux sont dans des circonstances telles qu'on doive présumer qu'ils ont suffisamment réfléchi sur un acte aussi sérieux, il est inutile de prolonger des délais d'épreuves qui laissent les deux époux dans une incertitude infiniment préjudiciable à leurs intérêts, à ceux de leurs enfants et de ceux qui ont des relations d'affaires avec eux : ces délais fournissent l'occasion à celui qui a l'administration des biens, de soustraire ou de dissiper les effets de la communauté ; enfin, ils prolongent le scandale des séparations et portent une véritable atteinte aux mœurs. Tels sont, citoyens, les inconvénients des délais établis par la loi du 20 septembre 1792. Je ne vous propose pas de les anéantir en ce moment, nous avons le projet de le faire dans le Code, et vous avez déjà accueilli favorablement les dispositions que nous vous avons présentées à cet égard.

Il ne s'agit, quant à présent, que de faciliter l'exécution de cette loi qui est en pleine activité, et de terminer un grand nombre de difficultés par quelques articles additionnels.

Si on peut donc considérer la séparation de fait qui a lieu entre des époux comme une disposition à rompre leurs liens, il semble qu'on peut les dispenser, lorsqu'ils sont séparés de fait depuis plus de six mois, de tous les délais d'*épreuve*, et les autoriser à se servir du mode établi par la loi du 20 septembre, pour le cas d'abandon de l'un des époux : c'est la principale disposition que nous vous proposons en ce moment.

On se plaint néanmoins que les femmes des défenseurs de la patrie profitent de leur absence pour faire prononcer leur divorce et pour obtenir des règlements de leurs droits qui portent préjudice à leur mari : nous vous proposons aussi de remédier à cet inconvénient.

D'un autre côté, plusieurs municipalités se permettent de refuser des actions en divorce. Il est nécessaire de prévenir un pareil refus qui peut être, de leur part, une désobéissance à la loi et une prévarication.

D'ailleurs, il a paru qu'il était utile de dire que le

divorce ne pouvait pas être attaqué par la voix de l'appel, puisque des époux se permettent de le faire.

Enfin, les divorces qui ont eu lieu en vertu du principe proclamé que le mariage n'était qu'un contrat civil, et qui ont été constatés par des déclarations authentiques et suivies d'effet, doivent être confirmés.

Je ne m'étendrai pas davantage : la lecture des articles suppléera aux développements que je pourrais donner.

Tous les articles que je vais vous présenter ne changent rien à l'exécution de la loi du 20 septembre, ils ne font qu'accroître les facilités du divorce dans les cas où il a paru absolument nécessaire de le faire ; et si vous les adoptez, vous terminerez un grand nombre de difficultés qui sont dénoncées à votre comité.

Le rapporteur termine par la lecture d'un projet de décret, que la Convention adopte en ces termes :

« La Convention nationale, après avoir entendu le rapport de son comité de législation, décrète :

Art. 1ᵉʳ. — Lorsqu'il sera prouvé par un acte authentique ou de notoriété publique, que deux époux sont séparés de fait depuis plus de six mois, si l'un d'eux demande le divorce, il sera prononcé, sans aucun délai d'épreuve, conformément à l'article 17 du paragraphe 2 de la loi du 20 septembre 1792.

L'acte de notoriété publique sera donné par le conseil général de la commune ou par les comités civils de section sur l'attestation de six citoyens.

L'époux qui demandera le divorce, pourra, dans le cas d'une résidence de six mois dans une nouvelle commune, faire citer l'autre par devant l'officier public de ce nouveau domicile.

La citation sera donnée à la personne de l'époux défendeur ou au dernier domicile commun, chez l'agent national, qui sera tenu de l'afficher pendant une décade, à la porte de la maison commune.

Art. 2. — S'il est constaté par acte authentique ou de notoriété-publique, que la séparation des époux a lieu par l'abandon fait par l'un d'eux du domicile commun, sans donner de ses nouvelles, l'époux abandonné pourra obtenir son divorce sur la seule présentation de l'acte authentique ou de notoriété, six mois après cet abandon et sans avoir besoin d'appeler l'époux absent.

Art. 3 — Dans les cas prévus par les deux articles précédents, les époux se pourvoiront dans la forme ordinaire, tant pour le règlement de leurs droits, que pour ce qui concerne l'éducation et l'intérêt de leurs enfants.

Art. 4 — Les femmes des défenseurs de la patrie et des fonctionnaires éloignés de leur domicile pour le service de la République, ne pourront néanmoins, pendant l'absence de leur mari, demander le divorce que par devant l'officier public de leur dernier domicile commun, ou par devant celui de la résidence actuelle de leur mari.

Elles ne pourront réclamer pendant son absence que ce qu'elles ont apporté en mariage, et tous les règlements qu'elles feront faire de leurs droits ne seront que provisoires jusqu'au retour de leur mari.

Art. 5. — Tous les officiers municipaux qui ne voudront pas recevoir une action en divorce, ou qui refuseront de le prononcer dans les cas prévus par les articles 1 et 2 ci-dessus, seront destitués et pourront être condamnés à des *dommages et intérêts* envers les parties, sans préjudice des peines portées par l'article 8 de la section V de la loi du 14 frimaire, qui leur seront appliquées, s'il y a lieu.

Art. 6. — Le divorce ne pourra être attaqué par la voie de l'appel. S'il a été prononcé avant l'accomplissement des délais, on pourra le faire prononcer de nouveau après leur expiration.

Art. 7. — La femme divorcée peut se remarier aussitôt qu'il sera prouvé par un acte de notoriété publique qu'il y a dix mois qu'elle est séparée de fait de son mari.

Celle qui accouche après son divorce est dispensée d'attendre ce délai.

Art. 8. — Les divorces qui ont été effectués en vertu du principe que le mariage n'est qu'un contrat civil, et qui ont été constatés par des déclarations authentiques faites par devant des officiers municipaux, des juges de paix ou des notaires, depuis la déclaration de ce principe et avant la promulgation de la loi du 20 septembre 1792, sont confirmés. »

CHAPITRE XIII

LOI SUR LE DIVORCE

Décrétée le 21 mars 1803. — Promulguée le 31 du même mois.
(Ancien titre VI du Code civil actuel)

CHAPITRE PREMIER

DES CAUSES DU DIVORCE

229 (1). — Le mari pourra demander le divorce pour cause d'adultère de sa femme.

230. — La femme pourra demander le divorce pour cause d'adultère de son mari, lorsqu'il aura tenu sa concubine dans la maison commune.

231. — Les époux pourront réciproquement de-

---

(1) Cet article portait primitivement le n° 223. — Lors de sa résentation en 1803 et de son adoption par le Corps législatif 'alors, la loi sur le divorce formait la *Septième loi* et composait le itre VI du Code civil. Elle comprenait les articles 223 à 299 in- lus. Par suite de modifications aux Titres précédents, nous la etrouvons classée (toujours au titre VI), sous les articles 229 à 05 inclus. Cette loi est restée en vigueur jusqu'au 8 mai 1816.

mander le divorce pour excès, sévices ou injures graves de l'un d'eux envers l'autre.

232. — La condamnation de l'un des époux à une peine infamante sera pour l'autre époux une cause de divorce.

233. — Le consentement mutuel et persévérant des époux, exprimé de la manière prescrite par la loi, sous les conditions et après les épreuves qu'elle détermine, prouvera suffisamment que la vie commune leur est insupportable, et qu'il existe, par rapport à eux, une cause péremptoire de divorce.

CHAPITRE II

DU DIVORCE POUR CAUSE DÉTERMINÉE

SECTION PREMIÈRE

Des formes du Divorce pour cause déterminée

234. — Quelle que soit la nature des faits ou de délits qui donneront lieu à la demande en divorce pou cause déterminée, cette demande ne pourra être formée qu'au tribunal de l'arrondissement dans lequel les époux auront leur domicile.

235. — Si quelques-uns des faits allégués par l'épou demandeur donnent lieu à une poursuite criminelle d la part du ministère public, l'action en divorce rester suspendue jusqu'à l'arrêt de la cour d'assises; alor elle pourra être reprise, sans qu'il soit permis d'infére

de l'arrêt aucune fin de non-recevoir ou exception préjudicielle contre l'époux demandeur.

236. — Toute demande en divorce détaillera les faits : elle sera remise, avec les pièces à l'appui, s'il y en a, au président du tribunal ou au juge qui en fera les fonctions, par l'époux demandeur en personne, à moins qu'il n'en soit empêché par maladie, auquel cas, sur sa réquisition et le certificat de deux docteurs en médecine ou en chirurgie, ou de deux officiers de santé, le magistrat se transportera au domicile du demandeur, pour y recevoir sa demande.

237. — Le juge, après avoir entendu le demandeur, et lui avoir fait les observations qu'il croira convenables, paraphera la demande et les pièces, et dressera procès-verbal de la remise du tout en ses mains. Ce procès-verbal sera signé par le juge et par le demandeur, à moins que celui-ci ne sache ou ne puisse signer ; auquel cas il en sera fait mention.

238. — Le juge ordonnera, au bas de son procès-verbal, que les parties comparaîtront en personne devant lui, au jour et à l'heure qu'il indiquera : et qu'à cet effet, copie de son ordonnance sera par lui adressée à la partie contre laquelle le divorce est demandé.

239. — Au jour indiqué, le juge fera aux deux époux, s'ils se présentent, ou au demandeur, s'il est seul comparant, les représentations qu'il croira propres à opérer un rapprochement : s'il ne peut y parvenir, il en dressera procès-verbal et ordonnera la communication de la demande et des pièces au ministère public, et le referé du tout au tribunal.

240. — Dans les trois jours qui suivront, le tribunal,

sur le rapport du président ou du juge qui en aura fait les fonctions, et sur les conclusions du ministère public, accordera ou suspendra la permission de citer. La suspension ne pourra excéder le terme de vingt jours.

241. — Le demandeur, en vertu de la permission du tribunal, fera citer le défendeur, dans la forme ordinaire, à comparaître en personne à l'audience, à huis clos, dans le délai de la loi ; il fera donner copie, en tête de la citation, de la demande en divorce et des pièces produites à l'appui.

242. — A l'échéance du délai, soit que le défendeur comparaisse ou non, le demandeur en personne, assisté d'un conseil, s'il le juge à propos, exposera ou fera exposer les motifs de sa demande ; il représentera les pièces qui l'appuient, et nommera les témoins qu'il se propose de faire entendre.

243. — Si le défendeur comparaît en personne ou par un fondé de pouvoir, il pourra proposer ou faire proposer ses observations, tant sur les motifs de la demande que sur les pièces produites par le demandeur et sur les témoins par lui nommés. Le défendeur nommera, de son côté, les témoins qu'il se propose de faire entendre, et sur lesquels le demandeur fera réciproquement ses observations.

244. — Il sera dressé procès-verbal des comparutions, dires et observations des parties, ainsi que des aveux que l'une ou l'autre pourra faire. Lecture de ce procès-verbal sera donnée aux dites parties, qui seront requises de le signer ; et il sera fait mention expresse de leur signature, ou de leur déclaration de ne pouvoir ou ne vouloir signer.

245. — Le tribunal renverra les parties à l'audience publique, dont il fixera le jour et l'heure; il ordonnera la communication de la procédure au ministère public et commettra un rapporteur. Dans le cas où le défendeur n'aurait pas comparu, le demandeur sera tenu de lui faire signifier l'ordonnance du tribunal dans le délai qu'elle aura déterminé.

246. — Au jour et à l'heure indiqués, sur le rapport du juge commis, le ministère public entendu, le tribunal statuera d'abord sur les fins de non-recevoir, s'il en a été proposé. En cas qu'elles soient trouvées concluantes, la demande en divorce sera rejetée; dans le cas contraire, ou s'il n'a pas été proposé de fins de non-recevoir, la demande en divorce sera admise.

247. — Immédiatement après l'admission de la demande en divorce, sur le rapport du juge commis, le ministère public entendu, le tribunal statuera au fond. Il fera droit à la demande, si elle lui paraît en état d'être jugée; sinon, il admettra le demandeur à la preuve des faits pertinents par lui allégués, et le défendeur à la preuve contraire.

248. — A chaque acte de la cause, les parties pourront, après le rapport du juge, et avant que le ministère public ait pris la parole, proposer ou faire proposer leurs moyens respectifs, d'abord sur les fins de non-recevoir, et ensuite sur le fond; mais en aucun cas le conseil du demandeur ne sera admis, si le demandeur n'est pas comparant en personne.

249. — Aussitôt après la prononciation du jugement qui ordonnera les enquêtes, le greffier du tribunal donnera lecture de la partie du procès-verbal qui contient

la nomination déjà faite des témoins que les parties se proposent de faire entendre. Elles seront averties par le président qu'elles peuvent encore en désigner d'autres, mais qu'après ce moment elles n'y seront plus reçues.

250. — Les parties proposeront de suite leurs reproches respectifs contre les témoins qu'elles voudront écarter. Le tribunal statuera sur ces reproches, après avoir entendu le ministère public.

251. — Les parents des parties, à l'exception de leurs enfants et descendants, ne sont pas reprochables du chef de la parenté, non plus que les domestiques des époux, en raison de cette qualité; mais le tribunal aura tel égard que de raison aux dépositions des parents et des domestiques.

252. — Tout jugement qui admettra une preuve testimoniale, dénommera les témoins qui seront entendus, et déterminera le jour et l'heure auxquels les parties devront les présenter.

253. — Les dépositions des témoins seront reçues par le tribunal séant à huis clos, en présence du ministère public, des parties et de leurs conseils ou amis, jusqu'au nombre de trois de chaque côté.

254. — Les parties, par elles ou par leurs conseils, pourront faire aux témoins telles observations et interpellations qu'elles jugeront à propos, sans pouvoir néanmoins les interrompre dans le cours de leurs dépositions.

255. — Chaque déposition sera rédigée par écrit, ainsi que les dires et observations auxquels elle aura donné lieu.

Le procès-verbal d'enquête sera lu tant aux témoins

qu'aux parties; les uns et les autres seront requis de le signer; et il sera fait mention de leur signature ou de leur déclaration qu'ils ne peuvent ou veulent signer.

256. — Après la clôture des deux enquêtes ou de celle du demandeur, si le défendeur n'a pas produit de témoins, le tribunal renverra les parties à l'audience publique, dont il indiquera le jour et l'heure; il ordonnera la communication de la procédure au ministère public, et commettra un rapporteur. Cette ordonnance sera signifiée au défendeur, à la requête du demandeur, dans le délai qu'elle aura déterminé.

257. — Au jour fixé par le règlement définitif, le rapport sera fait par le juge commis : les parties pourront ensuite faire, par elles-mêmes ou par l'organe de leurs conseils, telles observations qu'elles jugeront utiles à leur cause; après quoi le ministère public donnera ses conclusions.

258. — Le jugement définitif sera prononcé publiquement : lorsqu'il admettra le divorce, le demandeur sera autorisé à se retirer devant l'officier de l'état civil pour le faire prononcer.

259. — Lorsque la demande en divorce aura été formée pour cause d'excès, de sévices ou d'injures graves, encore qu'elle soit bien établie, les juges pourront ne pas admettre immédiatement le divorce. Dans ce cas, avant de faire droit, ils autoriseront la femme à quitter la compagnie de son mari, sans être tenue de le recevoir, si elle ne le juge à propos; et ils condamneront le mari à lui payer une pension alimentaire proportionnée à ses facultés, si la femme n'a pas elle-même des revenus suffisants pour fournir à ses besoins.

260. — Après une année d'épreuves, si les parties ne sont pas réunies, l'époux demandeur pourra faire citer l'autre époux à comparaître au tribunal dans les délais de la loi, pour y entendre prononcer le jugement définitif, qui pour lors admettra le divorce.

261. — Lorsque le divorce sera demandé par la raison qu'un des époux est condamné à une peine infamante, les seules formalités à observer consisteront à présenter au tribunal de première instance une expédition en bonne forme du jugement de condamnation, avec un certificat de la cour d'assises, portant que ce même jugement n'est pas susceptible d'être réformé par aucune voie légale.

262. — En cas d'appel du jugement d'admission, ou du jugement définitif, rendu par le tribunal de première instance en matière de divorce, la cause sera instruite et jugée par la cour d'appel comme affaire urgente.

263. — L'appel ne sera recevable qu'autant qu'il aura été interjeté dans les trois mois à compter du jour de la signification du jugement rendu contradictoirement ou par défaut. — Le délai pour se pourvoir à la cour de cassation contre un jugement en dernier ressort, sera aussi de trois mois à compter de la signification. Le pourvoi sera suspensif.

264. — En vertu de tout jugement rendu en dernier ressort ou passé en force de chose jugée, qui autorisera le divorce, l'époux qui l'aura obtenu sera obligé de se présenter, dans le délai de deux mois, devant l'officier de l'état civil, l'autre partie dûment appelée, pour fair prononcer le divorce.

265. — Ces deux mois ne commenceront à courir, à l'égard des jugements de première instance, qu'après l'expiration du délai d'appel ; à l'égard des arrêts rendus par défaut en cause d'appel, qu'après l'expiration du délai d'opposition ; à l'égard des jugements contradictoires en dernier ressort, qu'après l'expiration du délai du pourvoi en cassation.

266. — L'époux demandeur qui aura laissé passer le délai de deux mois ci-dessus déterminé, sans appeler l'autre époux devant l'officier de l'état civil, sera déchu du bénéfice du jugement qu'il avait obtenu, et ne pourra reprendre son action en divorce, sinon pour cause nouvelle ; auquel cas il pourra néanmoins faire valoir les anciennes causes.

SECTION II

Des mesures provisoires auxquelles peut donner lieu la demande en divorce pour cause déterminée

267. — L'administration provisoire des enfants resera au mari demandeur ou défendeur en divorce, à oins qu'il n'en soit autrement ordonné par le tribunal, ur la demande, soit de la mère, soit de la famille, ou u ministère public, pour le plus grand avantage des nfants.

268. — La femme demanderesse ou défenderesse en ivorce, pourra quitter le domicile du mari pendant la oursuite, et demander une pension alimentaire proortionnée aux facultés du mari. Le tribunal indiquera a maison dans laquelle la femme sera tenue de résider,

et fixera, s'il y a lieu, la provision alimentaire que le mari sera obligé de lui payer.

269. — La femme sera tenue de justifier de sa résidence dans la maison indiquée, toutes les fois qu'elle en sera requise : à défaut de cette justification, le mari pourra refuser la provision alimentaire, et, si la femme est demanderesse en divorce, la faire déclarer non recevable à continuer ses poursuites.

270. — La femme commune en biens, demanderesse ou défenderesse en divorce, pourra en tout état de cause, à partir de la date de l'ordonnance dont il est fait mention en l'article 238, requérir pour la conservation de ses droits l'apposition des scellés sur les effets mobiliers de la communauté. Ces scellés ne seront levés qu'en faisant inventaire avec prisée et à la charge par le mari de représenter les choses inventoriées, ou de répondre de leur valeur comme gardien judiciaire.

271. — Toute obligation contractée par le mari à la charge de la communauté, toute aliénation par lui faite des immeubles qui en dépendent, postérieurement à la date de l'ordonnance dont il est fait mention à l'article 238, sera déclarée nulle, s'il s'est prouvé d'ailleur qu'elle ait été faite ou contractée en fraude des droit de la femme.

SECTION III

Des fins de non-recevoir contre l'action en divorce pour caus déterminée

272. — L'action en divorce sera éteinte par la réconciliation des époux, survenue, soit depuis les faits q

auraient pu autoriser cette action soit depuis la demande en divorce.

273. — Dans l'un et dans l'autre cas, le demandeur sera déclaré non recevable dans son action; il pourra néanmoins en intenter une nouvelle pour cause survenue depuis la réconciliation, et alors faire usage des anciennes causes pour appuyer sa nouvelle demande.

274. — Si le demandeur en divorce nie qu'il y ait eu réconciliation, le défendeur en fera preuve, soit par écrit, soit par témoins, dans la forme prescrite en la première section du présent chapitre.

CHAPITRE III

DU DIVORCE PAR CONSENTEMENT MUTUEL

275. — Le consentement mutuel des époux ne sera point admis, si le mari a moins de vingt-cinq ans, ou si la femme est mineure de vingt et un ans.

276. — Le consentement mutuel ne sera admis qu'après deux ans de mariage.

277. — Il ne pourra plus l'être après vingt ans de mariage, ni lorsque la femme aura quarante-cinq ans.

278. — Dans aucun cas, le consentement mutuel des époux ne suffira, s'il n'est autorisé par leurs pères et mères, ou par leurs autres ascendants vivants, suivant les règles prescrites par l'art. 150, au titre DU MARIAGE.

279. — Les époux déterminés à opérer le divorce par consentement mutuel seront tenus de faire préalablement inventaire et estimation de tous leurs biens

meubles et immeubles, et de régler leurs droits respectifs, sur lesquels il leur sera néanmoins libre de transiger.

280. — Ils seront pareillement tenus de constater par écrit leur convention sur les trois points qui suivent : 1o à qui les enfants nés de leur union seront confiés, soit pendant le temps des épreuves, soit après le divorce prononcé ; — 2° dans quelle maison la femme devra se retirer et résider pendant le temps des épreuves ; — 3° quelle somme le mari devra payer à sa femme pendant le même temps, si elle n'a pas de revenus suffisants pour fournir à ses besoins.

281. — Les époux se présenteront ensemble, et en personne, devant le président du tribunal civil de leur arrondissement, ou devant le juge qui en fera les fonctions, et lui feront la déclaration de leur volonté, en présence de deux notaires amenés par eux.

282. — Le juge fera aux deux époux réunis, et à chacun d'eux en particulier, en présence des deux notaires, telles représentations et exhortations qu'il croira convenables ; il leur donnera lecture du chapitre IV du présent titre, qui règle les *effets du divorce*, et leur développera toutes les conséquences de leur démarche.

283. — Si les époux persistent dans leur résolution, il leur sera donné acte par le juge de ce qu'ils demandent le divorce, et y consentent mutuellement, et ils seront tenus de produire et déposer à l'instant, entre les mains des notaires, outre les actes mentionnés aux articles 279 et 280 : — 1° les actes de leur naissance et celui de leur mariage ; — 2° les actes de naissance et de décès de tous les enfants nés de leur union ; — 3° la

déclaration authentique de leurs pères et mères ou autres ascendants vivants, portant que, pour les causes à eux connues, ils autorisent tel *ou* telle, leur fils *ou* fille, petit-fils *ou* petite-fille, marié *ou* mariée à tel *ou* telle, demander le divorce et à y consentir. Les pères, mères, aïeuls et aïeules des époux seront présumés vivants jusqu'à la représentation des actes constatant leur décès.

284. — Les notaires dresseront procès-verbal détaillé de tout ce qui aura été dit et fait en exécution des articles précédents; la minute en restera au plus âgé des deux notaires, ainsi que les pièces produites, qui demeureront annexées au procès-verbal, dans lequel il sera fait mention de l'avertissement qui sera donné à la femme de se retirer, dans les vingt-quatre heures, dans la maison convenue entre elle et son mari, et d'y résider jusqu'au divorce prononcé.

285. — La déclaration ainsi faite sera renouvelée dans la première quinzaine de chacun des quatrième, septième et dixième mois qui suivront, en observant les mêmes formalités. Les parties seront obligées à rapporter chaque fois la preuve, par acte public, que leurs pères, mères ou autres ascendants vivants, persistent dans leur première détermination, mais elles ne seront tenues à répéter la reproduction d'aucun autre acte.

286. — Dans la quinzaine du jour où sera révolue l'année, à compter de la première déclaration, les époux assistés chacun de deux amis, personnes notables dans l'arrondissement, âgés de cinquante ans au moins, se présenteront ensemble et en personne devant le président du tribunal ou juge qui en fera les fonctions; ils

lui remettront les expéditions en bonne forme de quatre procès-verbaux contenant leur consentement mutuel, et de tous les actes qui y auront été annexés, et requerront du magistrat, chacun séparément, en présence néanmoins l'un de l'autre et des quatre notables, l'admission du divorce.

287. — Après que le juge et les assistants auront fait leurs observations aux époux, s'ils persévèrent, il leur sera donné acte de leur réquisition et de la remise par eux faite des pièces à l'appui : le greffier du tribunal dressera procès-verbal, qui sera signé tant par les parties (à moins qu'elles ne déclarent ne savoir ou ne pouvoir signer, auquel cas il en sera fait mention), que par les quatre assistants, le juge et le greffier.

288. — Le juge mettra de suite, au bas de ce procès-verbal, son ordonnance, portant que, dans les trois jours, il sera par lui référé du tout au tribunal en la chambre du conseil, sur les conclusions par écrit du ministère public, auquel les pièces seront, à cet effet, communiquées par le greffier.

289. — Si le ministère public trouve dans les pièces la preuve que les deux époux étaient âgés, le mari de vingt-cinq ans, la femme de vingt et un an, lorsqu'ils ont fait leur première déclaration ; qu'à cette époque ils étaient mariés depuis deux ans, que le mariage ne remontait pas à plus de vingt, que la femme avait moins de quarante-cinq ans, que le consentement mutuel a été exprimé quatre fois dans le cours de l'année, après les préalables ci-dessus prescrits et avec toutes les formalités requises par le présent chapitre, notamment avec l'autorisation des pères et mères des époux,

ou avec celle de leurs autres ascendants vivants en cas de prédécès des pères et mères, il donnera ses conclusions en ces terme : *La loi permet.* Dans le cas contraire, ses conclusions seront en ces termes : *La loi empêche.*

290. — Le tribunal, sur le référé, ne pourra faire d'autres vérifications que celles indiquées par l'article précédent. S'il en résulte que, dans l'opinion du tribunal, les parties ont satisfait aux conditions et rempli les formalités déterminées par la loi, il admettra le divorce et renverra les parties devant l'officier de l'état civil, pour le faire prononcer ; dans le cas contraire, le tribunal déclarera qu'il n'y a pas lieu à admettre le divorce et déduira les motifs de la décision.

291. — L'appel du jugement qui aurait déclaré ne pas y avoir lieu à admettre le divorce, ne sera recevable qu'autant qu'il sera interjeté par les deux parties, et néanmoins par actes séparés, dans les dix jours au plus tôt, et au plus tard dans les vingt jours de la date du jugement de première instance.

292. — Les actes d'appel seront réciproquement signifiés tant à l'autre époux qu'au ministère public près le tribunal de première instance.

293. — Dans les dix jours, à compter de la signification qui lui aura été faite du second acte d'appel, le ministère public près le tribunal de première instance fera passer au procureur général près la cour d'appel l'expédition du jugement, et les pièces sur lesquelles il est intervenu. Le procureur général près la cour d'appel donnera ses conclusions par écrit, dans les dix jours qui suivront la réception des pièces : le président, ou le juge qui le suppléera, fera son rapport à la cour d'appel,

en la chambre du conseil, et il sera statué définitive
ment dans les dix jours qui suivront la remise de
conclusions du procureur général.

294. — En vertu de l'arrêt qui admettra le divorce, e
dans les vingt jours de sa date, les parties se présente
ront ensemble et en personne devant l'officier de l'éta
civil, pour faire prononcer le divorce; ce délai passé l
jugement demeurera comme non avenu.

CHAPITRE IV

DES EFFETS DU DIVORCE

295. — Les époux qui divorceront pour quelque caus
que ce soit ne pourront plus se réunir.

296. — Dans le cas de divorce prononcé pour cau
déterminée, la femme divorcée ne pourra se remari
que dix mois après le divorce prononcé.

297. — Dans le cas du divorce par consentement m
tuel, aucun des deux époux ne pourra contracter
nouveau mariage que trois ans après la prononciati
du divorce.

298. — Dans le cas de divorce admis en justice po
cause d'adultère, l'époux coupable ne pourra jamais
marier avec son complice. La femme adultère sera co
damnée par le même jugement, et sur la réquisition
ministère public, à la réclusion dans une maison
correction, pour un temps déterminé, qui ne pour
être moindre de trois mois, ni excéder deux années.

299. — Pour quelque cause que le divorce ait lie

hors le cas du consentement mutuel, l'époux contre lequel le divorce aura été admis perdra tous les avantages que l'autre époux lui avait faits, soit par leur conrat de mariage, soit depuis le mariage contracté.

300. — L'époux qui aura obtenu le divorce conserera les avantages à lui faits par l'autre époux, encore u'ils aient été stipulés réciproques et que la réciprocité 'ait pas lieu.

301. — Si les époux ne s'étaient fait aucun avantage, u si ceux stipulés ne paraissaient pas suffisants pour asurer la subsistance de l'époux qui a obtenu le divorce, e tribunal pourra lui accorder, sur les biens de l'autre poux, une pension alimentaire qui ne pourra excéder e tiers des revenus de cet autre époux ; cette pension era révocable dans le cas où elle cesserait d'être nécesaire.

302. — Les enfants seront confiés à l'époux qui a obenu le divorce, à moins que le tribunal, sur la demande e la famille, ou du ministère public, n'ordonne, pour le lus grand avantage des enfants, que tous ou quelquesns d'eux seront confiés aux soins, soit de l'autre époux, oit d'une tierce personne.

303. — Quelle que soit la personne à laquelle les nfants seront confiés, les père et mère conserveront spectivement le droit de surveiller l'entretien et l'édution de leurs enfants, et seront tenus d'y contribuer à roportion de leurs facultés.

304. — La dissolution du mariage par le divorce adis en justice ne privera les enfants nés de ce mariage 'aucun des avantages qui leur étaient assurés par les is, ou par les conventions matrimoniales de leurs père

et mère ; mais il n'y aura d'ouverture aux droits des enfants que de la même manière et dans les mêmes circonstances où ils se seraient ouverts, s'il n'y avait pas eu de divorce.

305. — Dans le cas de divorce par consentement mutuel, la propriété de la moitié des biens de chacun des deux époux sera acquise de plein droit, du jour de leur première déclaration, aux enfants nés de leur mariage ; les père et mère conserveront néanmoins la jouissance de cette moitié jusqu'à la majorité de leurs enfants, à la charge de pourvoir à leur nourriture, entretien et éducation, conformément à leur fortune et à leur état ; le tout sans préjudice des autres avantages qui pourraient avoir été assurés aux dits enfants par les conventions matrimoniales de leurs père et mère.

CHAPITRE V

DE LA SÉPARATION DU CORPS

306. — Dans les cas où il y a lieu à la demande e divorce pour cause déterminée, il sera libre aux épou de former une demande en séparation de corps.

307. — Elle sera intentée, instruite et jugée de l même manière que toute autre action civile ; elle n pourra avoir lieu par le consentement mutuel de époux.

308. — La femme contre laquelle la séparation d corps sera prononcée pour cause d'adultère, sera con damnée par le même jugement, et sur la réquisitio

du ministère public, à la réclusion dans une maison de correction pendant un temps déterminé, qui ne pourra être moindre de trois mois ni excéder deux années.

309. — Le mari restera le maître d'arrêter l'effet de cette condamnation, en consentant à reprendre sa femme.

310. — Lorsque la séparation de corps prononcée pour toute autre cause que l'adultère de la femme aura duré trois ans, l'époux qui était originairement défendeur, pourra demander le divorce au tribunal, qui l'admettra si le demandeur originaire, présent ou dûment appelé, ne consent pas immédiatement à faire cesser la séparation.

311. — La séparation de corps emportera toujours séparation de biens.

CHAPITRE XIV

LOI DU 8 MAI 1816

Abrogative du divorce.

Art. 1ᵉʳ. — Le divorce est aboli.

Art. 2. — Toutes demandes et instances en divorce, pour causes déterminées, sont converties en demandes et instances en séparation de corps ; les jugements et arrêts restés sans exécution par défaut de prononciation du divorce par l'officier civil, conformément aux articles 227, 264, 265 et 266 du Code civil, sont restreints aux effets de la séparation.

Art. 3. — Tous actes faits pour parvenir au divorce par consentement mutuel sont annulés ; les jugements et arrêts rendus en ce cas, mais non suivis de la prononciation du divorce, sont considérés comme non avenus, conformément à l'article 294.

CHAPITRE XV

PROPOSITION DE LOI PRÉSENTÉE A LA CHAMBRE DES DÉPUTÉS

Par M. A. NAQUET, le 6 juin 1876.

Modifications à apporter au Titre V du Code civil relatif au mariage

Article... — La loi défend de stipuler aucune restriction à la faculté du divorce.

Art. 227. — Le mariage se dissout : 1° par la mort de l'un des époux ; 2° par le divorce.

DU DIVORCE

TITRE PREMIER

DISPOSITIONS GÉNÉRALES

Article premier. — Le divorce a lieu par le consentement mutuel des époux ou par la volonté d'un seul.

TITRE II

MODES DU DIVORCE

CHAPITRE PREMIER

DIVORCE PAR CONSENTEMENT MUTUEL

Art. 2. — Les époux déterminés à opérer le divorce par consentement mutuel, seront tenus de faire préalablement inventaire et estimation de tous leurs biens meubles et immeubles, et de régler leurs droits respectifs, sur lesquels il leur sera néanmoins libre de transiger.

Art. 3. — Ils seront pareillement tenus de constater, par écrit, leur convention sur les deux points qui suivent : 1° à qui les enfants nés de leur union seront confiés, soit pendant le temps des épreuves, soit après le divorce prononcé ; 2° quelle somme le mari devra payer à sa femme pendant le même temps, si elle n'a pas de revenus suffisants pour fournir à ses besoins (1).

Art. 4. — Les époux se présenteront ensemble et en personne devant le président du tribunal civil de leur

(1) L'art. 280 du Code civil dont nous avions extrait cet art. 3, portait en outre que les époux devaient convenir du lieu où la femme aurait à se retirer pendant le temps des épreuves. Adversaire de tout ce qui infériorise la femme à l'homme, j'avais supprimé ce paragraphe. La femme comme l'homme, d'après cet article, aurait été libre de demeurer où bon lui aurait semblé.

quises par le présent chapitre, il donnera sa conclusion en ces termes : *La loi permet;* dans le cas contraire, ses conclusions seront : *La loi empêche.*

Art. 14. — Le tribunal, sur le référé, ne pourra faire d'autres vérifications que celles indiquées par l'article précédent. S'il en résulte que, dans l'opinion du tribunal, les parties ont satisfait aux conditions et rempli les formalités déterminées par la loi, il admettra le divorce et renverra les parties devant l'officier de l'état civil pour le faire prononcer ; dans le cas contraire, le tribunal décidera qu'il n'y a pas lieu à admettre le divorce et déduira les motifs de sa décision.

Art. 15. — L'appel du jugement qui aurait déclaré ne pas y avoir lieu à admettre le divorce, ne sera recevable qu'autant qu'il sera interjeté par les deux parties, et néanmoins par actes séparés, dans les dix jours au plus tôt, et au plus tard dans les vingt jours de la date du jugement de première instance.

Art. 16. — Les actes d'appel seront réciproquement signifiés tant à l'autre époux qu'au ministère public près le tribunal de première instance.

Art. 17. — Dans les dix jours, à compter de la signification qui lui aura été faite du second acte d'appel, le ministère public près le tribunal de première instance fera passer au procureur général près la Cour d'appel l'expédition du jugement, et les pièces sur lesquelles il est intervenu. Le procureur général près la Cour d'appel donnera ses conclusions par écrit dans les dix jours qui suivront la réception des pièces ; le président, ou le juge qui le suppléera, fera son rapport à la Cour d'appel, en la chambre du Conseil, et il sera statué définitivement dans les dix jours qui suivront la remise des conclusions du procureur général.

Art. 18. — En vertu de l'arrêt qui admettra le divorce, soit que cet arrêt émane du tribunal de première instance, soit qu'il émane de la Cour d'appel, et dans les vingt jours de sa date, les parties se présenteront ensemble et en personne devant l'officier de l'état civil pour faire prononcer le divorce ; ce délai passé, le jugement demeurera comme non avenu ; et si les époux veulent obtenir le divorce, toutes les formalités seront à recommencer.

Art. 19. — Au cas où le divorce ne serait pas accordé, soit que les parties acceptent le jugement de première instance, soit que ce jugement soit confirmé par la Cour, les époux ne seront pas obligés de reprendre leur demande au début ; mais seulement à partir de la dernière formalité exactement remplie. La première formalité qui aura été imparfaitement observée devra être alors remplie dans les dix jours qui suivront le jugement ; cette date passée, toutes les formalités devront être recommencées et toutes celles qui auront été remplies seront considérées comme non avenues.

CHAPITRE II

DIVORCE PAR LA VOLONTÉ D'UN SEUL DES ÉPOUX

Art. 20. — Le divorce par la volonté d'un seul des époux a lieu :

1° Pour cause déterminée ;

2° Sur la demande expresse et persistante de l'un des époux, affirmant sa volonté de dissoudre son mariage, sans invoquer néanmoins de cause déterminée.

§ Ier. — *Divorce par la volonté d'un seul des époux pour cause déterminée.*

Art. 21. — Les causes déterminées que peuvent invoquer les époux demandeurs en divorce sont :

1° L'adultère de la femme, si c'est l'homme qui est demandeur ; de l'homme, si c'est la femme qui est demanderesse (1) ;

2° La condamnation de l'un des époux à une peine afflictive ou infamante ;

3° Les crimes, sévices ou injures graves de l'un des époux envers l'autre ;

4° La démence, la folie ou la fureur de l'un des époux ;

5° Le dérèglement de mœurs notoire ;

6° L'abandon de la femme par le mari ou du mari ar la femme pendant un an au moins ;

7° Le refus, par le mari, de subvenir à l'entretien de a femme quoiqu'il en ait les moyens ;

8° L'absence de l'un des époux sans nouvelles, penant deux ans au moins ;

---

(1) La loi de 1803 exigeait, pour que l'adultère du mari devînt ne cause de divorce, que ce dernier eût tenu sa concubine dans a maison commune. Cette distinction entre l'adultère de la femme t celui du mari créait au préjudice de la femme une inégalité ue rien ne justifie. Nous l'avions supprimée.

9° L'impuissance, qu'elle soit survenue antérieurement ou postérieurement au mariage;

10° Les infirmités dégoûtantes et incurables de l'un des époux survenues postérieurement au mariage, ou antérieures au mariage, mais inconnues de l'autre époux au moment de sa conclusion;

11° Les fausses dénonciations et les calomnies de l'un des époux contre l'autre;

12° L'acquisition d'un gain déshonnête;

13° L'ivrognerie, l'intempérance habituelle, se continuant pendant deux ans;

14° Les dissentiments religieux survenus après le mariage et prouvés, soit par le changement de religion de l'un des époux, soit par la religion imposée aux enfants lors de leur naissance et dans les années qui suivent, soit par l'aveu des deux parties;

15° Et, d'une manière générale, toute cause non prévue qui paraîtra au tribunal de nature à atteindre profondément le lien conjugal.

Art. 22. — Quelle que soit la nature des faits ou des délits qui motiveront la demande en divorce pour cause déterminée, cette demande ne pourra être formée qu'au tribunal de l'arrondissement dans lequel les époux auront leur domicile.

Art. 23. — Si quelques-uns des faits allégués par l'époux demandeur donnent lieu à une poursuite criminelle de la part du ministère public, l'action en divorce restera suspendue jusqu'à l'arrêt de la Cour d'assises; alors elle pourra être reprise, sans qu'il soit permis d'inférer de l'arrêt aucune fin de non-recevoir ou exception préjudicielle contre l'époux demandeur.

Art. 24. — Toute demande en divorce pour cause déterminée détaillera les faits; elle sera remise, avec les pièces à l'appui, s'il y en a, au président du tribunal ou au juge qui en fera les fonctions, par l'époux demandeur en personne, à moins qu'il n'en soit empêché par la maladie; auquel cas, sur sa réquisition et le certificat de deux docteurs en médecine ou de deux officiers de santé, le magistrat se transportera au domicile du demandeur pour y recevoir sa demande.

Art. 25. — Le juge, après avoir entendu le demandeur, paraphera la demande et les pièces, et dressera procès-verbal de la remise du tout entre ses mains. Ce procès-verbal sera signé par le juge et par le demandeur, à moins que celui-ci ne sache ou ne puisse signer; auquel cas, il en sera fait mention.

Art. 26. — Le juge ordonnera, au bas de son procès-verbal, que les parties comparaîtront en personne devant lui, au jour et à l'heure qu'il indiquera; et qu'à cet effet, copie de son ordonnance sera par lui adressée à la partie contre laquelle le divorce est demandé.

Art. 27. — Au jour indiqué, si l'époux demandeur persiste dans sa résolution, le juge en dressera procès-verbal et ordonnera la communication de la demande et des pièces au ministère public, et le référé du tout au tribunal (1).

---

(1) La loi de 1803, de laquelle est emprunté cet article, portait que le juge ferait à l'époux demandeur les représentations qui lui paraîtraient propres à opérer un rapprochement. Tout en laissant au juge la latitude de faire les observations qu'il aurait cru utile, il nous avait paru bon de faire disparaître de la loi ce système 'exhortations obligatoires qui est puéril dans tous les cas, et qui eut être absurde si la cause de divorce invoquée est une cause rave.

Art. 28. — Dans les trois jours qui suivront, le tribunal, sur le rapport du président ou du juge qui en aura fait les fonctions, et sur les conclusions du ministère public, accordera ou suspendra la permission de citer. La suspension ne pourra excéder le terme de dix jours.

Art. 29. — Le demandeur, en vertu de la permission du tribunal, fera citer le défendeur, dans la forme ordinaire, à comparaître en personne à l'audience, à huis clos, dans le délai de la loi; il fera donner copie, en tête de la citation, de la demande en divorce et des pièces produites à l'appui.

Art. 30. — A l'échéance du délai, soit que le défendeur comparaisse ou non, le demandeur en personne assisté d'un Conseil, s'il le juge à propos, exposera ou fera exposer les motifs de sa demande ; il représentera les pièces qui l'appuient, et nommera les témoins qu'il se propose de faire entendre.

Art. 31. — Si le défendeur comparaît en personne ou par un fondé de pouvoir, il pourra proposer ou faire proposer ses observations tant sur les motifs de la demande que sur les pièces produites par le demandeur et sur les témoins par lui nommés. Le défendeur nommera, de son côté, les témoins qu'il se propose de faire entendre, et sur lesquels le demandeur fera réciproquement ses observations.

Art. 32. — Il sera dressé procès-verbal des comparutions, dires et observations des parties, ainsi que des aveux que l'une ou l'autre pourra faire ; lecture de ce procès-verbal sera donnée auxdites parties qui seron requises de le signer; et il sera fait mention ex de leur signature ou de leur déclaration de ne pouvoir ou ne vouloir signer.

Art. 33. — Le tribunal renverra les parties à l'audience publique, dont il fixera le jour et l'heure ; il ordonnera la communication de la procédure au ministère public et commettra un rapporteur. Dans le cas où le défendeur n'aurait pas comparu, le demandeur sera tenu de lui faire signifier l'ordonnance du tribunal, dans le délai qu'elle aura déterminé, et qui ne pourra dépasser huit jours.

Art. 34. — Au jour et à l'heure indiqués, sur le rapport du juge commis, le ministère public entendu, le tribunal statuera d'abord sur les fins de non-recevoir, s'il en a été proposé. En cas qu'elles soient trouvées concluantes, la demande en divorce pour cause déterminée sera rejetée ; dans le cas contraire, ou s'il n'a pas été proposé de fins de non-recevoir, la demande en divorce pour cause déterminée sera admise.

Art. 35. — Immédiatement après l'admission de la demande en divorce pour cause déterminée, sur le rapport du juge commis, le ministère public entendu, le tribunal statuera au fond. Il fera droit à la demande si elle lui paraît en état d'être jugée ; si non il admettra le demandeur à la preuve des faits pertinents par lui allégués, et le défendeur à la preuve contraire.

Art. 36. — A chaque acte de la cause, les parties pourront, après le rapport du juge et avant que le ministère public ait pris la parole, proposer ou faire proposer leurs moyens respectifs, d'abord sur les fins de non-recevoir, et ensuite sur le fond ; mais, n aucun cas, le conseil du demandeur ne sera admis si le demandeur n'est pas comparant en personne.

Art. 37. — Aussitôt après la prononciation du jugement qui ordonnera les enquêtes, le greffier du tribunal donnera lecture de la partie du procès-verbal qui contient la nomination déjà faite des témoins que les parties se proposent de faire entendre. Elles seront averties par le président qu'elles peuvent encore en désigner d'autres, mais qu'après ce moment elles n'y seront plus reçues.

Art. 38. — Les parties proposeront immédiatement leurs reproches respectifs contre les témoins qu'elles voudront écarter. Le tribunal statuera sur ces reproches après avoir entendu le ministère public.

Art. 39. — Les parents des parties ne sont pas reprochables du chef de la parenté, non plus que les domestiques des époux en raison de cette qualité.

Art. 40. — Tout jugement qui admettra une preuve testimoniale dénommera les témoins qui seront entendus et déterminera le jour et l'heure auxquels les parties devront les présenter.

Art. 41. — Les dépositions des témoins seront reçues, par le tribunal séant à huis clos, en présence du ministère public, des parties et de leurs conseils ou amis, jusqu'au nombre de trois de chaque côté.

Art. 42. — Les parties, par elles ou par leurs conseils, pourront faire aux témoins telles observations ou interpellations qu'elles jugeront à propos, sans pouvoir néanmoins les interrompre dans le cours de leurs dépositions.

Art. 43. — Chaque déposition sera rédigée par écrit, ainsi que les dires et observations auxquels elle aura donné lieu. Le procès-verbal d'enquête sera lu tant aux témoins qu'aux parties ; les uns et les autres seront tenus de le signer, et il sera fait mention de leur signature ou de leur déclaration qu'ils ne peuvent ou ne veulent signer.

Art. 44. — Après la clôture des deux enquêtes ou de celle du demandeur, si le défendeur n'a pas produit de témoins, le tribunal renverra les parties à l'audience publique dont il indiquera le jour et l'heure ; il ordonnera la communication de la procédure au ministère public et commettra un rapporteur. Cette ordonnance sera signifiée au défendeur, à la requête du demandeur, dans le délai qu'elle aura déterminé, mais qui ne pourra excéder huit jours.

Art. 45. — Au jour fixé par le jugement définitif, le rapport sera fait par le juge commis ; les parties pourront ensuite faire, par elles-mêmes ou par l'organe de leurs conseils, telles observations qu'elles jugeront utiles à leur cause ; après quoi le ministère public donnera ses conclusions.

Art. 46. — Le jugement définitif sera prononcé publiquement : lorsqu'il admettra le divorce, le demandeur sera autorisé à se retirer devant l'officier de l'état civil pour le faire prononcer.

Art. 47. — Lorsque le divorce sera demandé par la raison qu'un des époux est condamné à une peine infamante ou simplement afflictive, mais entraînant le divorce, les seules formalités à observer consisteront à présenter au tribunal de première instance une expédition en bonne forme du jugement de condamnation avec un certificat de la Cour d'assises ou de la Chambre ayant jugé en dernier lieu en matière correctionnelle. Ce certificat devra porter que le jugement n'est susceptible d'être réformé par aucune voie légale.

Art. 48. — En cas d'appel du jugement d'admission ou du jugement définitif rendu par le tribunal de première instance en matière de divorce, la cause sera instruite et jugée par la Cour d'appel comme affaire urgente.

Art. 49. — L'appel ne sera recevable qu'autant qu'il aura été interjeté dans les dix jours à compter du jour de la signification du jugement rendu contradictoirement ou par défaut. Le délai pour se pouvoir à la Cour de cassation, contre un jugement en dernier ressort, sera aussi de dix jours à compter de la signification. Le pourvoi sera suspensif.

Art. 50. — En vertu de tout jugement rendu en dernier ressort ou passé en force de chose jugée, qui autorisera le divorce, l'époux qui l'aura obtenu sera obligé de se présenter, dans le délai de deux mois, devant l'officier de l'état civil, l'autre partie dûment appelée, pour faire prononcer le divorce.

Art. 51. — Ces deux mois ne commenceront à courir, à l'égard des jugements de première instance, qu'après l'expiration du délai d'appel ; à l'égard des arrêts rendus par défaut en cause d'appel, qu'après l'expiration du délai d'opposition ; à l'égard des jugements contradictoires en dernier ressort, qu'après l'expiration du délai du pourvoi en cassation.

Art. 52. — L'époux demandeur qui aura laissé passer le délai de deux mois ci-dessus déterminé, sans appeler l'autre époux devant l'officier de l'état civil, sera déchu du bénéfice du jugement qu'il avait obtenu et sera obligé, s'il veut être autorisé à divorcer, d'intenter une nouvelle instance en divorce ; seulement celle-ci rentrera de droit dans les instances en divorce sans cause déterminée, à moins que l'époux demandeur n'invoque des faits nouveaux, auquel cas il pourra néanmoins faire valoir les anciennes causes.

Art. 53. — Si les tribunaux refusent le divorce pour cause déterminée, l'époux demandeur pourra toujours ouvrir une instance en divorce sans cause déterminée.

§ II. — *Divorce par la volonté d'un seul des époux sans cause déterminée.*

Art. 54. — L'époux qui demandera seul le divorce devra notifier à l'autre, par exploit d'huissier, son intention de rompre son mariage et l'appeler à comparaître devant le président du tribunal civil de son arrondissement ou devant le juge qui en fera les fonctions.

Art. 55. — Si l'époux cité se présente, l'époux demandeur lui réitérera verbalement, en présence d'un notaire amené par lui, sa volonté formelle de rompre son mariage.

Art. 56. — Le juge, dans ce cas, donnera lecture à l'époux demandeur, en présence de l'autre époux et du notaire, du titre IV de la présente loi, qui règle les effets du divorce, et lui développera toutes les conséquences de sa démarche.

Art. 57. — Si l'époux défendeur ne comparaît pas,

le juge autorisera l'époux demandeur à le citer une seconde fois à quinze jours de date.

Art. 58. — A l'échéance de cette nouvelle date, que l'époux défendeur comparaisse ou non, et après que le magistrat aura développé à l'époux demandeur les conséquences de sa démarche comme il est dit en l'art. 56, il lui sera donné acte par le juge de ce qu'il demande le divorce. L'époux demandeur sera tenu de produire et de déposer à l'instant, entre les mains du notaire : 1° son acte de naissance ; 2° l'acte de naissance de son conjoint ; 3° son acte de mariage ; 4° les actes de naissance et de décès de tous les enfants nés de ce mariage.

Art. 59. — Le notaire dressera procès-verbal détaillé de tout ce qui aura été dit et fait en exécution des articles précédents. Une expédition de ce procès-verbal sera notifiée à l'époux défendeur, à moins que celui-ci ne soit absent et n'ait pas fait connaître son domicile, auquel cas il en sera fait mention.

Art. 60. — La déclaration ainsi faite sera renouvelée dans la première quinzaine des quatrième, septième et dixième mois qui suivront, en observant les mêmes formalités, à cette différence près que, en cas de non comparution de l'époux défendeur, l'époux demandeur sera affranchi de la formalité de la double citation. Toutefois, la notification du procès-verbal de déclaration devra toujours être faite à l'époux défendeur, comme il est dit en l'article 59.

Art. 61. — Si l'époux contre lequel le divorce est demandé acquiesce au cours des formalités ci-dessus, la demande rentrera dans le cas des instances en divorc par consentement mutuel et la déclaration à laquelle i aura acquiescé sera considérée comme première déclaration de divorce par consentement mutuel, sans que cependant les délais puissent être étendus au delà de ce qui est prescrit pour le cas de divorce par la volonté d'un seul des époux sans cause déterminée.

Art. 62. — Dans la quinzaine du jour où sera révolue l'année, à compter de la première déclaration, l'époux demandeur, assisté ou non de l'autre époux, mais assisté dans tous les cas de deux témoins, se présentera en personne devant le président du tribunal ou devant le juge qui en fera les fonctions. Il lui remettra les expéditions en bonne forme des quatre procès-verbaux contenant sa déclaration et de tous les actes qui y auront été annexés, et il requerra du magistrat l'admission du divorce.

Art. 63. — Aussitôt après, il sera donné acte à l'époux demandeur de sa réquisition et de la remise par lui faite des pièces à l'appui : le greffier du tribunal dressera procès-verbal qui sera signé par l'époux demandeur (à moins qu'il ne déclare ne savoir ou ne pouvoir signer, auquel cas il en sera fait mention), par les deux témoins, par le juge et par le greffier.

Art. 64. — Le juge mettra immédiatement, au bas de ce procès-verbal, son ordonnance portant que, dans les trois jours, il sera par lui référé du tout au tribunal en la Chambre du Conseil, sur les conclusions par écrit du ministère public, auquel les pièces seront, à cet effet, communiquées par le greffier.

Art. 65. — Si le ministère public trouve dans les pièces la preuve que l'époux demandeur a formellement déclaré vouloir rompre son mariage, qu'il a réitéré trois fois cette déclaration dans le cours de l'année, après les préalables ci-dessus prescrits, et avec toutes les formalités requises par le présent chapitre, il donnera sa conclusion en ces termes : *la loi permet ;* dans le cas contraire, ses conclusions seront : *la loi empêche.*

Art. 66. — Le tribunal, sur le référé, ne pourra faire d'autres vérifications que celles indiquées par l'article précédent. S'il en résulte que, dans l'opinion du tribunal, l'époux demandeur a satisfait aux conditions et rempli les formalités déterminées par la loi, il admettra le divorce et renverra l'époux demandeur devant l'officier de l'état civil pour le faire prononcer. Dans le cas contraire, le tribunal déclarera qu'il n'y a pas lieu à admettre le divorce et déduira les motifs de sa décision.

Art. 67. — L'appel du jugement qui aurait déclaré ne pas y avoir lieu à admettre le divorce, ne sera recevable qu'autant qu'il sera interjeté dans les dix jours au plus tôt, et au plus tard dans les vingt jours de la date du jugement de première instance.

Art. 68. — L'acte d'appel sera signifié au ministère public près le tribunal de première instance, ainsi qu'à l'autre époux, à moins que celui-ci ne soit absent et n'ait pas fait connaître son domicile.

Art. 69. — L'appel de l'époux défendeur contre le jugement qui aurait admis le divorce ne sera recevable que s'il est interjeté dans les délais fixés par l'article 67 pour l'appel de l'époux demandeur, et il donnera lieu à des formalités identiques à celles qui sont formulées dans l'article précédent.

Art. 70. — Dans l'un comme dans l'autre cas, et dans les dix jours à compter de la signification qui lui aura été faite de l'acte d'appel, le ministère public près le tribunal de première instance fera passer au procureur général près la Cour d'appel l'expédition du jugement, et les pièces sur lesquelles il est intervenu. Le procureur général près la Cour d'appel donnera ses conclusions par écrit, dans les dix jours qui suivront la réception des pièces ; le président, ou le juge qui le suppléera, fera son rapport à la Cour d'appel, en la Chambre du conseil, et il sera statué définitivement dans les dix jours qui suivront la remise des conclusions du procureur général.

Art. 71. — En vertu de l'arrêt qui admettra le divorce — soit que cet arrêt émane du tribunal de première instance, soit qu'il émane de la Cour d'appel — et dans les vingt jours de sa date — l'époux demandeur se présentera en personne devant l'officier de l'état civil, pour faire prononcer le divorce. Ce délai passé, le jugement demeurera comme non avenu, et si l'époux demandeur veut faire prononcer le divorce, toutes les formalités seront à recommencer.

Art. 72. — Au cas où le divorce ne serait pas accordé, soit que les parties acceptent le jugement du tribunal de première instance, soit que ce jugement soit confirmé par la Cour, l'époux demandeur ne sera pas obligé de reprendre sa demande au début, mais seulement à partir de la dernière formalité exactement remplie. La première formalité qui aura été imparfaitement observée devra être alors remplie dans les dix jours qui suivront le jugement. Cette date passée, toutes les formalités devront être recommencées et toutes celles qui auront été exactement remplies seront considérées comme non avenues.

TITRE III

DES MESURES PROVISOIRES AUXQUELLES PEUT DONNER LIEU LA DEMANDE EN DIVORCE, POUR CAUSE DÉTERMINÉE OU NON, ÉMANANT D'UN SEUL DES ÉPOUX

Art. 73. — L'administration provisoire des enfants mâles, après qu'ils auront atteint leur septième année, sera confiée au père; celle des filles et des garçons âgés de moins de sept ans, à la mère, à moins que le père et la mère n'en aient décidé autrement d'un commun accord, toutes leurs conventions à cet égard étant valables. Toutefois dans le cas de demande en divorce pour cause déterminée, le tribunal pourra, sur la demande, soit de l'un des époux, soit de la famille, soit du ministère public, en ordonner autrement, pour le plus grand avantage des enfants.

Art. 74. — La femme demanderesse ou défenderesse en divorce pourra quitter le domicile du mari à partir du jour de la demande, et demander au mari une pension alimentaire proportionnée aux facultés de ce dernier.

Art. 75. — La femme commune en biens, demanderesse ou défenderesse en divorce, pourra en tout état de cause, à partir du jour où la demande aura été officiellement déposée, requérir, pour la conservation de ses droits, l'apposition des scellés sur les effets mobiliers de la communauté. Ces scellés ne seront levés qu'en faisant inventaire avec prisée et à la charge par le mari de représenter les choses inventoriées, ou de répondre de leur valeur comme gardien judiciaire.

Art. 76. — Toute obligation contractée par le mari à la charge de la communauté, toute aliénation par lui faite des immeubles qui en dépendent, postérieurement au jour où la demande en divorce aura été officiellement déposée, sera déclarée nulle, s'il est prouvé d'ailleurs qu'elle ait été faite ou contractée en fraude des droits de la femme.

TITRE IV

DES EFFETS DU DIVORCE

Art. 77. — Les effets du divorce, par rapport à la personne des époux, sont de rendre au mari et à la femme leur indépendance, avec la faculté de contracter un nouveau mariage.

Art. 78. — Les époux divorcés peuvent se remarier ensemble. La femme ne pourra se remarier avec un autre homme que dix mois après le divorce, à moins qu'elle n'accouche avant l'expiration de ce délai.

Dans ce dernier cas, elle pourra se remarier immédiatement après l'accouchement.

Art. 79. — Si le divorce a été prononcé pour cause d'absence du mari pendant deux ans, ou s'il est constaté que le mari ait abandonné depuis un an son domicile et sa femme, celle-ci pourra contracter un nouveau mariage, aussitôt après le divorce.

Cet abandon pourra être établi par toutes les preuves de droit commun.

Art. 80. — Dans le cas où le divorce aura eu lieu pour cause déterminée, l'époux contre lequel le divorce aura été admis perdra tous les avantages que l'autre époux lui avait faits, soit par leur contrat de mariage, soit depuis le mariage contracté.

Il en sera de même pour l'époux demandeur dans le cas où le divorce aura été provoqué par la volonté d'un seul, sans cause déterminée.

Art. 81. — L'époux qui aura obtenu le divorce pour cause déterminée, ou l'époux qui aura été défendeur dans le cas de divorce provoqué par la volonté d'un seul, sans cause déterminée, conservera les avantages à lui faits par l'autre époux, encore qu'ils aient été stipulés réciproques et que la réciprocité n'ait pas lieu.

Art. 82. — Si les époux ne s'étaient fait aucun avantage, ou si ceux stipulés ne paraissaient pas suffisants pour assurer la subsistance de l'époux qui a obtenu le divorce, ou qui a été défendeur, dans le cas où le divorce a été provoqué par la volonté d'un seul sans cause déterminée, le tribunal pourra lui accorder, sur les biens de l'autre époux, une pension alimentaire qui ne pourra excéder le tiers des revenus de cet autre époux; cette pension sera révocable dans le cas où elle cesserait d'être nécessaire.

Art. 83. — En cas de divorce par consentement mutuel, le sort des enfants sera réglé par les époux d'un commun accord, comme il est dit à l'article 3 de la présente loi.

Art. 84. — Dans le cas de divorce provoqué sans

cause déterminée par l'un seulement des époux, les enfants seront confiés à celui des époux qui aura été défendeur en divorce.

Art. 85. — Dans le cas de divorce pour cause déterminée, les enfants seront confiés à celui des époux en faveur duquel le divorce aura été prononcé, à moins que, dans le plus grand intérêt des enfants, et sur la demande de l'un des époux, de la famille, ou du ministère public, le tribunal n'ordonne que tous les enfants ou quelques-uns d'entre eux seront confiés aux soins, soit de l'autre époux, soit d'une tierce personne.

Art. 86. — Quelle que soit la personne à laquelle les enfants seront confiés, les père et mère conserveront respectivement le droit de surveiller l'entretien et l'éducation de leurs enfants et seront tenus d'y contribuer à proportion de leurs facultés.

Art. 87. — La dissolution du mariage par le divorce ne privera les enfants nés de ce mariage d'aucun des avantages qui leur étaient assurés par les lois ou par les conventions matrimoniales de leurs père et mère ; mais il n'y aura d'ouverture aux droits des enfants que de la même manière et dans les mêmes circonstances où ils se seraient ouverts, s'il n'y avait pas eu de divorce.

Art. 88. — Dans le cas de divorce par consentement mutuel, la propriété de la moitié des biens de chacun des époux, et, dans le cas de divorce provoqué par un seul des époux sans cause déterminée, la moitié de la propriété des biens de l'époux demandeur, sera acquise de plein droit, du jour de la première déclaration, aux enfants. Les père et mère dans un cas, le père ou la mère dans l'autre, conserveront néanmoins la jouissance de cette moitié jusqu'à la majorité des enfants, à charge de pourvoir à leur nourriture, entretien, éducation, conformément à leur fortune et à leur état, le tout sans préjudice des autres avantages qui pourraient avoir été assurés auxdits enfants par les conventions matrimoniales de leurs père et mère.

Art. 89. — Un extrait de l'acte de divorce, énonçant la date du jour où le divorce aura été prononcé, les prénoms, nom, profession, dernier domicile commun ou domicile actuel de chacun des époux divorcés, délivré d'office par l'officier de l'état civil, sera, à la diligence et par les soins des époux ou de l'un d'eux, publié dans les journaux désignés pour recevoir les annonces judiciaires.

Art. 90. — Le divorce, vis-à-vis des créanciers et autres tiers intéressés, ne produira d'effets civils qu'à compter du jour où la publication dont il est parlé en l'article qui précède aura été faite.

Art. 91. — A l'avenir, aucune séparation de corps ne pourra être prononcée; les époux ne pourront être désunis que par le divorce (1).

TITRE V

DISPOSITIONS TRANSITOIRES

Art. 92. Les époux, actuellement séparés de corps auront la faculté de faire prononcer leur divorce pa

---

(1) Cet article 90 est textuellement pris dans la loi du 20 se tembre 1792.

l'officier de l'état civil, sur la simple présentation de leur jugement de séparation. Toutefois, les époux, séparés de corps, qui n'auront pas fait prononcer leur divorce dans l'année qui suivra la promulgation de la présente loi, ou qui se seront réconciliés, perdront le bénéfice de leur séparation et devront, s'ils veulent divorcer, introduire une action en divorce suivant l'un des modes que cette loi spécifie.

Art. 93. — Toutes les instances en séparation de corps, pendantes au moment de la promulgation de la présente loi, seront immédiatement et de plein droit suspendues. Les époux n'y pourront donner suite, qu'en les transformant, soit de consentement commun, soit à la diligence de l'un d'eux, en une demande de divorce (1).

---

(1) Cet article, ainsi que les articles 89 et 90, étaient empruntés de l'excellent travail de M. Léon Richer.

CHAPITRE XVI

PROPOSITION DE LOI PRÉSENTÉE A LA CHAMBRE DES DÉPUTÉS PAR M. A. NAQUET LE 29 MAI 1878 — ET PROJET DE LA COMMISSION PARLEMENTAIRE.

I

PROPOSITION DE M. A NAQUET

Article premier. — La loi du 8 mai 1816 est abrogée.

Art. 2. — L'article 227 du Code civil ainsi conçu :

« Le mariage se dissout : 1° par la mort de l'un des » époux ; 2° par le divorce, » est rétabli.

Art. 3. — Le titre VI du Code civil est rétabli avec les modifications portées dans les articles suivants :

Art. 4. — L'article 230 du Code civil ainsi conçu :

« La femme pourra demander le divorce pour cause d'adultère de son mari, lorsqu'il aura tenu sa concubine dans la maison conjugale. »

Est ainsi modifié :

« *La femme pourra demander le divorce pour cause d'adultère de son mari.* »

Art. 5. — Entre les articles 232 et 233 du Code civil, ajouter l'article additionnel suivant :

« Les époux pourront encore invoquer, pour obtenir le divorce, les causes suivantes :

1° L'aliénation mentale de l'un des époux, lorsqu'elle a persisté pendant deux ans et plus ;

2° L'absence déclarée ;

3° Les dissentiments religieux survenus après le mariage et prouvés, soit par le changement de religion de l'un des époux, soit par la religion imposée aux enfants lors de leur naissance ou plus tard, par l'un des époux, malgré la volonté ou à l'insu de l'autre, soit par l'aveu des deux parties.

Art. 6. — Les articles 276 et 277 du Code civil, portant que le divorce, par consentement mutuel, ne pourra être admis qu'après deux ans de mariage et ne pourra plus l'être après vingt ans, ou quand la femme aura quarante-cinq ans, demeurent abrogés.

II

PROJET DE LA COMMISSION PARLEMENTAIRE

Article premier. — La loi du 8 mai 1816 est abrogée.

Art. 2. — L'article 227 du Code civil est rétabli dans ces termes :

Le mariage se dissout :

1° Par la mort de l'un des époux ;

2° Par le divorce légalement prononcé.

Art. 3. — Le titre VI du Code civil est rétabli avec les modifications suivantes :

1° L'article 231 du Code civil est ainsi modifié :

Les époux pourront réciproquement demander le divorce pour excès, sévices et injures graves de l'un envers l'autre ainsi qu'à raison de la condamnation de l'un d'eux à une peine simplement correctionnelle : pour vol, escroquerie, abus de confiance, outrage public à la pudeur.

2° L'article 232 est ainsi modifié :

La condamnation de l'un des époux à une peine infamante autre que le bannissement et la dégradation civique prononcés pour cause politique sera, pour l'autre époux, une cause de divorce.

L'absence sans nouvelles d'un des époux pendant cinq ans sera pour l'autre époux une cause de divorce.

3° L'article 238 du Code civil est ainsi modifié :

Le juge ordonnera au bas de son procès-verbal que les parties comparaîtront en personne devant lui au jour et à l'heure qu'il indiquera et que chacune d'elles devra convoquer pour assister à cette comparution ses trois plus proches parents ou alliés dans les termes des articles 407 et suivants du Code civil. A cet effet, copie de son ordonnance sera par lui adressée à la partie contre laquelle le divorce est demandé.

4° L'article 239 est ainsi modifié :

Au jour indiqué, le juge assisté des six plus proches parents ou alliés des époux convoqués comme il est dit à l'article 238 fera aux deux époux, s'ils se présentent, au demandeur s'il est seul comparant, les représentations qu'il croira propres à provoquer un rapprochement : s'il ne peut y parvenir, il en dressera procès-verbal et ordonnera la communication de la demande et des pièces au ministère public et le référé du tout au tribunal.

5° L'article 277 du Code civil, qui dispose que le divorce par consentement mutuel ne pourra plus être admis après vingt ans de mariage, ni lorsque la femme aura 45 ans, est abrogé.

6° L'article 295 du Code civil est ainsi modifié :

Les époux qui divorceront pour quelque cause que ce soit ne pourront plus se réunir si l'un ou l'autre a postérieurement au divorce contracté un nouveau mariage. Au cas de réunion des époux, une nouvelle célébration du mariage sera toujours nécessaire. Les époux ne pourront adopter de conventions matrimoniales autres que celles qui réglaient originairement leur union. Après la réunion des époux, il ne sera reçu de leur part aucune nouvelle demande de divorce pour quelque cause que ce soit, autre que celle d'une condamnation à une peine infamante prononcée contre l'un d'eux depuis leur réunion.

DISPOSITION TRANSITOIRE

Art. 4. — Les époux séparés de corps, antérieurement à la promulgation de la présente loi, auront sans distinction entre le demandeur et le défendeur la faculté, lorsque le jugement prononçant la séparation sera devenu définitif depuis trois ans au moins, de faire convertir leur séparation en divorce sans requête et par assignation à bref délai.

Le jugement qui convertira la séparation de corps en divorce sera rendu en audience publique.

L'époux contre lequel la séparation aura été prononcée pour adultère ne sera pas admis à réclamer le bénéfice de cette disposition.

Les instances en séparation de corps introduites, au moment de la promulgation de la présente loi, pourront être converties par le demandeur en instances de divorce.

A la veille de la discussion publique, sur la proposition de M. Lisbonne, qui en avait fait l'objet d'un amendement, les mots *absence déclarée* avaient été substitués au 3ᵉ alinéa du § 2 de l'article 3, aux mots *absence sans nouvelles d'un des époux pendant cinq ans.*

Plusieurs autres amendements avaient été présentés ; mais rejetés par la commission, ils n'avaient pas été maintenus par leurs auteurs.

Au cours de la discussion, la commission, pour simplifier la question, et dans l'espoir d'enlever le vote, avait même retiré toutes les dispositions de son projet qui s'écartaient du Code civil, et était revenue au texte pur et simple du Code.

CHAPITRE XVII

DOCUMENTS STATISTIQUES

Les documents statistiques sont de nature à apporter une assez vive lumière dans la question qui nous occupe ; mais ils ne doivent être employés qu'avec une grande circonspection.

D'une part, en effet, les documents officiels font défaut en France pour la période qui s'étend de 1792 à 1816, — ce qui nous met dans l'impossibilité, chez nous, de comparer les effets du divorce à ceux de la séparation de corps.

D'autre part le développement de la civilisation, qui permet chaque année à des couches populaires, qui, jusque-là en étaient exclues, de réclamer le bénéfice d'une décision judiciaire, a pour conséquence, en tous pays, l'augmentation non interrompue des désunions de familles reconnues par la loi, et dès lors, connût-on les chiffres de 1792 à 1816 et constatât-on — ce qui n'est pas douteux — que ces chiffres se sont démesurément accrus depuis, qu'on ne pourrait en tirer argument ni pour ni contre le divorce.

C'est à une même époque que l'on doit prendre les documents que l'on veut analyser, comparant ainsi le nombre des familles désunies là où le divorce existe et là où il n'existe pas.

Mais ici encore il y a un des éléments essentiels du problème qui nous échappe : le chiffre des séparations amiables.

Il est à supposer que le chiffre des séparations effectives reste invariable, pour un état social donné, quelle que soit la législation.

La loi n'a qu'un seul effet : rendre, suivant les facilités qu'elle accorde, un nombre plus ou moins considérable de ces séparations patentes ou les laisser latentes.

C'est seulement si, connaissant le chiffre des séparations amiables, on pouvait déterminer le nombre total des séparations et prouver qu'il est plus grand sous le régime du divorce que sous le régime de la séparation de corps ou *vice versa*, qu'il serait possible de démontrer numériquement que l'une de ces lois a une supériorité sur l'autre au point de vue de la conservation des familles.

Pourtant, lorsque les peuples que l'on compare ont une législation identique quant aux causes qui permettent aux tribunaux de désunir les époux, et que les effets seuls de la désunion diffèrent, on peut supposer que le nombre des séparations amiables est le même de part et d'autre et que, dès lors, les documents statistiques des deux pays relatifs aux séparations judiciaires et aux divorces sont comparables.

Si la comparaison est favorable au divorce, la conclusion qu'on en tire peut même être considérée comme un *a fortiori* : sous le régime de l'indissolubilité du mariage, bien des personnes souffrent en silence après s'être séparées amiablement, qui, ayant des causes légales de séparation, s'adresseraient aux tribunaux et en obtiendraient le divorce, si la possibilité de reconquérir la liberté leur faisait braver les ennuis d'un procès.

Le nombre des séparations amiables qui correspond à un chiffre donné de séparations judiciaires doit donc être moins considérable là où le divorce existe que là où il n'existe pas.

Si, dès lors, on établit la comparaison entre les divorces et les séparations judiciaires, et cela en supposant que le rapport entre celles-ci et ceux-là est le même de part et d'autre, on fait une supposition qui est moins favorable au divorce que la réalité. Lorsque les conclusions auxquelles on arrive, malgré cette erreur, sont conformes aux idées que nous défendons, la lumière qui jaillit des documents statistiques n'en est que plus éclatante.

Afin que les chiffres que nous donnons soient concluants, et que leur éloquence ne puisse être contestée par personne, nous avons borné notre étude à deux pays qui ont avec nous les relations les plus étroites, la Belgique et l'Alsace-Lorraine.

En Alsace-Lorraine, la séparation de corps ayant été abolie, il suffit de comparer les divorces qui s'y produisent aux séparations qui sont prononcées en France pendant le même laps de temps.

En Belgique, la séparation de corps et le divorce coexistent, et nous avons dû mettre les uns et les autres en regard des mariages. Cette comparaison n'est pas rigoureusement exacte. Les mariages sont calculés sur les années administratives, les divorces sur les années judiciaires ou sur les années administratives suivant que l'on considère les jugements qui les autorisent ou les actes civils qui les prononcent en vertu de ces jugements ; enfin les séparations de corps, qui, elles, n'aboutissent à aucun acte civil, sont toujours comptées sur les années judiciaires.

La concordance absolue entre ces trois termes est donc impossible : si l'on calcule les divorces sur les années judiciaires, les chiffres obtenus peuvent être placés en face de ceux des séparations de corps, mais ne cadrent plus avec ceux des mariages.

Si, au contraire, on calcule les divorces sur les années administratives, ils cadrent avec les mariages mais ne cadrent plus avec les séparations de corps.

Une erreur étant dès lors obligatoire, il faut choisir celle qui sera la moindre. La non concordance portant seulement sur les trois premiers mois de chaque année, il y a une compensation lorsqu'on considère une série d'années considérable, et la compensation sera d'autant plus rapprochée de la vérité absolue que le terme sur lequel portera l'erreur variera moins d'une année à l'autre.

Or, de ces trois termes : mariages, divorces, séparations de corps, c'est le premier qui varie le moins. C'est ce qui nous a décidé, contrairement à ce que nous avions fait dans notre première édition, à compter les divorces comme les séparations de corps d'après les années judiciaires.

Il est bien vrai, qu'il arrive quelquefois que de

époux obtiennent un jugement de divorce qui n'en profitent pas, et ne font pas prononcer le divorce par l'officier de l'état civil. Mais ces faits, extrêmement rares, sont de tous points analogues à ceux qui résultent des réconciliations qui se produisent immédiatement après les séparations de corps, et, par suite, notre mode de procéder rend plus comparables encore les chiffres de la France et ceux de la Belgique : les statistiques qui se rapportent aux séparations de corps ne pouvant pas tenir compte des réconciliations, il faut pour que le parallèle soit aussi approché que possible, négliger celles-ci dans les divorces et c'est ce que nous faisons en prenant les années judiciaires pour base de nos évaluations.

Du reste sur un espace de temps un peu considérable les chiffres se compensent presque exactement.

Ainsi de 1841 à 1877, par années administratives, le chiffre total des divorces est de 2,085.

Et de 1840-41 à 1876-77, par années judiciaires, le nombre des divorces est de 2,088.

Ces deux chiffres sont sensiblement les mêmes.

FIN

TABLE DES MATIÈRES

CHAPITRE I
Le chemin parcouru. 1

CHAPITRE II
Le divorce est conforme aux principes généraux de notre droit public. 17

CHAPITRE III
Les origines du divorce en France. — Ce qu'il a été, ce qu'il doit être 31

CHAPITRE IV
Première objection au divorce. — L'intérêt des mœurs. . . 47

CHAPITRE V
Deuxième objection au divorce. — L'intérêt de la femme. . 69

CHAPITRE VI
Troisième objection au divorce. — L'intérêt des enfants. . 107

CHAPITRE VII
La liberté de conscience des catholiques. 157

CHAPITRE VIII
Le divorce et l'intérêt social. 181

CHAPITRE IX
La législation du divorce en France. 187

CHAPITRE X

Législation du divorce à l'étranger. 207

CHAPITRE XI

Dans quels cas le divorce doit-il être admis ?. 243

CHAPITRE XII

Loi du 20 septembre 1792 ; projet de Code civil et Décrets de la Convention sur le divorce. 269

CHAPITRE XIII

Loi sur le divorce — décrétée le 21 mars 1803, promulguée le 31 du même mois — (ancien titre VI du Code civil actuel). 295

CHAPITRE XIV

Loi du 8 mai 1816, abrogative du divorce. 315

CHAPITRE XV

Proposition de loi présentée à la Chambre des députés, par M. A. Naquet, le 6 juin 1876 317

CHAPITRE XVI

Proposition de loi présentée à la Chambre des députés, par M. A. Naquet, le 29 mai 1878, et projet de la commission parlementaire. 343

CHAPITRE XVII

Documents statistiques 349

Tableaux statistiques . . . . Tablau A à L

F. Aureau. — Imprimerie de Lagny.

TABLEAU F.

Nombre des mariages célébrés à Bruxelles, Anvers, Gand et Liège pendant les quatre dernières années.

ANNÉES	BRUXELLES	ANVERS	GAND	LIÈGE
1877	1631	1307	980	1004
1878	1554	1355	971	983
1879	1581	1396	1051	1042
1880	1666	1501	1056	996

TABLEAU D.

Nombre par provinces, et pour l'ensemble du royaume de Belgique, des divorces pour causes déterminées ou par consentement mutuel et des séparations de corps admises ou rejetées.

PROVINCES	1877-1878 DIVORCES ADMIS par consentement mutuel	1877-1878 DIVORCES ADMIS pour causes déterminées	1877-1878 DIVORCES REJETÉS	1877-1878 SÉPARATIONS DE CORPS ADMISES	1877-1878 SÉPARATIONS DE CORPS REJETÉES	1878-1879 DIVORCES ADMIS par consentement mutuel	1878-1879 DIVORCES ADMIS pour causes déterminées	1878-1879 DIVORCES REJETÉS	1878-1879 SÉPARATIONS DE CORPS ADMISES	1878-1879 SÉPARATIONS DE CORPS REJETÉES
Brabant	4	79	5	10	2	3	76	20	12	3
Anvers	»	8	»	7	1	»	11	1	7	»
Hainaut	1	11	1	18	2	1	15	3	9	»
Flandre orientale	»	7	»	6	»	»	12	»	13	»
Flandre occidentale	1	2	»	2	»	»	3	2	1	»
Liège	»	25	5	27	3	»	33	7	8	2
Limbourg	»	1	»	2	»	»	1	»	1	»
Luxembourg	»	7	»	3	1	»	2	»	1	2
Namur	»	9	»	2	»	»	2	1	4	2
Le royaume	6	149	12	77	9	4	155	34	56	9

BELGIQUE. — Divorces, Mariages, Séparations de corps pour tout le royaume.

ANNÉES JUDICIAIRES	DIVORCES	SÉPARATIONS de corps	NOMBRE total des familles désunies	MARIAGES	RAPPORT des divorces aux mariages	RAPPORT des séparations de corps aux mariages	RAPPORT des familles désunies aux mariages
Moyenne de 1840-1841 à 1849-1850	22,2	28,1	50,3	28.967	1 : 1304,8	1 : 1030,8	1 : 575,9
Moyenne de 1850-1851 à 1859-1860	43,6	35,6	79,2	33.486	1 : 768,0	1 : 940,6	1 : 422,8
1864-1865	59	63	122	37.671	1 : 638,5	1 : 597,9	1 : 307,8
1869-1870	78	47	125	35 263	1 : 452,1	1 : 750,3	1 : 282,1
Moyenne de 1860-1861 à 1869-1870	59,7	46,1	105,8	36.309	1 : 641,6	1 : 783,2	1 : 342,2
1870-1871	75	44	119	37 538	1 : 500,5	1 : 853,1	1 : 315,4
1871-1872	113	49	162	40.084	1 : 354,7	1 : 818,0	1 : 247,4
1872-1873	115	58	173	40.598	1 : 353,0	1 : 699,9	1 : 234,6
1873-1874	144	57	201	40.328	1 : 273,1	1 : 707,5	1 : 200,6
1874-1875	116	72	188	39.052	1 : 336,6	1 : 542,4	1 : 213,1
1875-1876	135	65	200	38.228	1 : 283,1	1 : 588,1	1 : 191,1
1876-1877	135	65	200	36.964	1 : 273,8	1 : 568,6	1 : 184,8
1877-1878	155	77	232	36 669	1 : 236,5	1 : 476,2	1 : 158,0
1878-1879	159	56	215	37.421	1 : 241,6	1 : 668,2	1 : 174,0
Moyenne de 1870-1871 à 1878-1879	127,4	60,3	187,7	38.543	1 : 302,5	1 : 639,2	1 : 205,8

NOTA. — Les mariages sont calculés sur les années administratives : ceux qui sont placés dans les colonnes 1870-1871 par exemple, sont ceux de 1871, ceux de la colonne 1870-72 sont ceux de 1872, etc.

TABLEAU **B**.

Tableau des séparations de corps accueillies et des mariages dans le département de la Seine, — et rapport moyen décennal des unes aux autres.

ANNÉES	SÉPARATIONS de corps accueillies	MARIAGES	RAPPORT moyen décennal	ANNÉES	SÉPARATIONS de corps accueillies	MARIAGES	RAPPORT moyen décennal
1837	62	»		1863	377	18.813	
1838	95	»		1864	428	19.123	
1839	54	»		1865	414	19.138	Période de
1840	95	»		1866	513	19.910	1863 à 1872
1841	179	»		1867	487	20.640	
1842	109	»		1868	531	21.566	1 : 45,5
1843	118	11.986		1869	559	21.770	
1844	126	12.307	Période de	1870	456	16.702	
1845	141	13.176	1843 à 1852	1871	115	14.914	
1846	150	13.002		1872	460	25.131	
1847	129	12.345	1 : 85,0	1873	443	22.750	1 : 53,8
1848	85	11.565		1874	547	21.965	1 : 40,1
1849	128	11.865		1875	559	22.249	1 : 39,6
1850	119	13.744		1876	724	21.401	1 : 29,5
1851	135	13.485		1877	581	»	
1852	162	13.728					
1853	238	15.675					
1854	238	15.673					
1855	236	16.374	Période de				
1856	276	17.862	1853 à 1862				
1857	263	18.155					
1858	345	17.907	1 : 58,5				
1859	349	17.038					
1860	303	16.976					
1861	329	18.146					
1862	360	18.167					

NOTA. — Le nombre des mariages de 1837 à 1842 nous manque, il en est de même pour 1877.

Mariages et Séparations de corps — France, de 1840 à 1874

ANNÉES	SÉPARATIONS DEMANDÉES	SÉPARATIONS ACCUEILLIES	PÉRIODES DÉCENNALES	MARIAGES	PÉRIODES DÉCENNALES	RAPPORT des SÉPARATIONS aux MARIAGES
1840	940	642		283.338		
1841	987	693		282.370		
1842	962	684		280.584		
1843	1.077	808		285.463		
1844	1.061	794	7.495	279.782	2.785.252	1 : 371,6
1845	1.127	817		283.328		
1846	1.128	813		268.307		
1847	1.168	834		249.625		
1848	939	655		293.552		
1849	1.034	755		278.903		
1850	1.133	834		297.700		
1851	1.191	864		286.885		
1852	1.477	1.105		281.460		
1853	1.722	1.260		280.609		
1854	1.681	1.242	12.045	270.896	2.886.268	1 : 239,6
1855	1.573	1.165		283.335		
1856	1.663	1.242		294.401		
1857	1.727	1.252		295.510		
1858	1.977	1.493		307.056		
1859	2.049	1.588		298.417		
1860	2.151	1.624		288.936		
1861	2.186	1.652		305.203		
1862	2.360	1.784		303.214		
1863	2.419	1.856		301.376		
1864	2.440	1.822	19.615	289.579	2.996.222	1 : 152,7
1865	2.571	1.939		299.242		
1866	2.813	2.153		303.634		
1867	2.819	2.181		300.333		
1868	2.999	2.272		301.225		
1869	3.056	2.332		303.482		
1870	2.478	1.893		223.705		
1871	1.711	1.171		262.476		
1872	2.793	2.150		352.754		
1873	2.850	2.166		321.238		
1874	2.884	2.242	17.606	303.113	2.390.108	1 : 135,7
1875	2.997	2.292		300.427		
1876	3.215	2.534		291.366		
1877	3.216	2.495		279.094		
1878	3.277	2.556		279.650		

NOTA. — Il ne faudrait pas croire que toutes les séparations non accueillies aient été rejetées : beaucoup ont été retirées. Ainsi, en 1874, sur les 2,884 séparations demandées, 417 ont été retirées, dont 261 par réconciliation, et 285 seulement ont été rejetées.

TABLEAU G.
Divorces prononcés annuellement à Bruxelles, Anvers, Gand et Liège de 1840 à 1880 (1).

ANNÉES	BRUXELLES	ANVERS	GAND	LIÈGE	ANNÉES	BRUXELLES	ANVERS	GAND	LIÈGE
1840	8	2	1	4	1861	18	4	2	5
1841	9	1	1	4	1862	15	3	3	4
1842	7	1	1	2	1863	28	1	1	6
1843	3	1	»	6	1864	16	5	2	13
1844	6	2	1	1	1865	15	1	2	6
1845	9	2	»	6	1866	22	1	3	8
1846	10	2	»	4	1867	13	2	3	12
1847	6	2	»	4	1868	18	5	3	11
1848	12	»	»	5	1869	22	4	5	9
1849	11	»	3	3	1870	22	7	4	8
1850	6	»	1	3	1871	15	»	3	15
1851	10	2	3	5	1872	25	5	5	5
1852	16	1	4	4	1873	29	4	2	18
1853	4	4	2	3	1874	27	4	4	19
1854	18	»	3	3	1875	29	8	4	23
1855	17	2	3	5	1876	28	7	7	18
1856	20	3	2	7	1877	32	8	7	8
1857	14	1	»	7	1878	34	7	7	18
1858	16	5	2	4	1879	38	8	8	14
1859	18	5	1	6	1880	65	13	5	19
1860	11	1	2	7	—	—	—	—	—

(1) Ces chiffres sont calculés sur les années administratives.

TABLEAU H.

Mariages, Divorces et Séparations de corps en Belgique, de 1840 à 1877. — Les Divorces étant calculés sur les années administratives.

MARIAGES

PROVINCES	1840	MOYENNE de 1841 à 1850	MOYENNE de 1851 à 1860	1865	1870	MOYENNE de 1861 à 1870	MOYENNE de 1871 à 1875	1876	1877
Anvers	2.836	2.873	3.252	3.648	3.718	3.693	4.360	4.134	4.005
Brabant	5.108	4.977	5.871	6.944	6.692	6.723	7.549	7.528	7.449
Flandre-Occidentale	4.497	4.027	4.568	5.047	4.252	4.613	4.629	4.285	4.090
Flandre-Orientale	5.532	4.873	5.566	5.782	5.391	5.632	5.718	5.520	5.297
Hainaut	5.224	4.893	5.952	6.674	6.261	6.512	7.329	7.116	6.661
Liège	3.141	3.205	3.656	4.413	4.282	4.263	4.877	4.713	4.527
Limbourg	1.246	1.210	1.280	1.461	1.335	1.349	1.427	1.349	1.374
Luxembourg	1.244	1.196	1.285	1.371	1.266	1.317	1.398	1.368	1.347
Namur	1.673	1.751	2.056	2.331	2.066	2.207	2.233	2.215	2.211
Le Royaume	30.551	29.967	33.486	37.671	35.263	36.309	39.520	38.228	36.964

DIVORCES & SÉPARATIONS DE CORPS

	divorces	sépar. de corps	divorces	sépar. de corps	divorces	sépar. de corps	divorces	sépar. de corps	divorces	sépar. de corps	divorces	sépar. de corps	divorces	sépar. de corps	divorces	sépar. de corps	divorces	sépar. de corps
Total pour le royaume	26	27	22,4	28,1	41,2	35,6	51	63	81	47	65,2	46,1	108,8	56,4	135	65	118	65
Rapport des divorces et séparations de corps aux mariages	1:1175	1:1222	1:1293	1:1030,8	1:810	1:940,6	1:739	1:598	1:435	1:750	1:557	1:608	1:364	1:701	1:283	1:597	1:313	1:569

TABLEAU I

Tableau comparatif des séparations de corps en France et des divorces en Alsace-Lorraine avec la proportion des unes et des autres aux mariages et à la population.

	FRANCE					ALSACE-LORRAINE				
ANNÉES	MARIAGES	POPULATION	SÉPARATIONS de CORPS	PROPORTION aux MARIAGES	PROPORTION à la POPULATION	ANNÉES	MARIAGES	POPULATION	DIVORCES	PROPORTION aux MARIAGES	PROPORTION à la POPULATION
1873	321.238		2.166	1 : 148	1 : 17,038	1873	13.123		21	1 : 625	1 : 69,581
1874	303.113		2.242	1 : 135	1 : 16,461	1874	12.520		33	1 : 379	1 : 46,418
1875	300.427	36.905.788	2.292	1 : 131	1 : 16,102	1875	11.536	1.531.804 RECENSEMENT de 1875	51	1 : 226	1 : 30,035
1876	291.366		2.531	1 : 115	1 : 14,564	1876	11.082		66	1 : 169	1 : 23,209
1877	279.094		2.495	1 : 112	1 : 14,872	1877	10.187		87	1 : 117	1 : 17,607
1878	279.650		2.556	1 : 109	1 : 14,439	1878	9.989		58	1 : 172	1 : 26,410
Total..	1.774.888		14.285	1 : 125	1 : 15,579	Total...	68.437		316	1 : 216	1 : 35,543

Population de la France, recensement de 1877 : **36.905.788**.
Population de l'Alsace-Lorraine, recensement de 1875 : **1.531.804**.

NOTA. La progression semble être plus rapide en Alsace-Lorraine qu'en France. En fait, c'est là une simple apparence. La séparation de corps n'a été abolie dans nos anciennes provinces qu'en 1876, et, d'après M. Léon Renault, en faisant pour 1873, 1874 et 1875 la somme des séparations et des divorces, on retombe sur un chiffre très voisin de celui de 1877 et de 1878. En outre, en 1878, on trouve par rapport à 1877 un mouvement rétrograde en Alsace-Lorraine, tandis qu'en France le mouvement progressif se continue.

Tableau K.
Dissolutions de Mariages par la mort suivant l'âge et le sexe du défunt
FRANCE 1876

FRANCE MOINS LA SEINE

AGES	VILLES		CAMPAGNES	
	Masculin	Féminin	Masculin	Féminin
Du 10 à 15	»	17	»	7
15 20	45	330	59	629
20 25	440	1.602	976	4.203
25 30	1.452	2.281	2.787	7.445
30 35	2.534	2.590	4.244	9.637
35 40	2.859	2.592	4.962	10.178
40 45	3.360	2.392	5.699	10.823
45 50	3.745	2.532	6.529	11.731
50 55	4.260	2.620	8.277	14.414
55 60	4.506	2.687	9.761	16.892
60 65	4.771	2.844	12.197	20.648
65 70	4.702	2.644	12.567	20.902
70 75	4.170	2.265	12.288	19.701
75 80	3.228	1.701	9.885	15.187
80 85	1.356	896	4.456	7.213
85 90	439	341	1.235	2.066
90 95	136	83	222	363
95 100	64	58	32	72
100 »	»	1	1	2
	42.064	30.479	96.177	172.111

SEINE

AGES	Masculin	Féminin
De 1 à 15	»	»
15 20	14	98
20 25	125	493
25 30	460	797
30 35	822	845
35 40	1.022	831
40 45	1.161	746
45 50	1.171	718
50 55	1.195	696
55 60	1.032	649
60 65	1.081	545
65 70	877	449
70 75	710	322
75 80	536	198
80 85	197	81
85 90	54	19
90 95	13	4
95 100	3	1
100 »		
	10.473	7.492

TABLEAU J.
Tableau des divorces en Alsace-Lorraine et des séparations de corps en France rapportés à 10,000 mariages.

ANNÉES	ALSACE-LORRAINE DIVORCES Sur 10,000 mariages	FRANCE SÉPARATIONS DE CORPS Sur 10,000 mariages
1873	16,0	67,9
1874	26,6	74,1
1875	44,0	76,3
1876	59,8	86,9
1877	87,3	89,3
1878	58,1	91,7
MOYENNE	35,6	80,0

TABLEAU L

Nombre des suicides occasionnés dans les différents pays par des chagrins domestiques.

	Hommes.	Femmes.
Suède (1852-55)	15	24
Norwège (1866-70)	21	18
Prusse (1873-75)	48	51
Saxe (1857-76)	26	29
France (1866-75)	**136**	**164**
Italie (1866-71)	**75**	**76**

NOTA. — Comme on le voit, dans les pays qui n'ont pas le divorce, les suicides par suite de chagrins domestiques atteignent des chiffres qu'ils n'atteignent nulle part ailleurs.

www.ingramcontent.com/pod-product-compliance
Lightning Source LLC
Chambersburg PA
CBHW070446170426
43201CB00010B/1229